피터 럭크만의 주석서

고린도후서

피터 럭크만 지음

한 승 용 옮김

말씀보존학회

The Bible Believer's Commentary Series

THE BOOK OF 2 CORINTHIANS

By

Peter S. Ruckman, Ph.D.

Bible Baptist Bookstore

Pensacola, Florida

2005 / Korean by Word of God Preservation Society

Seoul, Korea

피터 럭크만의 주석서

고린도후서

이 책을 내면서

하나님께서는 그분의 사역을 이루심에 있어서 꼭 필요한 사람을 사용하신다. 예수 그리스도와 함께 했던 열두 사도들이 그랬고, 사도 바울이 그랬다. 특히 사도 바울은 이방인을 위한 일꾼으로서, 또 교회 시대를 위한 일꾼으로서 하나님께서 택하신 귀한 사역자이다. 우리는 사도 바울의 서신들을 통해서 신약 교회의 교리와 실행들에 대해서 자세히 배우게 된다. 신약 성도인 우리가 로마서에서 빌레몬서에 이르는 그의 서신들을 성경의 다른 책, 특히 구약 성경보다 더 실제적으로 받아들이는 것은 하나님께서 그를 통하여 교회에 관한 모든 것들을 계시해 주셨기 때문이다.

그러나 그렇게 되기 위해서 하나님께서는 사도 바울을 여러 모로 사용하셨다. 사도행전에서 보는 세 번에 걸친 선교 여행, 또 그 후에도 지속되었을 그의 복음 전파의 여정들은 그가 맡은 바, 예수 그리스도께서 위탁하신 사역의 고귀함을 잘 보여준다. 우리는 그의 서신들을 통해서 신약 교리를, 그의 사역과 삶을 통해서 믿음의 본을 보게 된다. 고난과 역경 가운데서도 하나님께서 위탁하신 임무를 신실하게 수행하는 사역자의 본을 말이다.

물론 이러한 본은 그의 서신서들에 종종 반영되어 있다. 그 중에 하나가 바로 고린도후서이다. 이 서신을 통해 우리는 그의 사역과 삶이 어떠했는지를 자세히 보게 된다. 그가 얼마나 복음에 충실했는지, 영적 전쟁들을 어떻게 싸워 승리했는지, 얼마나 많은 고난과 박해를 받았는지, 고린도 성도들과의 개인적인 관계 속에서 목자의 심정으로 그들을 얼마나 사랑하고 위했는지, 그리고 그의 고난 가운데서 하나님께서 보여주신 영광과 위로에 대한 간증 등 그의 사역에 대한 모든 면들이 녹아 있다.

따라서 고린도후서는 성도들, 특히 하나님의 사역에 부르심을 받은 사람들을 위하여 귀한 지침이 되는 책이다. 우리가 이 책에 제시되어 있는 사도 바울의 삶을 본받을 수만 있다면, 참으로 사도가 말한 바, "새 언약의 능력있는 일꾼"(고후 3:6)으로서의 삶을 능히 살 수 있을 것이다.

또한 우리는 사도 바울의 이 귀한 서신을 정확히 해석하고 그 교훈들을 더욱 풍성히 제시해 주는 주석을 갖게 됨을 감사드린다. 본서, 〈고린도후서〉 주석은 피터 럭크만 박사의 최근 저작 중 하나이다. 그만큼 그의 영적 지식 또한 풍성하게 녹아들어 가 있는 주석서이다. 독자들은 이 책으로 인해 하나님께서 사도를 통해 기록하신 그 말씀의 깊이들을 더욱 잘 이해할 수 있으리라 확신한다. 수많은 학자들이 성경 주석에 손을 댔지만, 피터 럭크만 박사처럼 교리적으로 정확한 주석을 쓴 사람이 없다는 것은 이미 성경대로 믿는 사람들에게는 정평이 나 있는 사실이다. 이제 우리는 성경의 진리에 대해 한 단계 더 깊이 들어갈 수 있게 되었다.

아무쪼록 하나님께서 이 책을 읽는 독자들의 영적 눈을 열어 주시어 주의 말씀의 풍성함을 더 맛보게 해 주시기를 바라며, 또한 하나님의 고귀한 부르심에 응답할 수 있게 되기를 간절히 바라마지 않는다.

2005년 2월

편집인

들어가는 말

고린도후서는 사도 바울의 첫 번째 서신을 받은 고린도인들이 답장을 보낸 지 얼마 안 되어 쓰여졌다. 따라서 이 책은 사도 바울이 고린도전서를 완성한 지 대략 수개월에서 일 년 이내에 쓰여졌다고 볼 수 있으며, 서신을 쓴 시기는 A.D. 58년에서 A.D. 60년 사이이다.

고린도후서의 주제는 그리스도인의 사역이다. 밥 존스 대학의 윌리엄 T. 브루너 박사(1950)는 "이것은 사역자의 책이며, 그리스도인의 사역을 위한 바로 '그' 책이다."라고 했다. 여타 많은 이들과 마찬가지로, 나 또한 (지난 1949-1950년에는) 사도행전이 사역을 기술하는 책이라는 것을 당연시했으나, 과연 브루너 박사의 말이 옳았다.

사도행전은, 하나님께서 여전히 이스라엘을 한 민족으로서 다루시는 동안 진행된 사도들의 사역을 다루고 있을 뿐이지만, 고린도후서는 그것을 초월한다(그 예로 5,6,8,9,11,12장을 보라). 그것은 "형제들," 교회들, 복음의 원수들(고후 11장), 그리고 예수 그리스도의 참된 증인에 대한 대우와 그런 대우를 받은 그가 그리스도인으로서 보인 반응들을 내용으로 하고 있는 것으로 보아(고후 2:14; 12:9,10; 4:17), 전 세계적인 그리스도인의 사역에 관한 개인적인 관점들을 다루고 있는 것이다.

고린도후서에서 사도 바울은 자신의 사역을 기술하고 있으며, 그것은 하나님께서 그를 부르신 소명과 하나님께서 그를 통해 행하신 일에 관한 간증이다. 당신은 바울이 사역에 대해 그리는 그림이 〈주의 칼, Sword of the Lord〉과 같은 정기 간행물에 그려지는 현대의 사역과 같지 않다는 것을 대번에 알 수 있을 것이다. 사역에 대한 그의 묘사는 "고통, 당혹, 삼켜지다, 치다, 종으로 삼다, 약하다, 버림받다, 낙심하다, 박해당하다, 슬프다, 슬프게 된, 낙심한, 멸망하다, 짐, 내던져지다, 신음하는, 가난한, 매를 맞다, 굶주림, 맞다, 위험, 애쓰다, 약함, 돌로 맞은, 부끄러운 것, 실족하다, 수고, 애통함, 떨림, 두려움, 궁핍, 환난, 절망, 갇힘, 괴로워하다, 무너뜨림, 소요, 죽임당하다, 죽으심, 고난, 놀라게 하다"라는 말들로 점철되어 있어 마치 부정적인 것을 죄다 모아 놓은 듯하다. 이것들이 바로 바울이 여기 고린도후서에서 그리스도인의 사역을 묘사하기 위해 선택한 단어들인 것이다.

고린도후서는 총 13장, 256절, 6,092단어들로 이루어져 있다. 만일 사역자의 인생에서 기대해야 할 것이 무엇인지 알기 원한다면, 바로 이 책을 공부하면 될 것이다.

차 례

이 책에 인용된 성경구절은 〈한글킹제임스성경〉입니다.

고린도후서 1장

1:1 **하나님의 뜻에 따라** 예수 **그리스도의 사도 된 바울과 우리 형제 디모데는 고린도에 있는 하나님의 교회와 온 아카야에 있는 모든 성도에게** *편지하노니,*

사도 바울은 이 편지를 『**하나님의 뜻에 따라** 예수 **그리스도의 사도 된**』으로 시작하고 있다. 당신은 사도로서의 그의 권위에 의문을 던지던 고린도 교회 내에 분열이 있었다는 것을 기억할 것이다(고전 9:2과 그 주석을 보라). 이 두 번째 편지에서, 바울은 그가 고린도인들 사이에서 행하는 '사도로서의' 사역을 변호한다(10장). 때문에 그는 자신이 요한계시록 2:2에서 사도 요한이 기술한 『**자칭 사도라 하지만 아닌**』 자들과 같지 않고, 『**하나님의 뜻에 따라**』 사도가 되었다는 것을 그 편지 시작부터 고린도인들로 알게 하는 것이다.

이 편지는 『**고린도에 있는 하나님의 교회…에게**』 쓰여졌다. '침례교도 신부론자들'(침례교도만 그리스도의 신부라고 믿는 자들 - 역자 주)은 이 시점에서 교회에 관해 괴상한 생각을 품는다. 그들은 고린도에 있던 그 교회가 그리스도의 몸의 '일부분'이 아니라, 실제로 그 '그리스도의 몸'이었다고 말하는 것이다. 이렇게 되면 결국 사방팔방으로 돌아다니는 수백, 수천 개의 그리스도의 "몸들"을 만나게 되는데, 만일 각 지역 교회가 고린도전서 12장과 에베소서 4장의 『**한 몸**』이라면, 수백 개의 성령들과 주들, 믿음들, 침례들, 하나님들, 아버지들(Fathers)이 있게 되는 셈이다(엡 4:4-6). 어떤 바보가 그런 것을 믿겠는가? 그러나 침례교도 신부론자들의 교리를 진지하게 받아들이면, 당신은 정확히 그런 결론에 도달할 수밖에 없다.

『**하나님의 교회**』는 '한' 몸이다(엡 1:22,23). 사도 바울은 구원받기 전에 바로 '그 교회'를 박해했으며(고전 15:9), 그 일은 고린도인들 중 아무도 구원받지 않았던 때에 일어났다. 에베소 그리스도인들은 '그' 교회의 일부분이었으며(행 20:17,28), 그러기에 『**고린도에 있는**』이라는 표현을 통해 볼 때, 그가 『**하나님의 교회**』의 그 "일부분"에게 말하고 있음이 매우 분명해진다. 때문에 "전 우주적인 교회"는 "지역 교회"와 마찬가지로 성경적 교리가 되는 것이다.

『**온 아카야에 있는 모든 성도에게**』(1절)

고린도는 아카야 지역에 소재한 주요 도시였다. 사도 바울의 전략은 어떤 지역의 영향력 있는 도시에서 교회를 시작하는 것이었으며, 그는 그곳을 기점으로 나머지 지역에도 뻗어가고자 했다. 이것이 그가 에베소와 소아시아에서 했던 일이며(행 19:8-10), 그러기에 고린도인들에게 보내는 편지는 아카야 지역의 모든 그리스도인들에게 보내는 편지이기도 했다.

1:2 하나님 우리 아버지와 주 예수 그리스도로부터 은혜와 평강이 너희에게 있기를 바라노라.

3 하나님을 송축하리로다. 그는 우리 주 예수 그리스도의 아버지시요, 자비의 아버지시요, 모든 위로의 하나님이시며

4 우리의 모든 환난 가운데서 우리를 위로하시는 분이시라. 그러므로 우리 자신이 하나님께 받은 위로로써 어떠한 고난 중에 있는 사람들도 위로할 수 있는 것이라.

5 이는 그리스도의 고난이 우리에게 넘친 것같이 우리의 위로도 그리스도로 말미암아 넘치기 때문이라.

6 우리가 고난을 당하여도 너희의 위로와 구원을 위함이니 그것들은 또한 우리가 겪는 동일한 고난을 잘 견딜 수 있게 해 주며 우리가 위로를 받는 것도 너희의 위로와 구원을 위한 것이라.

7 너희에 대한 우리의 소망이 확고함은 너희가 고난에 참여하는 자가 된 것같이 너희가 또한 위로에도 그러한 줄 우리가 앎이라.

본문 2절은 사도 바울이 모든 이방 교회들과 편지를 받는 목회자들에게 하는 표준적인 인사말이다. 고린도전서 16:23의 은혜에 관한 주석을 보기 바란다.

"평강"(peace)과 관련해서, 이것은 국가들이 서로 간에 전쟁을 멈추는 것과 아무런 관련이 없다. 저 가련하고, 어리석은 교황은 크리스마스 때마다 자리에서 일어나 "이 땅의 평화"(peace)를 위해 기도하지만, 주님은 결코 그의 기도에 응답하시지 않는다. 대신에 해마다 어디선가 두 개의 새로운 전쟁이 발생한다. 교리적으로 말하면, 누가복음 2:14의 '화평'(peace)은 예수 그리스도께서 화평의 통치자로서 다윗의 보좌에 앉으셔서(사 9:6,7) 철장으로 통치하실 때의 일이다. 고린도후서 1:2의 평강은 예수 그리스도를 믿음으로 영접했을 때 그리스도인에게 '신분적으로' 주어지는 '개인적인 평강'이다(롬 5:1). 그리스도인이 일상생활에서 경험하는 평강은 성령의 인도하심을 따르는 그리스도인의 생애 가운데 성령께서 맺으시는 열매의 일부분인 것이다(갈 5:18,22).

본문 3절에서 주님이 『**자비의 아버지시요, 모든 위로의 하나님**』이심을 주목하라. 그것은 전체 편지의 골자인데, 사역에서 겪는 온갖 고난들로 인해 하나님의 자비와 하나님의 위로가 필요할 것이다. 본문 4절을 보면, 고난에 처한 당신을 하나님께서 위로하심은 다른 사람들이 고난에 처할 때 그들을 위로할 수 있게 하려는 것임을 알 수 있다. 당신은 그들을 위로할 때 하나님께서 당신에게 주신 그 위로를 사용할 수 있는 것이다.

본문 4절은 『**우리의 모든 환난 가운데서**』와 『**어떠한 고난 중에 있는 사람들**』이라고 말씀한다. 하나님은 당신에게 고난을 보내실 것이다. 주님은 당신의 길로 그 고난을 보내셔서 당신이 겪은 것과 동일한 고난에 처한 다른 이들을 섬길 수 있게 하신다. 만일 당신에게 고난이 없다면,

당신은 누군가를 섬길 수 없을 것이다.

고난을 겪어 보지 않은 사람보다 이 세상에 더 생기 없는 것은 없다. 흥미로운 인물과 이야기하고 싶을 때, 나는 어떤 일을 겪어 본 사람에게로 간다. 한번은 샘 레븐슨의 어머니에게 사랑에 대해 정의해 보라고 했더니, 그녀는 이렇게 말했다. "사랑이란 당신이 누군가와 직접 겪어 본 그 어떤 것이지요." 그녀는 뉴욕 빈민가에서 25년 동안 가족을 부양해 온 일을 언급하고 있었던 것이다.

당신은 도대체 무슨 말인지 알아차리지 못했을지 모른다. 그러나 당신에게 전달된 메시지로 당신에게 영향을 주는 설교자와 그 메시지가 당신 머리 위로 그냥 지나가 버리는 설교자 사이의 차이점은, 전자가 그의 인생에서 어떤 고난을 겪은 반면, 후자는 자신의 메시지에 어떤 영향력을 부여할 만큼 충분한 고난을 겪지 않았다는 것이다. 만일 메시지에 무게가 실리려면, 메시지를 전달하는 이가 "맷돌로 빻아지는 고통을 겪어야" 한다. 그러나 나는 그런 메시지를 전달하는 그 누구도 부러워하지 않는다. 그저 그와 그의 고난을 위해 기도할 것이고, 그도 날 위해 기도해 주기를 바랄 뿐이다.

주님은 다이아몬드를 만드실 때, 못생긴 석탄 덩어리를 취해서 강렬한 열과 압력을 통과하게 하신다. 그러면 보석 세공가가 다가와 그 다이아몬드를 깎아서 완벽한 모양으로 만들고, 그 후 광택이 나도록 문질러져 휘황찬란하게 빛나게 된다. 주님께서는 이 페이지를 읽고 있는 몇몇 독자들을 주님의 면류관에 박아 넣을 아름다운 보석으로 만들려고 하신다. 하지만 형제여, 주님께서 그러시기 전에 당신이 먼저 인생의 불같은 시련과 압박을 견디고 모든 울퉁불퉁한 면이 깎여져야 한다는 것을 잊지 말라. 그 후에야 주님이 당신을 광내시고 당신에게서 뭔가 쓸모 있는 것을 만들어내실 수 있을 테니 말이다.

설교 초년병 때, 나는 곧잘 그것이 나와 회중 간의 싸움이라고 생각했다. 나는 구원받기 전 수년 동안 육박전을 가르치는 훈련 담당 하사관 노릇을 했었기 때문에, 자연히 거칠고 무례했었다. 육박전에서는 가르치는 동료 병사들에게 늘 도전장을 던진다. 위로 같은 것은 꿈도 꿀 수 없었다. 내 직업은 그들을 비참하게 만들어서, 그들이 누군가를 죽일 태세가 될 때까지 그들을 적으로 대하는 것이었다. 그렇기에 구원받고 설교자로 부르심을 받아 설교단에 올라섰을 때, 내 눈 앞에 있는 것은 내 "부대원들"이었다. 그러던 중 내가 비만과 암과 백혈병으로 시달리는 이들에게 말하고 있다는 것을 깨닫기 시작했던 것이 설교 인생 2년째 되었던 때였다. 그들은 아기의 시체를 묻어야 했고, 부도가 나기도 했으며, 집들이 불타서 폭삭 내려앉기도 했다. 가정들이 파탄에 이르고 있었고, 실직을 경험하는 이들도 있었는가 하면, 그 외에도 하나님만 아시는 일들이 벌어지고 있었다. 그래서 나는 어조를 부드럽게 하고 다른 "관점"을 취했다. 그러나 알다시피, 당신은 하나님께서 베풀어 주신 만큼만 베풀 수 있을 뿐이며, 하나님께서는 오직 당신의 필요에 비례하여 도우실 것이다. 말하자면, 당신의 필요는 당신이 겪는 고난과 비례할 것인데, 그 후 그 고난은 당신의 일부가 되어 버린다.

남들이 뭐라 하든, 남들의 말은 당신에게 아무런 도움이 안 된다. 당신의 사역은 당신이 실제로 겪어 온 것에 달려 있는 법이지, 사람들이 생각하는 당신의 인생역정과는 아무런 상관이 없다. 그것은 당신이 인생에서 감내할 수 있었던 고통에 달려 있지 당신이 감내한 고통에 대한 사람들의 생각과는 관계가 없다. 평판은 하나님의 말씀을 전달하는 당신의 능력과 어떤 관련도 없는 것이다.

이 나라에는 위대한 설교자로, 능력 있는 설교자로 평판이 자자한 이들이 있다. 그러나 당신이 그들의 설교를 들을 때 갖게 될 실망을 알면 깜짝 놀랄 것이다. 말 그대로 실망이 이만저만 아닐 것이다. 그 후 어느 이름도 들어보지 못한 무명의 친구가 등장해서 설교를 시작하면, 당신은 이렇게 생각할 것이다. "이야! 저게 어디서 나왔지? 왜 일찍이 이 친구에 대해 들어보지 못했을까?" 그들의 차이점을 말하자면, 첫 번째 그룹의 설교자들은 그들의 "평판"으로 먹고살고 있는 중이고, 그 마지막 친구는 그의 "인격"으로 해나가고 있다는 점이다.

앞서 말했듯이, 나는 그와 같은 그 누구도 부러워하지 않는다. 왜냐하면 그의 사역이 그 정도까지 되려면, 인생에서 반드시 적잖은 슬픔과 고난을 겪었을 것이기 때문이다. 사도 바울이 그처럼 위대한 사역자가 되었던 것은 바로 그런 이유 때문이었는데, 그는 한 사람이 겪을 수 있는 거의 모든 종류의 고난을 몸소 체험했던 것이다.

훌륭한 군사를 만들려면 그를 못살게 괴롭혀야 하는데, 또한 그것은 훌륭한 '그리스도인'을 양성하는 방법이기도 하다. 즉 당신이 그를 박해하면, 그가 마귀에게서 놓이게 되는 것이다.

이 구절을 마치기 전에, 사도 바울이 예수 그리스도를 몇 번이나 언급했는지 주목하라(1절의 『**예수 그리스도**』와 2절의 『**주 예수 그리스도**』, 3절의 『**우리 주 예수 그리스도**』). 성령으로 충만한 사람이 지니는 눈에 띄는 특징은 그가 성령이 아닌 예수 그리스도를 찬미한다는 점이다(요 16:13,14).

『**그리스도의 고난이 우리에게 넘친 것같이**』(5절).

그리스도께서 이 땅에 거하실 때 당한 고난들이 있고, 또 사도 바울이 사역 중에 그리스도를 위해 겪은 고난들이 있다. 그리스도께서 저주받으셨듯이, 바울도 저주받았고, 그리스도께서 채찍에 맞으셨듯이, 바울도 채찍에 맞았으며, 그리스도께서 감옥에 던져지셨듯이, 바울도 감옥에 던져졌던 것이다. 바울이 한번은 이렇게 말했다. 『**나는 내 몸에 주 예수의 표들을 지녔느니라**』(갈 6:17). 바울은 『**그의 고난의 교제를 알아 그의 죽음의 본을 따르려**』 했던 것이다(빌 3:10).

『**우리의 위로도 그리스도로 말미암아 넘치기 때문이라**』(5절).

한 사람이 그리스도를 위해 고난을 당하면, 주님께서는 그가 그 고난에서 의기양양하게 나오는 데 딱 들어맞는 위로와 위안으로 갚아 주신다. 그러나 위로를 넘치게 받기 위해서는 그리스도를 위해 넘치게 '고난을 받아야' 한다는 데 그 열쇠가 있다. 그러니 당신의 '육신'이나 '세상'을 위해 받는 고난에 대해 하나님의 위로를 받으리라 기대하지 말라(벧전 4:14-19).

6절에서, 『**구원**』이라는 단어가 어떻게 사용되었는지 주목하라. 사도 바울이 편지를 쓰는 대상이 『**성도들**』(1절)이기 때문에, 그것은 영원한 의미에서의 구원에 대해 말하고 있지 않은 것이다. 바울은 때때로 그 단어를 사람의 인생과 사역, 일과 관련하여 사용한다. 디모데에게 사역에 관해 편지를 쓸 때, 그는 다음과 같이 말했다. 『**네 자신과 교리에 주의하고 이 일들을 계속하라. 이것을 행함으로써 네 자신과 네 말을 듣**

는 사람들을 구원하리라』(딤전 4:16). 동일한 편지(디모데전서)에서, 바울은 교회 여인들에게 『**여자가 자녀를 낳을 때 구원을 받으리라.**』고 말한다(딤전 2:15). 이 말씀에서 그는 앞선 12-14절을 다시 언급하면서, 여인이 인생 중에 만나는 그 산고의 시간 동안 '그녀가 속는 것으로부터 구원을 받으리라'는 것을 말하고 있는 것이다.

이번 장에서, 구해 냄(9,10절)이 세 가지 시제를 가지고 있듯이, (거룩하게 함, 즉 성화로서의) 구원도 '세 가지 시제'이다.

한 사람의 '혼'은 갈보리에서 완결된 사역(과거)을 받아들임으로써 구원을 받았다(과거). 이것은 과거의 성화이며(히 10:10,14), 그는 죄의 "형벌"로부터 구원을 받은 것이다. 또한 그리스도인의 '영'은 그가 주님 안에서 자라고, 자신을 그리스도께 복종시키고, 그의 "옛 사람"을 죽은 것으로 여김에 따라('현재'의 성화), 날마다 죄의 "능력"으로부터 구원을 받고 있는 중이다. 휴거될 때, 그의 '몸'은 죄의 "임재"로부터 구원을 받을 것이고, 그 후 그의 구원이 온전해질 것이다('미래'의 성화 - 살전 5:23).

고린도후서 1:6에서, 사도 바울은 고린도인들이 겪는 그리스도인으로서의 인생을 언급하고 있다. 그가 말하는 바는, 만일 그와 디모데가 "고난을 당한다면," 그것은 『**우리가 겪는 동일한 고난을**』 고린도인들도 견딤으로써, 그리스도를 섬기기 위해 존재하는 그들 그리스도인들의 인생이 구원받도록 하기 위함이라는 것이다. 따라서 바울이 『**내가 그리스도를 따르는 것처럼, 너희는 나를 따르는 자가 되라.**』(고전 11:1)고 말한 것은, 단지 그의 교리를 따르라고 언급한 것이 아니었다. 바울은 그리스도를 위해 고난당하는 법과 '그러한 고난 가운데' 위로를 얻는 법에 있어서 고린도인들의 모범이었던 것이다.

자, 나는 당신만큼이나 그 구절들을 좋아하지 않는다. 나는 히브리서 12:11과 같은 구절들을 좋아하지 않는다. 『**징계가 당시에는 즐겁지 않고 슬픈 것 같으나 후에 그로 인하여 훈련된 자들에게는 화평한 의의 열매를 맺느니라.**』 나는 『**이는 우리가 잠시 받는 가벼운 환난이 우리를 위하여 훨씬 뛰어난 영원한 영광의 비중을 이루어 가기 때문이라.**』(고후 4:17)거나 『**이는 현재의 고난들이 우리에게 나타나게 될 영광에 감히 비교되지 못한다고 내가 여기기 때문이라.**』(롬 8:18)고 말하는 구절들에 지나치게 많은 관심을 두지 않는다.

육신은 육신이기에, 아무도 '다치기를' 원하지 않는다. 옛말에 "고문대 위에서 행복한 사람은 아무도 없다"고 했다. 그러나 문제의 핵심은, 만일 우리가 척박한 황무지처럼 열매를 맺지 못하는 그리스도인의 인생으로부터 구원받고자 한다면, 고난을 겪은 후 그것을 통과해 의기양양하게 나와야 할 것이라는 것이다. 사도 바울이 본문 6절에서 우리 앞에 제시한 모범이 바로 그것이다.

그에 따라 사도 바울이 본문 7절에서 거는 '소망'이 바로 이것이니(그러나 신약성경에서의 소망이 '결코' 불확실한 것이 아니라는 것을 기억하라), 즉 고린도인들이 그리스도를 위해 고난을 받을 때, 그들이 또한 그리스도께 '위로를 받을' 것이라는 것이다. 고난 없이는 위로가 없지만, 동시에 위로 없는 고통도 없는 법이다. 가끔씩 나는 그리스도인이 주님을 정말로 알게 되는 유일한 길이 오로지 마귀처럼 고통받는 것이라고 생각하는데, 아마도 리차드 움브란트와 하랄란 포포브 같은 이들이 공산주의자들의 손아귀에서 박해를 받으면서 참으로 주님을 잘 알게 되었을 것이라고 생각한다.

과거에 이곳 펜사콜라의 한 요양원에 솔터라는 부인이 있었다. 그녀는 워낙 병약해서 무려 25년 이상을 병상에 등을 바짝 대고 누워 있어야 했지만, 내가 만난 그녀는 늘 승리를 거두었다. 나는 그녀에게 "솔터 부인, 부인 입으로 '주님을 찬양하라'고 말하는 것을 듣게 해주십시오." 라고 말하곤 했다. 그러면 그녀는 다음과 같이 소리 높여 목청껏 말했다. "자, 주님을 찬양하라!" 나는 당신이 모르는 기막힌 사실을 알고 있다. 그 부인은 내가 아는 혈기왕성하고 팔팔하게 돌아다니는 몇몇 그리스도인들과 비교도 안 될 정도로 아주 '큰 목소리로' 그것을 외쳤던 것이다.

자, 나는 그것을 좋아하지 않으며, 내 육신은 그것을 조금도 감사하지 않는다. 그러나 그것이 그러한 게 확실한 듯하다.

1:8 형제들아, 아시아에서 우리에게 닥쳤던 고난을 너희가 모르기를
원치 아니하노니 이는 우리가 받은 극심한 압박으로 인하여 견딜
힘을 잃어 심지어는 삶의 절망에까지 이른 것이라.
9 우리는 우리 자신 속에 사형 선고를 받았으니 이는 우리로 우리
자신을 신뢰하지 아니하고 죽은 자들을 살리시는 하나님만을 신뢰
하게 하려 함이라.
10 그분께서 우리를 그처럼 극심한 사망에서 구해 내셨으며 또 구해
내고 계시니 그분께서 여전히 우리를 구해 내 주실 것이라는 소
망을 그분 안에 가지고 있노라.

이 구절들에서처럼 사도 바울이 소아시아에서 무슨 일을 겪었는지는 사도행전에 기록되어 있지 않다. 짐작컨대 그것은 그가 고린도후서 11:23-27에서 언급하는 사건들 가운데 하나이거나 또는 그 이상을 의미할 수도 있다. 그러나 그것이 무엇이 되었든지, 그것은 바울 자신이 죽으리라 생각했던 상황이었을 뿐만 아니라, 그 일이 언제든지 일어날 수 있다고 여겼던 상황이었다.

때로 몹시 아픈지라, 자신이 이제 죽을 것이고, 마음마저 갈가리 찢겨져 모든 것이 끝났다는 생각이 든다면, 그 일은 주님을 더 신뢰하도록 하기 위해 주님께서 행하고 계시는 일이다. 극한의 상황에서 벗어나는 유일한 길이 하나님께서 친히 뭔가를 행하시는 것이라는 걸 깨닫도록 하기 위해, 주님은 때때로 당신에게 질병이나 슬픔, 위협을 몹시 거세게 가하실 것이다.

한 늙은 퀘이커교도가 이렇게 말했다. "뒤뜰로 나가 4피트 정도의 구덩이를 직접 파라. 그리고 그 구덩이에 등을 대고 누워 약 5분 동안 하늘을 똑바로 올려다보라. 그리고 당신이 죽으면 그렇게 될 것이라고 약 5분 동안 생각하라. 그 후 거기서 나와 인생을 다시 살기 시작하라. 그러면 대부분의 사람들이 빈둥거리는 대신 땅을 박차고 달리며 '시간을 사서 얻기' 시작할 것이다."(엡 5:16)

본문 10절에 관해서는 이미 6절 밑에 주석을 달아 놓았다.

1:11 너희도 우리를 위하여 기도로 협력하라. 이는 많은 사람으로 인해 우리에게 내린 은사에 대하여 우리를 대신하여 많은 사람이

감사하게 하려 함이라.

12 우리의 자랑이 이것이니 우리의 양심의 증거라. 이는 우리가 진
지함과 경건한 성실함으로 하되 육신의 지혜가 아닌 하나님의 은
혜로 세상에서 행하고 또 너희를 위하여 보다 풍성히 행한 것이
라.

13 우리는 너희가 읽는 것이나 아는 것 외에 다른 것을 너희에게 쓰
지 아니하노라. 너희가 끝까지 알기를 내가 바라노니

14 너희가 또한 부분적으로 우리를 아는 바와 같이, 주 예수의 날에
너희도 우리의 기쁨이 되듯 우리가 너희의 기쁨이라는 것이라.

고린도인들에게 보내는 첫 번째 편지에서, 사도 바울은 전체 내용을 한 육신적인 교회를 '책망하고 바로잡는' 데 썼다. 그러나 이번 편지에서 보인 바울의 접근 방식은 약간 다르다. 여기서 그는 옳게 행한 무언가로 인해 그들을 칭찬하고 있다(11절). 그 내용인즉, 그가 소아시아에서 겪은 고난을 이미 들어 알고 있던 고린도인들 중 많은 이가 그를 위해 기도로 협력했고, 그 후 특별 헌금을 거두어 그에게 보냈으며, 그 결과 많은 이들이 그 일로 인해 하나님께 감사를 드렸던 것이다. 당신이 주님께서 보여주신 필요에 반응하여 베풀면, 당신으로 인해 '다른 이들'이 하나님께 감사를 드리게 된다. 필요가 충족되어 하나님께 감사를 드리는 이가 있고, 또 하나님께서 당신을 쓰셔서 누군가의 현실적 어려움을 해결해 주셨기에 주님께 감사를 드리는 이도 있는 법인데, 중요한 것은 하나님께서 "그 감사들"을 받으시고, 하나님께서 "그 영광"을 받으신다는 것이다.

본문 11절에서 일어난 일로 인해 사도 바울은 기뻐할 수 있었다. 그가 기뻐할 수 있는 이유는『**우리의 양심의 증거**』때문이다. 달리 말해, 바울은 고린도인들에게 말하고 가르치되, 양심에 걸려서 후회하는 일 없이 그리했던 일을 회상할 수 있었던 것이다. 그는 자신의 최선을 다했고,『**진지함과 경건한 성실함으로 하되 육신의 지혜가 아닌**』올바른 방법들을 사용했다. 그는 거짓된 과학(딤전 6:20) 또는 철학(골 2:8)으로 그들을 '속이려' 하지 않았으며, 대신 매일의 삶을 통해 그들 앞에서『**하나님의 은혜**』를 몸소 보여 주며 살았던 것이다.

본문 13절에서 사도 바울은 그가 쓴 편지를 고린도인들이 받았으며, 그것이 참으로 그에게서 온 것이라는 사실을 알려 준다. 이는 그들 중 몇몇이 그 편지를 단순히 "읽기만" 했기 때문인데, 그들은 그것이 바울로부터 온 줄은 알았지만, 그가 하나님으로부터 받아서 말하거나 사도로서 말한다는 것을 인식하지 못하고, 그가 말한 것에 감사하지 않았던 것이다.

앞선 고린도전서 14:37에서 사도 바울은 이렇게 말했다.『**만일 누구든지 자기를 선지자나 영적인 사람으로 생각한다면 내가 너희에게 쓰는 글들이 주의 명령들임을 인식해야 할 것이라.**』따라서 고린도인들 사이에 선지자와 영적인 인물로 여겨졌던 이들은 바울이 쓰고 있던 것이 하나님의 말씀임을 알았다. 그렇기에 바울은 다시 "그들과 의좋게 지낼" 예정이었고, 고린도인들이 그에게 밀착하여 그가 기록하는 모든 것이 하나님으로부터 오는 것임을 인식하기를 원했다.

본문 14절의『**부분적으로 우리를 아는 것**』이라는 말씀은, 인간적인 견지에서 볼 때 사도 바울이 그들 고린도인들의 구원에 일부분을 담당한 것으로 인식되었다는 사실을 언급하는 것일 수도 있다. 하나님께서는 그들을 주님께로 인도하는 데 '그를' 쓰셨으며, 그들은 하나님께서 그를 보내신 것을 기뻐했던 것이다. 그게 아니라면 이 『**부분적으로**』라는 말씀은 그들이 '사도 바울이 고린도전서에 기록했던 것의 일부분에' 반응하여, 하나님께서 바울을 쓰셔서 그들에게 옳은 것을 가르치도록 하신 사실을 기뻐했다는 것을 의미할 수도 있다.

『**주 예수의 날에 너희도 우리의 기쁨이 되듯이**』(14절).

휴거될 때, 우리는 우리가 그리스도께로 인도하는 데 일부분을 담당했던 그 각인의 혼으로 인해 기뻐할 것이다. 사도 바울은 데살로니가전서 2:19,20에서 다음과 같이 말했다. 『**우리의 소망이나, 기쁨이나, 자랑의 면류관이 무엇이냐? 그가 오실 때 우리 주 예수 그리스도 앞에 있을 너희가 아니겠느냐? 이는 너희가 우리의 영광과 기쁨이기 때문이라.**』

그리스도인들은 서로를 부끄러워해서는 안 된다. 만일 정말로 고통스런 시련을 겪고 있는 형제를 본다면, 마치 그가 전염병이나 되는 양 피해 다니지 말고, 그를 인정하라. 그의 친구가 되고, 그를 위해 당신이 기도하고 있다는 것을 알게 하라. 어떤 그리스도인들은 호된 고난을 겪고 있는 형제나 자매를 보고서 그 사람에 대해 알려고 하지 않고 무작정 그 고난을 죄의 탓으로 돌려버린다. 당신은 그런 태도를 경계하는 게 좋을 것이다. 그렇지 않으면 마귀가 그 누구도 아닌 '당신의' 문제를 하나님께 가져가서 '당신'이 그것을 얼마나 잘 감당하는지 볼 것이기 때문이다.

고린도 교회의 일부 성도들은 사도 바울의 언변이 서툴다고 비난했다

(고후 11:6). 배교자들은 "럭크만주의"에 관해 이야기할 때 럭크만의 "노골적인 언변"을 화제로 삼기 좋아한다. 그들은 말하는 방식이 맘에 들지 않는다는 이유로 말하는 내용에 담긴 '진리'를 거절할 수 있다고 생각하는데, 몇몇 고린도인들이 바울을 대한 방식이 바로 그런 것이었다. 그들은 『**그 언변도 하찮다**』고 말했던 것이다(고후 10:10).

그의 대적들은 사도 바울의 회심자들에게 그가 『**직접 대할 때는 약하**』다고 말했다. (195번이나) 채찍질당하고, (몽둥이로) 두들겨 맞고, 돌로 얻어맞은 그의 몸은 당연히 구부정하고 쇠약했을 것이고, 아마도 그는 똑바로 고침 받지 못한 부러진 뼈들로 인해 절뚝거리고 다녔을 것이다. 나는 그가 어떤 모습을 하고 있었을까 하고 종종 궁금해 했었다. 아마도 그는 코가 커다란 작고 늙은 곱사등이 유대인이었을 것이고, 온몸이 채찍 자국으로 덮여 있고, 얼굴이 온통 상처투성이였을 것이다. 거기에 또 한 가지 바울의 대적들이 견딜 수 없었던 것은 하나님께서 생긴 것도 그렇게 생기고 말도 그처럼 하는 자에게 주님의 능력을 주시려 했다는 점이었다.

그러나 여전히 고린도에는 사도 바울을 사랑하고 그의 대적들 앞에서 그의 편을 들어주는 친구들이 많았다. 세상은 그들이 바울에 대해 자랑하고, 그에게 자부심을 느꼈다고 말할 것이다. 나는 그들이 무슨 말을 하고 있는지 알고 있지만, 그리스도인에게 있어 그것은 '자랑'의 문제가 아니다. 그것은 당신에게 진리를 전해 준 그 누군가에 대해 하나님께 감사를 드리는 일이며, 하나님께서 그들을 통해 주신 그 진리 안에서 기뻐하는 일인 것이다. 우리가 휴거되는 『**주 예수의 날**』에, 우리는 우리가 그리스도께로 인도한 모든 혼들로 인해 기뻐할 것이다. 그리스도의 심판석에 서는 날, 그들은 우리의 면류관에 박힌 귀중한 보석들이 될 것이고, 그와 동시에, 당신의 회심자들은 그들에게 복음을 전하여 그리스도께로 인도할 정도로 그들을 사랑해 준 당신 안에서 즐거워할 것이다. 말하자면, 우리 모두가 "몹시 즐거운 때를" 보낼 것이라는 것이다!

1:15 그리하여 나는 이러한 확신을 가지고 전에 너희에게 가려고 하였으니 이는 너희로 두 번째 은혜를 얻게 하려 함이며
16 또 너희를 지나 마케도니아로 갔다가 다시 마케도니아로부터 너희에게로 오면 너희가 나를 유대로 보내 줄 것으로 계획하였노라.

본문 15절의 『**두 번째 은혜**』라는 표현에서, 오순절주의자들은 "은혜의 두 번째 사역"에 관한 가르침을 억지로 짜 맞추었다. 그들은 이 구절을 로마서 1:11과 결부시킨다. 『**내가 너희를 보고 싶어하는 것은 내가 어떤 영적 은사를 너희에게 나누어 주어 끝까지 너희를 굳게 세우게 하려 함이니**』. 여기서 그들은 고린도후서 8:6로 간다. 『**그러므로 우리가 디도에게 권하였던 것은 그가 전에 시작하였던 바와 같이 이 은혜를 너희 안에서도 완성시키라는 것이었느니라.**』

그들의 가르침은 다음과 같이 진행된다. 어떤 사람이 구원을 받을 때, 그는 하나님의 영과 그리스도의 영을 받지만, 성령을 받지는 않는다. 그리고 그가 (구원받은 후 언젠가) 성령 침례를 받을 때 방언으로 말할 것이다. 때때로 이런 이론 때문에 당신은 성령을 받아들여 구원을 받을 때 방언으로 말하게 된다. 이런 가르침의 또 다른 이론은, 그리스도를 구주로 영접할 때 '참으로' 성령을 받지만 죄가 여전히 당신 안에 남아 있다는 것이다. 그러나 (당신이 기도하며 바라던) 그 성령 침례를 받을 때, 당신의 해묵은 죄성이 '뿌리뽑히게'(또는 한 집단이 가르치는 바에 의하면 '거룩하게') 되는데, 그런 일이 있게 되면, '더 이상 죄를 지을 수가 없게 된다.' 요한일서 3:9은 그들이 이를 위해 사용하는 구절이다. **『하나님께로부터 태어난 사람은 누구나 죄를 짓지 아니하나니 이는 하나님의 씨가 그 사람 안에 거함이요, 또 죄를 지을 수 없는 것은 그가 하나님께로부터 태어났기 때문이라.』**

D. L. 무디 시절에는, 때로 "두 번째 축복"이라고도 불리던 이것이 하나님께서 '성령 침례' 때 주시는 비범한 능력으로 여겨졌다. 대개는 구원받은 후에 어느 시점에서 이 침례를 베풀어 달라고 기도했었다.

나의 성장 배경이었던 카톨릭과 영국 성공회 교회들이라면 그런 것들을 '세례'와 '견진 성사' 때 다룰 것이다. 즉 두 개의 독립적인 의식, 곧 두 개의 성사 때 그러는 것이다.

자, 이 모든 것과 관련하여, 당신이 확신할 수 있는 것들이 있고, 또 그렇지 못하는 것들이 있다. 우선, 고린도후서 8:6은 '금전적인 헌금'을 언급하지, 어떤 침례나 영적인 은사를 말하는 것이 아니다. 로마서 1:11의 『**영적 은사**』는 로마의 구원받은 성도들을 세우려 함이지, '거룩하게 하려 함'이 아니다.

그러나 만일 은혜의 두 번째 사역이라는 게 있다 해도, 분명 그것은 옛 아담의 성품을 제거하지 못한다. 사도 바울은 그것을 죽는 날까지 가지고 있었고, 성화나 죄성 근절이나 견진 성사로도 "그 옛 사람"을 제거하지 못한다. “옛 사람”은 그가 무덤으로 들어갈 때까지, 있던 곳에 그대로 있는 것이다. 그때까지는 그것 때문에 ‘발작’이 일어날 것이다.

이 모든 것 가운데 당신이 확신할 수 있는 것은 당신이 구원받은 후 단순히 하늘나라에 가는 일 외에 하나님께서 당신을 위해 준비한 다른 무언가가 ‘더’ 있다는 것이다. 주님은 당신의 영이 성장하여 주님과 더 닮기를 원하시며, 당신의 ‘몸’을 오로지 주님을 섬기는 데에만 쓰기를 원하신다. 그것을 뭐라 부르든지 그건 당신 마음이지만, 그것이 바로 하나님께서 당신의 혼의 구원에 더하여 당신을 향해 가지고 계신 뜻이다.

밥 존스 시니어는 이렇게 말하곤 했다. “어떤 사람들은 아기를 뭐라고 ‘부를지’ 몰라 안절부절 못하다가 정작 중요한 것은 잊어버리는데, 그건 바로 ‘아기를 배는 것’이다.” 그리스도인들은 그들이 구원받은 후에 하나님께서 그들에게 행하신 일을 뭐라 ‘부를까’ 하고 논쟁에 빠져 법석을 떤다. 그들은 그것에 성령 충만, 성령 침례, 죄성 근절, 성화, 견진 성사 외에 갖가지 이름으로 다 붙이지만, 정녕 중요한 것은 그것이 아니다. 중요한 것은 “그 일이 당신에게 일어났는가?”이다. 그것이 중요한 것이다. 당신이 구원받은 지금 중요한 것은, ‘하나님께서 소유해야 할 당신의 모든 것을 소유하셨고, 당신은 소유해야 할 주님의 모든 것을 소유했는가?’이다. 바로 그것이다. 당신이 그것을 뭐라 부르든 난 개의치 않는다. 단지 그것을 소유하기만 하라.

나는 여전히 당신 인생에서의 그 일이 어떤 위기의 결과라고 생각한다. 내가 알기로는, ‘매일’ 성령 ‘충만’ 받는 일과 매일 주님을 배반하는 일, 매일 주님께 복종하는 일이 있기는 하지만, 인생 어느 곳에 이르러 위기를 만나기 전까지는 그런 일이 일어나지 않는다. 십중팔구 그런 위기는 주님께서 '주님의 계획을 위해 당신의 계획을 포기하는 것'에 관해 당신을 다루는 곳에서 일어난다. 그 결정을 내리는 일은 대개가 인생의 위기 상황으로 여겨진다. 그 일이 있고 난 후에는 그것이 일상 생활화되지만, 만일 '그 위기'를 극복하지 못할 시에는 일이 이루어질 수가 없다. 따라서 나는 주님께서 당신을 저 밑바닥까지 끌어내리셔서 위를 바라보는 것 외에는 달리 갈 곳이 없도록 하신다고 말하고 싶다.

주님께서 땀을 뻘뻘 흘리며 계속해서 요금고지서를 찍어내는 당신을 인생 어딘가에서 깜짝 놀라게 하실 것인데, 그 후 당신은 고지서 문제로 어려움에 처한 사람들을 섬길 때 그들이 어떤 문제에 직면해 있는지를 알 것이다. 당신은 밥 존스 대학과 〈Faith for the Family〉 잡지사처럼 회중을 이용해 요금을 청구하지 않을 것이다. 당신은 당신의 거만한 허튼소리로 다음처럼 으쓱대며 자랑하지 않을 것이다. "하나님은 자신의 백성을 위해서 오직 최고만을 원하십니다," 또 "하나님은 당신이 가진 최고의 것을 소유하셔야 합니다," 그리고 "만일 당신이 하나님의 뜻 안에 있다면 최고를 소유할 것입니다." 당신은 이런 걸 믿을 만큼 분별력이 없지 않을 것이다. 하나님께서 당신으로 하여금 겪게 하신 것이 무엇인지 누구보다 잘 알고 있을 테니 말이다.

학생들은 내가 가르치는 펜사콜라성경신학원(PBI)으로 내려올 때마다 트레일러와 바퀴벌레, 습도, 저임금 직업에 대해 불평을 터뜨린다. 하지만 PBI는 그리스도인의 섬김을 위한 하나님의 "신병 훈련소"이다. 주님께서는 사역을 위한 준비 과정으로서 학생들이 이곳에서 어떤 일들을 겪게 하시는 것이다.

차가 고장 나고, 자식들이 앓아눕고, 개가 양탄자를 엉망으로 만들고,

당신은 직장에서 해고당한다. 그런 일이 일어날 때, 그것을 이런 식으로 바라보라. "공산주의 감옥에서 3년을 보내는 것에 비하면 그것 3년 겪는다고 무슨 일 나겠어?" 형제들이여. 만일 주님께서 당신들로 그것을 겪게 하지 않는다면, 하늘나라에서 다른 형제들에게 무슨 얘기를 들려주겠는가? "당신은 무슨 일을 겪었습니까?"라고 그들이 물을 텐데 말이다.

때로는 그리스도인으로 사느니 '순교자'로 죽는 것이 더 쉽다는 것을 아는가? 그리스도인이라면 누구나 그리스도를 위해 기꺼이 죽을 준비가 되어 있어야 하지만, 문제는 전기세, 가스 요금, 식료품비 그리고 국세청 세금을 내면서 그리스도를 '위해' 사는 것이다.

본문 16절을 고린도전서 16:5과 비교하고, 그 구절 밑의 주석을 보라. "전진"하는 것뿐만 아니라 "정지"(빌 1:12,13)하는 것도 우리는 하나님의 지도를 받아야 한다.

1:17 그러므로 이 일을 계획함에 있어서 정녕 내가 경솔히 행하였겠느냐? 아니면 내가 계획을 세울 때에 육신을 따라 세웠겠느냐? 그리하여 '예,' '예'나 '아니오,' '아니오' 하는 일이 내게 있어야 하겠느냐?

18 그러나 하나님께서 참되신 것같이 우리가 너희에게 한 말도 '예'와 '아니오'가 아니었노라.

19 우리, 즉 나와 실루아노와 디모데가 너희 가운데서 전파한 하나님의 아들 예수 그리스도는 '예'와 '아니오'가 아니라 그분 안에는

'예'만 있었느니라.

20 그분 안에 있는 하나님의 모든 약속은 '예'가 되기에 우리는 그분 안에서 '아멘' 하고 하나님께 영광을 돌리노라.

『**그러므로 이 일을 계획함에 있어서 정녕 내가 경솔히 행하였겠느냐?**』(17절).

사도 바울이 오겠다고 했을 때, 몇몇 고린도인들은 그가 성실치 못하다고 생각했다. 그러나 본문 17절에서, 바울은 "내가 농담하는 게 아니다, 마음을 바꾸지 않았다, 있는데 없다고 하고 없는데 있다고 하며 거짓말하고 있는 것이 아니다."는 것을 그들에게 확인시킨다. 바울의 예는 말 그대로 "예"였고, 그의 아니오는 말 그대로 "아니오"였던 것이다(약 5:12).

사도 바울은 일구이언하며 터무니없는 소리나 지껄이는 인물이 아니었다. 그는 같은 주제에 대해 "예"와 "아니오"를 동시에 말하지 않았다. 고린도인들을 방문하려는(그리고 필요하다면 일들을 바로잡으려는 - 13장을 보라) 그의 의도는 그가 그들에게 복음을 전파했을 때만큼 분명했다(19절).

『**그분 안에 있는 하나님의 모든 약속은 '예'가 되기에 우리는 그분 안에서 '아멘' 하고 하나님께 영광을 돌리노라**』(20절).

"극단적으로 낙천적인" 그리스도인들과 로버트 슐러, 노먼 빈센트 필과 같은 "긍정적 사고의 능력파" 설교자들은 이 구절을 자신들의 전유물로 여기기 전에, 하나님의 '긍정적인' 약속들이 "그리스도 안에" 있음을 주목하라. 주님 "밖에서는," 그 약속들이 다음과 같이 씌어 있다. 『**그 아들을 믿지 않는 자는 생명을 보지 못하고 오히려 하나님의 진노가 그 사람 위에 머물러 있느니라**』(요 3:36). 『**그들이 "평안하다, 안전하다"고 말할 때에, 아이 밴 여인에게 진통이 오듯 갑작스런 멸망이 그들에게 임하리니, 결단코 피하지 못하리라**』(살전 5:3). 『**악인은 지옥으로 돌려질 것이요, 하나님을 잊어버린 모든 민족들도 그러하리라**』(시 9:17). 『**누구든지 생명의 책에 기록되지 않은 자는 불못에 던져지더라**』(계 20:15). 이 모든 것이 빌립보서 4:13,19만큼이나 확실한 약속들이지만, 이것들은 '그리스도 안에 있지 않은' 사람들에 대한 약속들일 뿐이다. 예수 그리스도는 하나님의 모든 약속들에 대해 『**아멘**』이시나, 만일 당신이 "예"에 해당하는 것들만을 원한다면, "그분 안에" 있는 편이 좋을 것이다.

1:21 이제 우리를 너희와 함께 그리스도 안에서 확정하시고 우리에게 기름부으신 그분은 하나님이시니
22 그분은 또한 우리를 인치시고 우리 마음속에 성령의 보증을 주셨느니라.

이 두 구절은 그리스도인의 신분과 관련해 위대한 구절들이다. 당신이 그리스도를 영접했을 때, 성령께서 당신을 그리스도의 몸 '안으로' 넣으셨으며(『**우리를... 그리스도 안에서 확정하시고**』 - 21절), 그 성령께서 '당신의' 몸 안에 살기 위해 들어오셨다(『**우리에게 기름부으신**』 - 21절). 브라운스빌의 은사주의자들이 뭐라고 가르치든, '그 기름부음'은 "영원하다"(요일 2:27). 성령께서는 『**구속의 날까지**』 당신을 인치셨으며(22절, 엡 4:30 참조), 그분은 하나님께서 당신 위에 두시는 안전, 즉 『**보증**』이시다.

금융계에서, 계약금은 당신이 구매에 있어 진지하다는 것을 확실히 보여 주는 약조금이다. 자, 하나님께서는 당신들 모두를 구원하시는 일에 진지하시며(살전 5:23), 당신 안에 사시는 성령은 하나님께서 그 모든 것에 대한 권리를 주장하시는 날까지 하나님의 "구매 증거"이시다. 하나님은 '당신을 구입하셨고'(고전 6:20), 주님의 재산에 '도장을 찍으셨다.' 더욱이 주님은 '문서 계약서'(신약성경)에 서명까지 하셨다. 만일 주님께서 계약서에 대해 잔금을 치르지 않으신다면 당신은 곤경에 처할 것이지만, 본문 20절은 당신을 향한 하나님의 약속들이 "예"와 "아멘"임을 이미 당신에게 말해 주었다.

나는 구원받은 흑인 소년 이야기를 좋아한다. 그가 불량한 무리 속에 끼었을 때, 면도칼 싸움이 벌어졌고, 그는 이렇게 기도하며 말하기 시작했다. "주님, 주님의 재산이 위험에 처해 있습니다!"

1:23 뿐만 아니라 나는 내 혼을 걸고 하나님을 불러 증인을 삼나니 너희를 아끼려고 아직 고린도에 가지 아니하였노라.

24 우리는 너희의 믿음을 주관하려는 것이 아니요, 다만 너희를 기쁘게 하기 위한 동역자라. 이는 너희가 믿음으로 서 있기 때문이라.

사도 바울은 분명 더 일찍 오고 싶어했지만, 아주 매서운 어떤 책망을 들고 왔어야 했을 것이다. 그는 고린도전서에 '기록했던' 모든 것을 '직접 얘기해야' 했을 것이고, 그것이 조금은 무척 심한 일이었을 것이다. 하지만 그들이 슬픔을 당하는 것을 원치 않았기에, 고린도인들이 '그의 편지들을 읽은' 후 당면한 문제들을 직접 바로잡기를 바라는 마음에 방문을 늦추었다.

『**우리는 너희의 믿음을 주관하려는 것이 아니요**』(24절).

본문 24절을 주목하라. 이에 대해 사도 베드로는 다음과 같이 말했다. 『**하나님께서 맡겨 주신 자들을 지배하려 하지 말고**』(벧전 5:3). 로마카톨릭의 성직 계급제나, 심지어 몇몇 침례교도들 간에 실행되는 현대판 "목자적 권위"와는 그것이 하늘과 땅 차이지 않은가! 사도 바울이 선택한 자신의 직업에 대한 표현은 『**너희를 기쁘게 하기 위한 동역자**』였다. 고린도후서 2장에 이어지는 내용에 따르면, 본문 24절의 기쁨은 '죄'와 '거짓 교리'가 일단 '회중으로부터 제거되었을' 때 가졌을 기쁨이다.

고린도후서 2장

2:1 그러나 내가 이것을 스스로 결심하였으니 이는 너희에게 슬픔으로
다시 가지 아니하겠다는 것이라.
2 내가 너희를 슬프게 한다면 나로 인하여 슬프게 된 사람 외에 나
를 기쁘게 할 자가 누구겠느냐?
3 내가 이와 동일한 것을 너희에게 쓴 것은 내가 갈 때에 마땅히 나
를 기쁘게 해 주어야 할 사람들로부터 슬픔을 얻지 아니할까 함
이요, 또 나의 기쁨이 너희 모두의 기쁨임을 너희 모두 안에서 확
신함이라.
4 나는 마음의 큰 환난과 고통 속에서 많은 눈물로 너희에게 편지를
썼나니 이는 너희로 하여금 슬프게 하려는 것이 아니요, 오히려 내
가 너희에 대한 사랑을 보다 풍성히 가졌음을 너희로 알게 하려는

것이라.

『**그러나 내가 이것을 스스로 결심하였으니**』(1절).

사도 바울은 그 문제를 스스로 논의했다. 세상은 당신이 혼자 중얼대면 미칠 징조라고 얘기하는데, 만일 그것이 사실이라면, 거의 모든 그리스도인들이 반미치광이인 셈이다. 그러나 그것은 스스로에게 '무엇을' 이야기하느냐에 달려 있다. 누가복음 12장의 부자 친구는 '바보'였다(눅 12:19,20). 누가복음 15장의 탕자는 "그가 자신을 돌아보았을 때" 자신과 대화를 나누었다(눅 15:17-19). 인간적인 관점에서 봤을 때, 당신은 당신 자신의 조언마저 당신이 얻을 수 있는 최고의 조언일 수 있는 상황에 처할 수 있는 것이다(느 5:7). 마치 그것은 언젠가 한 흑인 친구가 이렇게 말한 것과 같다. "나는 재치 있는 사람이 얘기하는 걸 듣기 좋아하고, 또 재치 있는 사람과 얘기하는 걸 좋아하기 때문에 나 자신에게 말하기를 좋아합니다."

사도 바울이 느낀 『**슬픔**』(1절)은 그리스도께서 겟세마네 동산에서 느끼셨던 것과 같은 슬픈 부담이었다(마 26:37,38). 바울은 그의 회심자들의 '영적 상태'에 대해 진심어린 부담을 가지고 있었는데, 그 부담은 고린도 교회에서 실로 공공연히 드러내 놓고 행해지는 죄에 대한 슬픔이었다. 그는 고린도인들을 그들의 죄들로 인해 슬퍼하도록 하는 데 아무런 문제가 없었지만, 그가 궁극적으로 추구하고자 했던 것은 고린도인들이 바로잡히는 것이었다. 그를 『**기쁘게**』(2절) 했던 것은 고린도인들이 그들의 죄들을 슬퍼하여 결국 '바로잡히는' 모습이었으며, 그것이 그에게는 축복이었다.

사도 바울은 '바르게 행하고 바르게 가르치는' 교회에 가서 하나님께서 그들에게 주신 '승리'로 인해 그들과 기뻐할 수 있기를 원한 것이지(3절), 그들을 방문했을 때 '그들을 책망하고 그들 중 몇을 교회 밖으로 쫓아냄으로써' 그들에게 슬픔을 안겨주고 속을 풀려고 한 것이 아니었다. 바울이 고린도인들의 영적 상태에 대한 비탄과 눈물을 지면에 쏟아낸 것은, 즉 그들이 올바로 반응하여 바로잡힐 것을 바라며 그리한 것은 바로 그런 이유 때문이었다(4절). 바울이 고린도전서 16:24에서 말한 것처럼, 그의 편지는 마음에서 우러나오는 사랑으로 쓰여진 것이었다. **『내가 너희에 대한 사랑을 보다 풍성히 가졌음을 너희로 알게 하려는 것이라.』**

"당신은 당신이 사랑하는 사람에게 늘 상처를 안겨준다."는 옛말이 있다. 그러나 사도 바울은 비탄과 슬픔을 안겨주려는 동기로 고린도인들에게 편지를 쓴 것이 아니었다. 그는 그들을 걱정하고, 그들에게 관심을 가졌을 뿐인 것이다.

그런 일은 남편이 아내를 바로잡는 결혼생활에서 종종 일어난다. 몇몇 현대 여인들은 자신들이 남편에게 잔소리 듣고 살 정도로 못나지 않다고 생각하기 때문에, 대개는 아내가 고래고래 소리를 지르며 이렇게 따지고 든다. "당신이 날 사랑한다면, 그렇게 짜증나는 목소리로 말하지 않을 거예요." 하지만 자매여, 문제의 진실은 이렇다. 만일 당신의 남편이 그렇게 말해 줄 정도로 당신을 염려하지 않는다면, 당신에게 싫은 소리를 들으면서까지 얘기하지는 않을 것이다. 결혼생활의 문제는 아내가 주의를 기울이든지 말든지 남편이 더 이상 신경 쓰지 않을 때 발생하는데, 상황은 바로 그럴 때에 참으로 악화되는 것이다.

아이들을 사랑한다면, 당신은 그들을 바로잡는다. 당신이 그들을 바로잡는 것은 그들이 다 자랐을 때 그들을 '사랑하지 않는' 누군가에 의해 교정될 필요가 없도록 하기 위함이다. 나는 아이들이 그들을 교정해 주는 당신의 사랑을 안다고 생각한다. 이 나라의 수많은 아이들이 안고 있는 문제는, 엄마와 아빠가 그들을 충분히 교정하지 않는 데 있다. 아이들도 그 사실을 알고 있지만, 실은 '그들도 교정되기를 바란다'는 것이다. 그들이 부모의 관심을 끌려고 계속 잘못을 저지르다가 결국 부모가 더 이상 신경도 안 쓰게 되는 상황에 이르는 것이 바로 이 때문이다.

2:5 그러나 만일 어떤 사람이 슬프게 하였다면 나를 조금만 슬프게 한 것뿐이니 나는 너희 모두에게 큰 부담을 주지 아니하려 하노라.

6 그런 사람은 다수에 의하여 책망받는 것으로 충분하니

7 그러므로 너희는 오히려 그 반대로 그런 사람을 용서하고 위로하여야 하리니 그래야 아마 그가 더 심한 슬픔에 빠지지 아니하게 되리라.

8 이 때문에 내가 너희에게 권고하노니 너희는 그를 향한 너희의 사랑을 확인하라.

사도 바울이 본문에서 언급하는 그 『**사람**』은 자신의 '계모'와 성관계를 가지고 있던 바로 그 남자였다(고전 5:1,2). 바울은 그를 회중으로부터 내쫓아 영적으로 사탄에게 넘겨주어 『**그 육신은 멸망케**』 하라고 권고했었다(고전 5:5).

본문 5절에서, 사도 바울은 그 남자의 행위가 그를 단지 약간(『**조금**』) 슬프게 했다는 것을 고린도인들로 알게 한다. 그 남자는 사도 바울보다 동료 회중을 더 슬프게 했던 것이다.

사도 바울이 『**그런 사람은 다수에 의하여 책망받는 것으로 충분하니**』(6절)라고 말하는 것으로 보아, 고린도 교회의 회중이 그가 말한 대로 행했음이 분명하다. 또한 그 남자가 회중의 조치를 가슴 깊이 새기고 슬퍼했던 게 확실한데, 이는 사도 바울이 다음 구절에서 『**그러므로 너희는 오히려 그 반대로 그런 사람을 용서하고 위로하여야 하리니 그래야 아마 그가 더 심한 슬픔에 빠지지 아니하게 되리라.**』고 말하기 때문이다.

따라서 여기 이 교회에서 내쫓기어 징계를 받기 위해 마귀에게 넘겨진 한 친구가 있다. 그는 사내답게 징계를 달게 받고서 똑바로 '바로잡혔는데,' 사정이 그러하기에, 사도 바울은 그를 회복시키라고 그 교회에게 말한다. 죄를 지은 형제가 "자백"(요일 1:9)과 "회개"를 근거로 다시 돌아올 수 있게 된 것이다.

현대의 "오직 은혜" 집단들은 내가 요한일서 1:9을 '잃어버린 죄인들'에게만 적용한다고 거짓 주장을 펴지만, 그것은 순전히 로마카톨릭식 논리이다. 죄를 지은 그리스도인들은 반드시 그들의 죄들을 회개하고(고후 12:20,21) 자백해야 하는 것이다(고전 11:31). 그 자백의 규칙은 다음과 같다.

1. '하나님'께 지은 죄들은 '오직 하나님께만' 자백해야 한다.
2. '다른 사람'에게 지은 죄들은 '그 사람에게'도 자백해야 한다.
3. '회중'에게 지은 죄들은 '그 교회에게' 자백해야 한다.

인간의 용서로 하나님의 용서를 대체할 수 없지만, 때로는 '둘 다' 필요할 때도 있다. 더욱이, 회개하는 형제를 회복시키기 위해서는, 회중의 용서는 물론, 그 회중이 그에게 위로(7절)와 사랑(8절)을 보여 줄 필요가 있다. 사무엘하 14:21-24에서 압살롬이 돌아왔을 때의 다윗처럼 되지 말라. "용서해야 한다면 용서는 해주겠소만, 그러나 내 근처에는 얼씬도 하지 마시오." 이렇게 하지 말고, 『**그를 향한 너희의 사랑을 확인하라.**』

2:9 너희가 매사에 복종하는지 너희의 증거를 알고자 이 일을 위하여 내가 이것을 썼노라.

10 너희가 누구에게 무엇을 용서하면 나도 그리하고 만일 내가 무엇을 용서했다면 그것은 너희를 위하여 내가 그리스도를 대신하여 용서한 것이라.

11 사탄이 우리에게서 유익을 취하지 못하게 하려는 것이니 이는 우리가 그의 계략을 모르지 않음이라.

고린도후서를 썼을 때(9절), 사도 바울은 고린도인들이 그가 명령한 대로 하는지 보기 원했으며, 그들은 그렇게 했다! 그들이 그렇게 했기에, 죄를 지은 그 친구가 바로잡혔을 뿐만 아니라, 그가 바로잡혔기에 바울이 회개하는 한 형제에게 하나님의 용서를 베풀 수 있었다(10절).

본문 10절이 말하는 바는, 그리스도인이 용서할 때, '그가 용서하시는 그리스도의 자리에 실제로 서 있다'는 것이다. 로마카톨릭은 이 권한이 베드로(마 16:19)와 다른 사도들로부터 전승되었다고 주장하며 그것을 오로지 '그들의 사제들'(priests)을 위한 전유물로 만든다. 그러나 요한복음 20:23에서, 예수께서는 죄들을 용서하고 그대로 두는 권세를 『**제자들**』(요 20:20)에게 주신 것이지, 열한 사도들에게만 주신 것이 아니다. 다시 말해, 그곳에는 『**열한 제자들**』보다 더 많은 이들이 있었던 것이다(눅 24:33).

이것은 "성도의 제사장직"에 관한 교리의 일부분이다. 모든 그리스도인은 '제사장'(priest)이다. 사도 바울은 『**우리도 그리스도를 대신하여 너희에게 간구하노니 너희는 하나님과 화해하라.**』고 했다(고후 5:20). 당신은 그리스도의 대사이며, 그분의 '대행자'이다. 그 신분은 어느 성직 체제에서 성직을 수여받은 총각들에게 귀속되지 않는다. 사실, 독일인들이 쓰는 "Christi"라는 단어는 원래 "작은 그리스도"(little Christ)를 의미한다(고후 5:19의 주석을 보면 '그리스도인'이 '작은 그리스도'를 의미한다는 것을 알 수 있으며, 그런 의미에서 모든 그리스도인은 그리스도의 대리자가 되는 것이다 - 역자 주).

따라서 당신이 누군가를 그리스도께로 인도할 때, '당신'은 그의 죄들이 용서되었음을 알릴 권한을 하나님께로부터 부여받은 것이다. 그리고 누군가가 그리스도를 거절할 때마다, '당신'은 그들에게 그들의 죄들이 '용서되지 않았음'을 말해 줄 수 있는데, 그들이 그들의 죄들을 제아무리 많이 고백한다 해도 그럴 수 있는 것이다.

물론, 새로운 성경들은 (사도 바울이 앞서 논했던 것을 실제로 행하는) 사도행전 13:38,39과 요한복음 20:23에서 발견되는 교리적 자료를 쓸 수 없게 하려고 본문 10절을 조심스럽고 교묘하게 바꿔 버렸다. 대신에, NIV, NASV 그리고 그와 유사한 타락한 부패 역본들은 당신으로 하여금 누군가를 "그리스도 앞에서" 용서하게 한다. "주님께서 우주 전역에 항상 존재하신다는 사실(엡 1:22,23, 행 17:27,28, 시 139:7,8)을 성경을 왜곡하는 '복음주의자들'은 결코 알지 못했던 것이다."

그리스도인으로부터 제사장적 권세(벧전 2:5)를 빼앗기 위해, NIV는 이렇게 기록한다. "내가 그리스도의 목전에서 용서한 것이라(I have forgiven IN THE SIGHT OF CHRIST)." 그것이 의미하는 바는 완전히 아무것도 아니다. 그것은 '붐박스'(boombox; 들고 다니며 음악을 틀고 듣는 중형 카세트 플레이어 - 역자 주)에 전선이 연결된 방독면을 쓴 누군가를 따라 "가상현실" 속으로 떠나는 동화나라 소풍에 불과할 뿐이다.

사탄의 『**계략**』(11절)이 기록된 놀라운 위치를 주목하라. 정확히 그것은 사탄이 ASV와 NASV, RSV, NRSV, NIV의 번역자들을 붙잡아 놓고서 건전한 교리에 관해 거짓말을 하도록 속인 자리인 것이다.

『**사탄이 우리에게서 유익을 취하지 못하게 하려는 것이니 이는 우리가 그의 계략을 모르지 않음이라**』(11절).

당신은 고린도전서 5:5에서 죄를 범한 그 남자에게 가해진 징벌 중 일부가 '사탄에게 넘겨지는 것'이었음을 기억할 것이다. 회개하고 바로잡혔을 때, 그는 더 이상 그 징벌 아래 있지 않았으며, 이제 그 형제를 용서하고 회복시키는 것은 회중의 몫이었다. 그러나 만일 그들이 그렇게 하지 않는다면, 사탄이 '그들'로부터 『**유익을**』 취할 수 있다는 것에 주목하라. 그러므로 마귀는 당신을 한 방향에서 밀어낼 수 없다면 다른 방향으로 밀어낼 것이다.

만일 다른 그리스도인에게 화가 나 있다면, 두 가지 이유로 인해 그를 용서하는 게 좋을 것이다. 무엇보다도, 당신은 '그를 위해서' 그를 용서하는 것이 좋다. 만일 당신이 다른 그리스도인에 대해 어떤 악감정을 품고 있다면, 당신은 그들을 낙심하고 비통하게 할 것이다. 당신이 다음으로 알아야 할 것은, 그들이 이렇게 말하고서 주님 섬기기를 그만둘 것이라는 것이다. "이보쇼, 그런 게 그리스도인이라면, 당신이나 잘 해 보쇼."

두 번째이면서도 훨씬 더 중요한 것은, '당신 자신'을 위해서 그 형제나 자매를 용서할 필요가 있다는 것이다. 만일 그리하지 않으면, 그것이 당신을 암처럼 먹어치울 테니 말이다.

드와이트 L. 무디의 집회에서 한 여인이 복도를 따라 앞으로 나왔다. 그녀는 바닥에 엎드리고서 구원받기 위해 기도했다. 그녀가 기도를 마치자, 무디가 그녀에게 물었다. "지금 구원받으셨습니까?"

"아니오."

"당신은 주님께 구원해 주시라고 말씀드렸습니까?"

"예."

"예수 그리스도께 당신의 마음속에 들어오시라고 요청했습니까?"

"예."

"당신은 하나님을 믿습니까?"

"예."

"그렇다면, 당신은 왜 구원받지 않았습니까?"

그러자 그녀가 말했다. "모르겠어요. 그저 아무런 느낌이 없을 뿐이에요."

"문제가 뭡니까?"

"글쎄요, 문제가 뭔지 모르겠어요."

그러자 그가 말했다. "좋습니다. 그러면 함께 기도합시다. 제가 하는 기도를 따라 하십시오. '하늘에 계신 우리 아버지, 아버지의 이름이 거룩하게 되옵소서.'" 그녀는 기도를 따라했다. 그녀는 "우리가 우리에게 죄지은 자를 용서해 준 것같이 우리의 죄들도 용서해 주옵소서."라는 구절 전까지는 따라했는데, 이 구절에 이르자 멈추고 말았다. 그는 다시 기도했다. "우리가 우리에게 죄지은 자를 용서해 준 것같이 우리의 죄들도..."

갑자기, 그 여인은 울음을 터뜨리며 이렇게 말했다. "목숨이 붙어 있는 한 결코 그 여자를 용서하지 못할 거예요!"

무디가 말했다. "이것 보십시오. 만일 당신이 그녀를 용서하지 않으면, 하나님께서도 당신을 용서하지 않으실 것입니다."

이에 충격을 받은 여인이 말했다. "그 여자가 저에게 한 일에 대해 도저히 용서할 수 없는데도 그녀를 용서해야지, 안 그러면 제가 구원받지 못할 거라는 말씀인가요?"

무디가 답변했다. "아닙니다. 저는 그런 걸 말씀드리려고 한 것이 아닙니다. 저는 하나님께서 『**만일 너희가 사람들의 허물을 용서하지 아니하면 너희 아버지께서도 너희의 허물을 용서하지 아니하실 것이니라.**』(마 6:15)고 말씀하셨다는 것을 말하려고 하는 겁니다."

원한은 사탄이 당신 등에 훌쩍 뛰어 올라타는 것보다 당신의 간증에 더 많은 손해를 끼칠 것이다. 세상의 어떤 것도 원한을 품거나 시기하는 것처럼 당신을 먹어치우지 않을 것이다. 만일 당신에게 누군가에 대한 원한이나 시기, 또는 어느 형제에 대한 사무친 감정이 있다면, 당신은 가능한 한 수단과 방법을 가리지 말고 그 사람에게 가서 비뚤어진 걸 바로잡는 게 좋을 것이다. 만일 그런 식으로 관계를 바로잡을 수 없다면(그럴 수 없는 때가 있는 법이다), 그 상황에서 가급적 멀리 떨어져 있는 게 나을 것이다. 그리고 그 사람을 위해 기도하라. 그들이 당신에게 한 일이 개인적인 것이라면, 하나님께 그들을 축복해 주실 것을 기도하라. 원한과 시기와 악감정을 없애는 데 있어 그들을 용서하고 '그들을 위해' 기도하는 것보다 더 나은 것은 없다.

2:12 또 내가 그리스도의 복음을 전하기 위하여 트로아에 갔을 때 한 문이 주 안에서 나에게 열렸으나

13 내가 내 형제 디도를 만나지 못하므로 내 영이 평안하지 못하여 그들과 작별하고 거기서 마케도니아로 갔노라.

우리가 고린도전서 16:9에서 주석을 단 것처럼, 『**한 문**』은 복음을 전파할 수 있는 어떤 기회를 말한다(골 4:3, 행 14:27, 계 3:7,8도 참조하라). 그 문들을 여는 "열쇠를 지키는 자"(계 3:7)는 또한 『**지옥과 사망의**』 문들을 여는 열쇠들도 쥐고 계신다(계 1:18). 교황은 다이애나 왕세자비나 엘리자베스 테일러와 마찬가지로 그 열쇠들을 가지고 있지 않다.

본문 13절의 『**디도**』는 고린도후서에 '9번' 등장하지만, 사도행전에서는 결코 언급되지 않는다. 디도는 사도 바울이 이 두 번째 편지를 썼을 때 고린도인들에게 보냈던 전령이었다. 바울은 트로아 여행 중에 디도를 그리워했지만, 후에 결국 디도가 마케도니아에서 바울을 따라잡아 만나게 된다(고후 7:5,6).

본문의 이 구절들에서 주목해야 할 또 한 가지는, 여기서 언급되는 여행이 사도행전에서 전혀 얘기되지 않는다는 것이다. 고린도후서 13:1에서, 사도 바울은 이 구절들에서의 여행이 『**내가 이제 세 번째 너희에게 가노니**』라는 말씀처럼 그들에게 가는 세 번째 여행임을 말하고 있다. 사도행전은 사도행전 18:17과 20:2에서 오로지 두 여행만을 이야기 한다.

2:14 항상 우리를 그리스도 안에서 승리하게 하시고 또 어느 곳에서나 우리로 하여금 그분에 관한 지식의 향기를 나타내게 하시는 하나**님께 이제 감사하노라.**

15 이는 우리가 구원받은 사람들에게나 멸망하는 사람들에게나 하나 **님 앞에서는 그리스도의 향기이기 때문이라.**

16 정녕 이 사람들에게는 사망에 이르는 사망의 향기이나 저 사람들에게는 생명에 이르는 생명의 향기라. 누가 이런 일들을 원만히 감당하겠느냐?

본문 14절은 그리스도인을 위한 성경의 가장 위대한 약속들 중 하나이기에 반드시 암기해야 한다(롬 8:37 참조). 그 약속은 주님께서 '모든' 상황에서 승리를 주시되, 그 승리를 예수 그리스도 안에서 주실 것이라는 것이다. 당신은 그것을 스스로의 힘으로 얻을 수 없는데, 이는 당신이 『**주 안에서와 그의 힘의 능력 안에서 강건**』해야 하기 때문이다(엡 6:10). 따라서 주님은 다른 누구도 기뻐할 수 없는 그 때에 당신으로 기뻐하게 하실 것이고, 바로 그 주님으로 인해 당신은 기뻐할 '이유'가 없음에도 기뻐하게 될 것이다.

주님은 당신에게 승리를 주실 뿐만 아니라, 당신을 통해 다른 이들에게 주님을 알리실 것이다. 『**또 어느 곳에서나 우리로 하여금 그분에 관한 지식의 향기를 나타내게 하시는**』. 따라서 어디를 가든 예수 그리스도를 위해 크게 말하라. 전도지를 나눠 주고 거리설교 하러 가고, 간증하고, 예수님에 관해 노래하고, 심방하고, 일터에서 자신의 성경을 읽고, 누군가를 교회에 초대하라. 그러나 "크게 말하라!" 당신에게는 하나님께서 당신을 '사용하실 것이라는' 주님의 약속이 있지 않은가!

본문 14-16절의 『**향기**』(savour; 맛, 풍미, 향미)는 사물의 '맛'만을 말하는 것이 아니라, '냄새'이기도 하다(창 8:21을 보라). 우리의 '육신'에서 나오는 것은 입김, 땀, 침, 변, 소변, 귓밥, 고름 등으로, 그것들은 '악취를 풍긴다.' 이것들은 『**성령의 일들**』이 아니다(롬 8:5, 갈 5:16,17). 따라서 바울이 『**하나님 앞에서는 그리스도의 향기**』라고 말할 때, 그는 자연 상태에 있는 우리에 관해 말하는 것이 아니다.

신분상으로 볼 때, 우리가 그리스도 안에 있을 때, 하나님께서 십자가에서 제물이 되신 그리스도를 받으신 것이다(사 53:10-12). 따라서 노아의 번제물이 하나님께 『**향기**』를 올려 드렸던 것과 같이(창 8:20,21), 우리가 그리스도 안에 있고 그분의 '죽으심'의 일부분일 때(롬 6:3-8), 주님은 우리의 육신이 아닌, 그리스도의 희생제가 내는 향기를 흠향하시는 것이다.

그러나 이 구절은 훨씬 더 실제적이고 교리적이다. 우리가 옳게 행하고 죄를 거슬러 싸우며 주님을 다른 이들에게 전할 때(14절), 우리는 주님께 향기가 되고, 주님은 우리에게서 좋은 냄새를 맡으시는 것이다.

그런가 하면, 주님은 실로 우리를 많이 자랑하시는 반면, 우리는 주님을, 그것도 때때로 조금만 자랑한다는 것은 이상한 일이다. 솔로몬의 노래에서 신랑이 신부에 관해 자랑하게 되는 부분을 읽어 보았는가? 거기서 주님은 신부가 얼마나 아름다운지를 당신에게 말씀하고 있다. 주님께서는 우리가 아름답다는 식으로 우리를 자랑하신다. 하지만 당신은 그것 때문에 어디 찔리는 구석은 없는가?

그리스도인이 밖으로 나가 주님을 위해 뭔가를 할 때, '그것은 주님께 향기롭게 여겨진다.' 나중에 하늘나라에 가면, 우리가 한 일 중 주님께서 참으로 즐거워하신, 유일하게 선한 일이 우리의 거리설교와 주님을 무모하게 증거했던 몇몇 일들이었음을 알게 될지도 모른다. 아마도 그 중 나머지는 단지 "매우 좋다"와 "평균을 유지한다"쯤 될 것이다.

그것은 주님 앞에서 내는 우리의 '향기'일 뿐이지, 우리가 다른 모든 이에게 필히 어떤 냄새를 내야 한다는 뜻은 아니다. 장담컨대, 만일 시내 광야에서 찌는 듯한 날에, 『**진영 밖**』(히 13:11,12, 출 29:14) 제단에서 황소 태우는 냄새가 바람을 타고 당신 쪽으로 불어왔다면, 당신은 그것을 '향기로운 냄새'로 여기지 않았을 것이다. 따라서 그리스도인이 주님께 올바른 방법으로, 그리고 올바른 동기로 드리는 예배는, 그 냄새가 『**구원받은 사람들**』과 『**멸망하는 사람들**』에게 다르게 여겨지는 것이다(15절).

『**허물과 죄들 가운데서**』(엡 2:1) 죽은 잃어버린 죄인들에게는, 그리스도를 위해 그렇게 행해지는 일들이 '사망의 악취'로 여겨진다. 그들에게 그것은 썩어 가는 시체 냄새인 것이다. 우리가 인생을 사도 바울처럼 살려고 한다면, 세상과 육신의 콧구멍들에게 "지독한 악취"로 느껴질 것이다. 만일 당신이 올바르게 산다면, 구원받지 못한 경건치 않은 자들은 당신을 못 견뎌 한다. '세상'에게, "당신은 악취를 내는 것이다!"

그러나 한 그리스도인이 주님을 위해 살아가는 또 다른 그리스도인을 볼 때, 그것은 생명의 냄새이다. 주님을 아는 사람들은 올바로 반응하는 것이다.

제임스 맥긴리가 어느 날 엘리베이터를 타고 올라가는데, 어떤 여인이 함께 타고 있었다. 그때 그 여인이 그의 콜론 향수 냄새를 맡더니 이렇게 말했다. "보아하니 향수를 뿌리셨군요." 그러자 그가 대답했다. "보아하니 향수를 안 뿌리셨군요."

자, "형제들"은 내가 노골적이고 상스럽다고 생각하고, 내 설교와 언어에 불쾌해진다. 하지만 바로 그 사람들은 옹기종기 둘러앉아 습관처럼 그들의 텔레비전을 시청할 것이다. 그들의 그런 모습은 말도 못하게 너무도 위선적이다. 텔레비전에는 겨드랑이 냄새 제거제, 비강 질환제, 구강 청결제, (남녀용) 속옷, 여성 전용 상품, 화장실용 방향제 그리고 온갖 종류의 조잡한 물건들에 대한 광고가 뜬다. 그들은 빙 둘러앉아 그런 것들을 시청하면서도, 그 후 뻔뻔스럽게도 설교 때에는 "훌륭한 취향"에 관해 이야기한다. 누군가 말했듯이, "그들은 어떤 폭력을 텔레비전에서 배웠을지 모른다. 그러나 그것은 늘 그랬듯이 동일한 악취를 풍긴다."

『누가 이런 일들을 원만히 감당하겠느냐?』(16절)

누가 사도 바울이 본문 14-16절에서 말한 '향기 나는 것'을 이해할 수 있겠는가? 그리스도가 없다면, 아무도 이해할 수 없을 것이다. 하나님께서 한 '책'에서 그것을 계시해 주지 않으셨다면, 당신은 그것을 이해할 수 없었을 것이다.

그러나 그것은 당연한 얘기 같아도 설명이 안 된다. 한 회사가 썬텐 로션을 광고하려고 벌거벗은 비키니 차림의 여인이 그려진 광고판을 세운다면 다들 좋은 게 좋은 거란 듯 그냥 지나칠 것이다. 하지만 어떤 그리스도인이 딕맨 형제의 성경 광고판 중 하나를 그의 뜰 앞에 세운다면, 카톨릭 신자들과 무신론자들, 시의회가 '그것에 반대하는' 시 법령을 통과시키려고 하나같이 발 벗고 나설 것이다. 하나님께서는, 전에 사귀던 사람들이 이제는 우리를 악취 나는 존재로 여기고, 우리가 과거에 '악취 나는' 존재로 여기곤 했던 이들과 사귀도록 하기 위해, 우리를 세상과 정반대 방향으로 돌려놓으시는 것이다.

본문은 20세기 미국의 기독교에 대한 절대불변의 정죄이다. 모든 "기독교 유명인사"가 자신의 "설교"나 사역으로 세상 사람들의 비위를 맞춰서 세상 체계와 좋은 관계를 유지하려고 자기 바지를 쫙쫙 찢고 있다(찢어진 청바지를 입듯이, 그들이 세상의 유행을 따른다는 말이다 - 역자 주). 바로 이러한 비겁함 때문에, 모든 주요 단과대학과 종합대학, 신학대학들에서는 성경을 "자필 원본"과 같은 허구적 미신들과, 그리스도의 몸에 철저한 혼돈만 야기할 뿐인 "헬라어 원문"과, 100에서 2,000가지에 이르는 "변종 해석법" 같은 새빨간 거짓말들로 대체시키는 것이다.

갈라디아서 1:10은 동전의 다른 면이다. 기독교 고등교육은 이 동전의 오직 '한 면'만을 장려한다. 세상의 승인을 갈망하면 그리스도를 바르게 섬길 수 없기에, 현대 기독교 교육자들은 '고린도후서 11:13; 4:2, 갈라디아서 2:6, 야고보서 4:4, 누가복음 16:15, 요한일서 2:15-17, 요한복음 12:42,43, 로마서 16:18 외에 스무 개나 더 되는 그와 같은 구절들'을 회피한다.

2:17 우리는 하나님의 말씀을 변개시킴으로써 *이익을 취하는* **여러 사람들과 같지 않고 오직 성실함으로써 또 하나님께로부터 난 자로서 하나님 앞에서와 그리스도 안에서 말하노라.**

15,16절로 야기될 결과, 즉 진짜 그리스도인들이 그들이 사는 "지구 공동체"의 콧구멍에 '죽은 자'의 악취가 된다는 사실을 미리 감지하기라도 한듯, 사도 바울은 1880년 이후로 모든 "최신판" 역본의 모든 번역자가 솜씨 좋게 깔끔히 '지워 놓은' 이 비교에 대한 결론을 의도적으로 펜을 대어 기록한다.

RSV, NASV, NIV는 물론, 새롭다는 "New" KJV까지도 하나님의 말씀을 변개시킨 자들을 하나님의 말씀의 "행상인들"로 바꿔 버린다. 물론 그것은 오늘날 시장에 성경을 내다 파는 모든 성경 출판자들에 대한 정죄니, 그들 모두가 성경을 "팔고 다니며," 그들 모두가 그것을 "이익을 위해" 하고 있는 것이다. 새 성경들의 출판자들은 그들이 '파는' 그 성경들을 심지어 '믿지도' 않으면서 팔고 다닌다. 그러나 성경을 팔아 그것으로 이익을 남긴다고 해서 그것이 (『**하나님께로부터 난 자로서**』)

하나님을 대적하는 일이라는 것을 믿을 만큼 멍청한 자가 있을까? 그러나 존더반, 토마스 넬슨과 아들들, 로크만 재단 그리고 틴데일 출판사는 하나님께로부터 난 자들이 아님이 틀림없다.

본문 17절로 인해, 예수 그리스도가 아닌 "세상"에게 "달콤한 향기"가 되기 원했던 라오디케아 "공동체"의 배교한 학자들은 그들의 존재를 영원히 숨길 수 없게 된다. 그들을 찾아내는 것은 결코 어려운 일이 아니니, 그들은 성경을 변개시키는 자들인 것이다. 그렇기에 "변개시키다"라는 단어는 모든 현대판 성경 본문에서 그 구절이 "자신"을 겨냥한다는 것을 안 모든 성경 변개자들에 의해 제거되어 버렸다.

성경을 심판하는 자리에 앉아 있는 현대의 배교한 근본주의자들(1800-2001)과, "주님의" 수치를 짊어지기 위해(A.D. 33-201) 『**진영 밖**』(히 13:10-15)으로 나간 "십자가의 군사들"은 아무런 관계가 없다.

자, 하나님의 말씀을 변개하는 일은 사도 바울 시대에 이미 일어나고 있었다. 사도 바울이 그것을 말했을 때 신약성경은 절반도 쓰여지지 않았었기에, 그가 언급하는 것은 다름 아닌 "구약성경"의 변개이다. 최초의 성경 변개는 구약 정경에 '외경'을 갖다 붙인 것이었고, 그 일은 이집트 알렉산드리아에서 일어났다. 성경에 대한 최초의 "원문비평가"였던 이집트 알렉산드리아의 오리겐이 직접 변개시킨 것들은 물론, 그 전에 이집트에서 변개된 것들을 헬라어 신약 필사본에 섞어 넣는 행위를 당시에 알게 된 것은 결코 우연의 일치가 아니다.

게다가, 사도 바울은 그것이 '몇 안 되는 소수'가 아니라 『**여러 사람들**』이라고 말했다. 따라서 "가장 오래된 필사본이 더 나은 필사본"이라고 말하는 원문비평학의 "정경"이 반드시 참된 것은 아니다. 멀게는

A.D. 55년부터 벌써 바울의 편지를 제멋대로 고쳐 놓는 자들이 있었으니, 하나님께서 자신의 말씀을 보존하기 위해 일하시는 것과 마찬가지로, 마귀도 그의 것을 보존키 위해 똑같은 열심으로 일하고 있다고 장담할 수 있는 것이다.

고린도후서 3장

3:1 우리가 다시 우리 자신들을 추천하기 시작하는 것이냐? 아니면 우
리가 다른 사람들처럼 너희에게 줄 추천서와 너희로부터 받을 추
천서가 필요하겠느냐?
2 너희는 우리 마음에 기록된 우리의 편지라. 모든 사람에게 알려졌
으며 읽혀졌고
3 또 너희는 우리가 섬긴 그리스도의 편지임이 분명히 드러났으니
이는 잉크로 쓴 것이 아니라 살아 계신 하나님의 영으로 쓴 것이
며 돌판에 쓴 것이 아니라 육신의 마음판에 쓴 것이라.
4 우리는 하나님을 향한 그러한 확신을 그리스도를 통하여 가졌노라.
5 우리는 어떤 일이라도 우리에게서 난 것같이 생각하여 스스로 만족
하지 않는 것은 우리의 만족이 하나님께로부터 난 것이기 때문이라.

본문 1절에서, 사도 바울은 고린도인들에게 "우리가 '우리 자신'을 추천했느냐? 우리가 가서 너희를 방문하기 위해 너희에게 추천서를 가져갈 필요가 있느냐? 우리가 '너희에게' 우리를 추천해 달라고 부탁했느냐?"라고 질문했다. 물론, 그 모든 것에 대한 답변은 '아니오'였다.

본문 1절과 반대되는 언급이 고린도후서 10:12-18에 나온다. 사도 바울은 스스로를 장려하고 있지 않았다. 그는 성령께서 그를 "추천하시도록" 했던 것이다.

그러나 한 인간의 관점에서 보면, 고린도인들 자체가 사도 바울의 추천서였다(2절). '한 인간의 회심자들과 한 인간의 열매들은 그에게 찬사를 가져다주는 것이다.' 당신이 그리스도께 이겨오는 사람들은 당신이 어떤 종류의 그리스도인인지를 말할 것이고, 당신이 사역에서 훈련하고 가르치는 사람들은 당신이 어떤 종류의 사역자요 교사인지를 말할 것이다. 『**너희는 그들의 열매로 그들을 알게 되리니**』(마 7:16).

펜사콜라성경신학원을 거쳐 복음 전파 사역에 들어간 여러 젊은이들 중 하나가 떠오른다. 그의 이름은 브루스 맥도웰이었다. 내가 보기에, 브루스 맥도웰은 복음 전파 사역에 들어가는 방법을 보여 주는 교과서 같은 인물이다. 그는 거리설교로 시작했고, 설교할 수 있는 모든 곳에서 설교했으며, 그 일은 어느 교회에 설교자로 초대되기까지 지속되었다. 그 뒤 그는 또 다른 교회로 옮겼고, 이후 다른 교회로 또 옮겨갔다. '세 교회에서 그에게 목사직을 제안했지만,' 그는 그중 어떤 것도 택하지 않았다. 그는 자신이 아직 목사로 부름을 받지 않았으며, 아직까지는 자신에게 사람들을 다룰 만한 충분한 인내심이 있다고 생각하지 않았기 때문이다. 주님께서는 그때까지 그를 복음 전파의 길에서 매우 자상하게 돌보아 주셨다.

복음 전파 사역에 들어가려면, 대략 세 번의 훌륭한 집회만 가지면 된다. 만일 주님께서 당신을 복음 전파에 필요로 하신다면, 당신에게 그 '훌륭한 집회들'을 주실 것이고, 그 훌륭한 집회들을 맡고 있는 목사들 중 하나가 당신을 다른 목사에게 추천할 것이다. 그러면 그런 일들이 차곡차곡 쌓이기 시작하고, 당신이 집회를 열면 다른 설교자들이 당신의 설교를 들으려고 찾아올 것이다. 설교자들은 훌륭한 설교를 갈급해 하기에, 사방팔방을 돌아다녀서라도 집회를 여는 훌륭한 설교자들을 찾기 때문이다.

자, 모든 그리스도인은 하나님께서 세상에게 쓰신 '편지'이다(2,3절). 물론, 그것은 '영적인 편지'이지 펜과 잉크로 쓴 것이 아니다. 주님께서는 각 성경의 설교자들을 사용하셔서 성도들의 마음속에 성령이 역사하게 하시는데, 그 성령께서 그곳 마음속에 그 '편지'를 쓰시는 것이다. 한 번은 누군가가 이렇게 말했다. "우리 모두는 사도들(apostles)이 아니다. 그러나 우리 모두는 '서신들(epistles)'이다."

본문 3절의 그 "살아 있는 서신들"(엡 2:20-22과 벧전 2:5의 『**산 돌들**』을 보라.)은 다음과 같은 특징을 가진 편지들과 같다.

1. '준비한' 자료로 쓰여진다.
2. 작가의 '표현들'을 담고 있다.
3. 작가의 '서명'을 담고 있다.
4. '읽을 수 있어야' 한다.
5. 잉크의 '점'과 '얼룩'이 없어야 한다.
6. 작가의 '문체'에 의해 알 수 있어야 한다.

(본 주석서를 읽고 있는 설교자들은 설교를 위해 이 내용을 자유롭게 사용할 수 있다. 그것은 내 성경에 52년 동안 묵혀 있었는데, 단지 "뼈에다 살을 붙일 만한" 여유가 전혀 없었을 뿐이다.)

고린도후서 2:16에서, 사도 바울은 (그리스도인의 간증에 관해 이야기하면서) 『**누가 이런 일들을 원만히 감당하겠느냐?**』고 묻고, 이번 장 5절에서 그 해답을 제시한다. 우리가 『**스스로 만족하지**』 '않는' 것은 『**우리의 만족이 하나님께로부터 난 것이기 때문**』이다. 그 구절은 반드시 암기하고, 식당, 거실, 침실, 욕실의 벽과 자가용에 걸어놔야 한다. 빌립보서 3:3에서, 바울은 우리가 『**그리스도 예수를 기뻐하고 육신을 신뢰하지 않는**』다고 기록한다.

3:6 또한 그분은 우리로 새 언약의 능력 있는 일꾼이 되게 하셨는데 이는 법문으로 한 것이 아니고 영으로 한 것이니 법문은 죽이고 영은 생명을 주기 때문이라.

7 그러나 돌판에 기록되고 새겨진 죽음의 직분이 영광스러워서 이스라엘 자손이 모세의 용모의 영광, 즉 없어져 버릴 영광 때문에 그의 얼굴을 주목할 수 없었거늘

8 하물며 영의 직분은 더욱 영광스럽지 아니하겠느냐?

9 정죄의 직분에 영광이 있다면 의의 직분에는 영광이 더욱 많으리라.

10 이전에는 영광스러운 것이었을지라도 그것을 앞지르는 영광 때문에 이런 점에서는 영광스럽지 못한 것이라.

11 없어져 버린 것도 영광스럽다면 영속할 것은 영광이 훨씬 더 많으리라.

어떤 설교자의 섬기는 능력은 본문 5절의 만족의 근원 되신 하나님께 달려 있다. 그리고 설교자가 말씀을 전할 때, 그는 단순히 종이와 잉크의 글자 그 자체를 읽고 있는 것이 아니다. 나도 일어나 한 구절을 읽을 수 있지만, 그런 식으로는 아무에게도 도움이 안 된다. 설교자는 그의 설교를 듣는 이들이 그가 성경을 '믿는다'는 것을 알 수 있도록 읽고 설교해야 하는 것이다.

각각의 성경은 그 배후에 올바른 영이 있어야 하는데, 본문 6절은 성령을 언급하는 것이 아니다. 6절이 말하는 바는, 사물이 지닌 '있는 그대로의 형태'로는 생명을 주는 속성을 지닐 수 없으나, 그것이 '바른 영으로' 주어지고 '활력을 얻을 때,' 그것이 어떤 일을 한다는 것이다.

이 글의 독자가 아내라면 그 점을 이해할 것이다. 당신의 남편이 당신을 감싸고 "여보, 사랑해."라고 말할 수 있는데, 그것은 그가 화를 내며 "내가 당신 사랑하는 거 알잖아. 입 닥쳐!"라고 말하는 때와는 달라도 한참 다른 것이다. "사랑한다"는 말은 두 문장 속에 모두 들어 있지만, 어떤 관계에서 생명을 가져다주는 요인은 바로 그 영, 즉 '태도'인 것이다.

『**죽음의 직분**』은 구약의 율법이다. 모세가 손에 십계명을 들고 산에서 내려왔을 때, 그 율법 때문에 3,000명이 죽었다. 율법은 죄와 그 죄를 책임져야 한다는 것을 알려 주는 역할을 한다(롬 5:14,20; 7:12,13).

의심할 필요도 없이, 율법을 주는 것은 영광스러운 일이었다(7절). 십계명은 하나님께서 손가락으로 쓰신 것이기에(출 31:18), 모세가 두 번째 돌판을 가지고 내려왔을 때 하나님의 영광으로 인해 그의 얼굴 피부에서 빛이 났었다(출 34:30). 이스라엘 자녀들은 이 때문에 모세에게 가까이 가기를 두려워했다(출 34:30). 그러나 그 영광은 지속되지 않았다.

본문 7절의 그 말씀, 즉 『**없어져 버릴 영광**』은 제칠일안식교인에게 제시하기 좋은 구절이다. 돌판에 새겨진 것들의 영광은 사라졌다. 오히려 우리가 신약성경을 대할 때, 『**그 말씀이 육신이 되어 우리 가운데 거하시므로, (우리가 그의 영광을 보니,** 아버지의 **독생자의 영광으로) 은혜와 진리가 충만**』해지는 것이다.(요 1:14). 주님께서는 부활하실 때 영광스러운 몸을 받으셨는데, 주님께서 고난을 당하신 것은 "그의 영광"에 들어가기 위함이었고(눅 24:26), 승천하실 때 주님은 "영광 가운데로" 들려 올라가셨다(딤전 3:16). 따라서 신약성경의 영광은 예수 그리스도시지 율법이 아닌 것이다.

『**하물며 영의 직분은 더욱 영광스럽지 아니하겠느냐?**』(8절)

본문 8절의 『**영**』은 6절의 『**영**』이다. 그것은 '바른 영과 태도'로 자신의 메시지를 전하는 『**새 언약의... 일꾼**』이다. 메시지 자체는 이미 "영광스럽다"(고후 4:4). 따라서 그것이 '바르게' 전해진다면 얼마나 더 영광스럽겠는가!

율법을 줄 때 그것을 받는 이들에게 '정죄'를 가져오는데도 영광이 있었다면, 하물며 『**의의 직분**』(9절)인 복음을 전할 때는 그 영광이 얼마나 더 하겠는가! 율법이 주어질 때는 3,000명이 죽었지만(출 32:28), 오순절에 성령이 주어질 때는 3,000명이 '구원을 받았던' 것이다(행 2:41).

『**이전에는 영광스러운 것**[구약]**이었을지라도 그것을 앞지르는 영광**[신약] **때문에 이런 점에서는 영광스럽지 못한 것이라**』(10절).

구약과 신약의 극명한 대조로 인해 몇몇 그리스도인들은 애써 구약을 공부하려고조차 하지 않는다. 자유주의자들은 구약의 "복수하시는 하나님"과 신약의 "사랑의 하나님"이 다르다고 지적하나, 그것은 실수이다. 그들은 신구약 중 어느 한 성경에 관해 조금이라도 안다면 신약이 더 낫다는 것을 알게 될 것이라고 당신에게 가르치지만, 그것은 대낮에 달을 보는 것과 같을 뿐이다. 당신은 그것을 볼 수는 있으나, 그것이 조금이라도 빛을 낸다고 인지하지 않는데, 이는 햇빛이 그것을 압도하기 때문이다.

자, 본문 10,11절은 구약이 신약 그리스도인에게 미치는 영향에 관해 매우 분명하게 제시한다. 이제 율법의 저주는 "폐지되었다." 제칠일안식교인에게, '이것은 이 시대에 안식일이 없다는 것을 의미하는데,' 이는 하나님께서 이사야 1:10-15과 호세아 2:11에서 친히 안식일을 없애셨기 때문이라고 말해 줄 수 있는 것이다.

제칠일안식교인이 안고 있는 문제는 그가 신약의 진리를 '거부하기' 위해 구약의 알리바이를 계속 찾고 있다는 것이다. 예를 들어, 제칠일안식교인은 이사야 56장을 펴서, 그 장이 분명 천년왕국 시대의 안식일들을 언급함에도 불구하고(겔 45,46장), 그것을 고집스럽게 교회 시대로 끌고 들어간다. 이 안식일들은 사도 바울에 의해 골로새서 2:16,17에서 언급된다(NIV는 천년왕국에는 안식일이 등장하지 않을 거라는 생각을 심어 주려고 그것의 마지막 구절을 바꿔 버렸다).

제칠일안식교인은 이방인들을 하나님께로 모으는 일이 두 가지라는 것을 깨달을 수 없는데(행 15:14,17), 하나는 '이 시대'에 그분의 아들 예수 그리스도께로 모으는 것이고, 나머지 하나는 천년왕국 때 주님의 왕국으로 모으는 것이다(사 64-66장). 그러나 제칠일안식교인들을 너무 심하게 대할 수 없는 것은, 결국 모든 주요 주석가들이 모든 참조 구절을 거부하며 놓쳤기 때문이다. 리버티 대학 또는 BBC, 테네시 템플, BJU, PCC의 성경교사들 중 단 한 사람도 그 구절들을 설명할 수 없는 것이다.

3:12 정녕 우리가 그러한 소망을 가졌으므로 담대하게 말하노니
13 모세가 이스라엘 자손이 지금은 없어진 그것의 종말을 지켜보지 못하게 하려고 자기 얼굴에 수건을 가리는 것같이는 아니하노라.
14 그들의 마음이 완고하여 오늘까지도 옛 언약을 읽을 때에 그와 같은 수건이 벗겨지지 아니하고 남아 있으나 그 수건은 그리스도 안에서 없어지는 것이라.
15 그러나 오늘까지도 모세의 글을 읽을 때에 수건이 그들의 마음을 덮는도다.
16 그렇지만 주께로 돌아서면 그 수건은 벗겨지리라.

사도 바울이 말하는 방식에 관해 분명한 게 한 가지 있는데, 그는 『**과장하는 말**』(유 1:16, 벧후 2:18)이나 『**말의 지혜**』(고전 1:17)를 결코 사용하지 않았다는 것이다. 바울은 복음을 전할 때 『**담대하게**』 말했을 뿐이다(12절).

사도 바울은 자신의 말이 무척 숨김없고 솔직했기에 『**비록 언변에 있어서는 서툴지만**』(고후 11:6)이라고 말했다. 분명 바울은 그의 언어 습관이 현대의 근본주의자들처럼 교양이 있지는 않았다. 그는 설교할 때 누군가를 "계란이나 핥아먹는 사냥개"라고 부르기 일쑤였다(샘 존스). 그는 심지어 시 최고위 관리를 "돼지 턱을 한 술 대가리"라고 불렀을 수도 있다(빌리 선데이). 그는 피터 카트와이트와 절친한 사이였을지도 모르는데, 그는 어느 날 밤 앤드류 잭슨 장군이 회중 가운데 와 있다는 말을 듣고서, 주변의 사람들이 다 듣도록 큰 소리로 이렇게 이야기했다. "구원받지 않으면 금화를 훔치는 어떤 머OO처럼 지옥에 갈 거라고 잭슨 장군에게 말하시오."('헌법'과 '권리장전'에 약속된 '언론의 자유'를 더 이상 누리지 못하는 모든 미국 독자들을 위해 '원내용'은 삼간다.) 즉 성경적인 설교는 솔직함과 '적절함'에 있어 늘 탁월했던 것이다.

본문 13절에서 한 번 더 주목할 게 있는데, 율법과 구약이 신약의 그리스도인에게 요구하는 것들이 "없어졌다"는 것이다. 당신은 구원받기 위해 십계명을 지킬 필요가 '없다.' 제칠일안식교 설교자는 고린도후서 3장을 결코 설교하지 않는데, 성경에는 이교도가 설교하지 않을 몇몇 구절들이 있으며, 그는 감히 그것을 만지려고도 하지 않는 것이다. 나는 캠벨파 설교자가 로마서 4:5, 즉 『**행함이 없어도 불경건한 자를 의롭다 하시는 그분을 믿는 사람에게는 그의 믿음이 의로 여겨지느니라.**』를 설교하는 것을 듣고 싶다. 하지만 설마, 그럴 일은 없을 것이다!

나는 그들이 그토록 꺼리는 그 성경을 '아무 데나' 눈감고 펼 수 있으며, 또한 한 장을 설교해야 할 때 그 안에 있는 어떤 장이든 설교할 수 있다는 사실에 대해 하나님께 감사를 드린다.

본문 13절은 독자를 7절과 출애굽기 34:29-35로 데려다 놓는다. 이스라엘 자녀들은 주님의 영광이 모세의 얼굴에서 빛나는 동안 모세 근처 어디든 가까이 가기를 두려워했다. 모세는 그들과 대화할 때 수건으로 얼굴을 가리다가도, 하나님과 대화하기 위해 다시 돌아갈 때면 언제나 그 수건을 벗곤 했다.

NIV를 내놓은 자들은 모세가 이스라엘의 자녀들과 대화한 '후에' 얼굴에서 수건을 벗은 것처럼 읽게 하려고 출애굽기의 그 구절을 바꿔 버렸다(34:33,35). NIV는 '엘하난'으로 골리앗을 죽이게 하고, 이집트를 떠난 '모든' 유대인들로 여호수아가 요단 강을 건너기 전에 죽게 하는 다른 쓰레기들과 똑같은 쓰레기인 것이다(삼하 21:19, 히 3:16,17).

자신이 그리스도인이라고 공언하는, 지능이 높은(글쎄, IQ 190의) 어떤 그리스도인이 NIV도 "성경"이라며 '모든 이'에게 추천할 수 있다는 것은 금세기의 진짜 기적이 아닐 수 없다. 그들이 참으로 '그렇다'는 사실은 미국의 현대 그리스도인들이 정신착란증을 겪고 있다는 것을 힘주어 말하고 있을 뿐이다.

본문 14-16절에서, 사도 바울은 모세가 쓴 그 수건을 이스라엘이 눈먼 것에 비유하고 있다. 이 "영적" 수건은 유대인에게 눈가리개 역할을 하여, 그가 구약을 읽을 때 그리스도를 볼 수 없는 것이다. 그는 이사야 53장을 읽을 때면 그것이 '이스라엘'에 관해 말한다고 생각하고, 시편 22편을 읽을 때는 그것이 '다윗'에 관해 얘기하고 있다고 생각하는 것이다.

그 “수건”이 거기에 있는 것은, 유대인들이 초림 때 그리스도를 ‘한 민족으로서’ 거부했기 때문이다. 사도행전 28:27을 보라. 『[그들, 즉 유대인들의] **눈은 감았으니, 이는 눈으로 보지도 못하고... 회심하지도 못하게 되어**』. 사도 바울은 이사야 6:10을 인용하는 중이다. 그러나 이사야서의 그 구절이 다른 누군가로 하여금 이스라엘의 두 눈을 감기게 한다는 것에 주목하라. 그 “누군가”는 요한복음 12:40에 있다. 『**그**[하나님]**가 그들의 눈을 멀게 하시고**』. 따라서 하나님께서는 이스라엘이 그들의 메시아를 고의적으로 거절한 후로 메시아에 대해 그들의 눈을 멀게 하신 것이다.

사도 바울은 로마서 11:7에서 이렇게 말한다. 『**그러면 무엇이냐? 이스라엘이 구하는 그것을 얻지 못하였고 오히려 선택된 자들이 그것을 얻었으며 그 나머지는 오늘까지 완고해졌느니라.**』 그리고 로마서 11:25에서 또다시 말한다. 『**이방인들의 충만함이 차기까지는 이스라엘의 일부가 완고하게 된 것이라.**』

따라서, ‘한 민족으로서’의 이스라엘이 교회 시대 동안 눈멀어 있다는 것이 법칙이다. 그러나 ‘개인적으로,’ 유대인에게는 자신의 마음을 주님께로 돌릴 수 있는 능력이 있다(16절). 그런 일이 일어날 때, 그것이 아주 흔한 일은 아니지만, 하나님께서 그 수건을 벗기셔서 그로 그리스도를 보게 하시며, 그는 결국 구원을 받게 된다. 구원받은 유대인이 구약 전체에 걸쳐 예언과 예표를 통해 그리스도를 볼 수 있는 것은 바로 그런 이유 때문이다.

만일 당신이 성령께서 유대인의 삶 속에서 어떻게 역사하시는가를 보고 싶다면, 에스겔 14장으로 가라. 3,4절을 보면, 이스라엘의 자녀들이 그들의 마음에 우상들을 세워 놓은 걸 알 수 있다. 그런 일이 있을 때 주님께서는 다음 두 가지를 말씀하신다. 3절에서, 『**그들로 내게 조금이라도 묻게 하랴?**』, 즉 주님은 그들의 기도를 듣지도 대답하지도 않으실 것이다. 그리고 4절에서 『**나 주가 그의 우상의 많음을 따라 나오는 그에게 응답하리니**』, 즉 하나님의 응답은 9절에서 그들의 선지자를 통해 그들을 속일 것이라는 것이다.

그것을 말한 이는 이방인, 침례교도, 그리스도인 설교자가 아니라, 다름 아닌 여호와 하나님이시다. 주님께서는 유대인들을 저주하기 위해 그들의 사역자들, 곧 랍비들을 사용하실 것이다.

주님께서는 에스겔 14:5에서 이렇게 말씀하신다. 『**이는 그들이 그들의 우상들로 인하여 모두 나를 배반하였기 때문에 내가 그들 자신의 마음에 있는 이스라엘 집을 취하려 함이라.**』 그러나 바로 그 다음 구절에서 주님은 이렇게 말씀하신다. 『**회개하라. 그리고 너희 우상들로부터 너희 자신을 돌이키고**』. 따라서 유대인은 하나님께로 돌아설 수 있을 뿐만 아니라, 그렇게 하지 않으면 안 되는 것이다.

만일 에스겔 14장의 그 교훈을 적용한다면, 다음과 같다. 그리스도인은 그가 주님과의 쌍방 통로를 얼마나 깨끗하게 유지하느냐에 비례하여 주님 안에서 성장할 것이다. 당신이 주님을 첫째로 모시는 한, 주님께서도 당신에게 베풀고 또 베푸실 것이다. 그러니 형제여, 내 혼과 구주 사이에 그 어떤 것도 있어서는 안 된다는 것을 명심하라.

3:17 이제 그 영은 주시니 주의 영이 계신 곳에는 자유가 있느니라.

18 그러나 유리를 통해 보는 것같이 수건을 벗은 얼굴로 주의 영광
을 보는 우리 모두는 주의 영으로 말미암은 것같이 영광에서 영
광에 이르는 똑같은 형상으로 변모되느니라.

본문 17절은 위대한 구절이기 때문에 암기해야 한다. 그것은 '성령의 신성'을 증명하는 구절인 것이다. 『**그 영은 주시니**』. '주'를 소유하지 않고 『**주의 영**』을 소유하는 건 불가능하며, '성령'을 소유하지 않고 주님을 소유하는 것도 불가능하다. 본문 3절에서, 그분은 『**살아 계신 하나님의 영**』이라고 불리신다.

『**주의 영이 계신 곳에는 자유가 있느니라**』(17절).

문맥상, 성령께서는 율법의 속박으로부터 그리스도인에게 자유를 주신다(갈 5:1-5). 그것은 주님 앞에서 당신을 정죄하는 율법 없이 하나님의 법규를 따르는 그 자유이다(시 119:45, 『**또 내가 자유로이 걸으리니 이는 내가 주의 법규들을 구함이니이다**』).

교회 예배에서 '자유'에 관해 말할 때, 우리는 우리가 무엇을 의미하는지 안다. 우리는 성령께서 관장하시고, 모든 일이 구속 없이 편안하다는 것을 의미하는 것이다. 그것은 주님께서 인도하고 이끄시며, 긴장되고 인위적인 느낌이 없다.

그리스도 안에서의 '자유'를 얘기할 때, 우리는 성령께서 관장하시고, 그분이 인도하고 이끄신다는 것을 말하는데, 그렇게 되면, 새 사람은 마음껏 그리스도를 위해 살게 되고, 어떤 종류의 속박도 없이 주 예수를 즐거워하게 된다.

본문 18절에서, 성경은 스스로를 거울에 비유한다. 야고보서 1:22-25은 사람이 성경을 대할 때, '성경이 그가 내면이 어떠한 인물인지를 보여 준다'고 말씀한다. 어떤 사람이 그와 같은 상황에서 할 수 있는 반응은 딱 두 가지인데, 그가 보는 문제점들을 바로잡든지, '그것을 무시하든지' 할 수 있는 것이다. 그러나 오늘날 너무 많은 그리스도인들이 애써 '그 거울'을 보려 하지 않는다.

이 성경을 볼 때, 나는 주님을 주님의 실제 모습으로 보는 것이 아니라, 주님의 형상, 곧 '주님의 반사된 모습'을 받는다. 내가 나 자신을 내가 가지고 있는 그 성경에 더 많이 노출시킬수록, 주님의 형상이 내게 더 많이 반사되어 비치게 되고, 반사된 주님의 형상을 더 많이 받을수록, '나는 그 형상으로 더 많이 변화되는 것이다.'

사람들은 말한다. 남편과 아내는 같이 살면 살수록 서로를 더 닮게 된다고 말이다.

언젠가 나다니엘 호손은 "큰 바위 얼굴"이라는 이야기를 썼다. 그 이야기에서, "산 속 노인"이라 불리는 어느 유명한 뉴햄프셔 지계표(landmark)에 관한 전설이 전해지는데, 그것은 사람의 옆 얼굴상처럼 '보이는' 산 정상의 지질학적 구조물이었다. 이야기가 진행되면서, 한 어린 소년이 산의 그 바위 얼굴을 매일같이 바라보고, 또 그 전설이 실현되기를 기다리며 마을을 거쳐 가는 모든 이의 얼굴을 쳐다보곤 한다. 그의 생애에 아브라함 링컨과 같은 유명한 이들이 마을을 거쳐 갔지만, 그중 그 전설을 이룬 인물은 아무도 없었다.

그러던 어느 날 그가 노인이 되어 거리를 걷고 있을 때 한 꼬마가 소리쳤다. "저것 봐, 큰 바위 얼굴이다." 그는 사람들이 '자신'에 대해 말하고 있음을 깨달았다. 그는 그 큰 바위 얼굴을 무척 오랫동안 쳐다본 탓에 그의 얼굴이 '그것의 얼굴 모양'을 닮아버린 것이다.

그리스도인도 꼭 그런 식이다. 당신이 자신이 가지고 있는 그 성경에 시간을 더 많이 쓸수록, 그것이 당신의 인격과 얼굴과 다른 모든 면에 나타나게 된다. 당신이 자신을 그 성경에 노출시킬 때, '그것에서 떨어져 나와' 당신에게로 '들어가는' 뭔가가 있는 것이다. 지금 당장은 그것이 분명하지 않지만, 사도 바울이 이전에 고린도전서 13:12에서 말했던 것처럼, "얼굴과 얼굴을 마주볼" 날이 있을 것이다. 거기에는 '상호작용'이 일어나며, 성경에 있는 하나님의 영광이 당신을 스친다. 그 영광은 모세의 얼굴을 스쳤고, 결국 이스라엘인들은 그를 쳐다보지도 못했다. 그렇다면 한 가지 묻겠다. 사람들이 당신을 바라볼 때 예수 그리스도를 볼 수 있고, 당신이 성경에 시간을 투자했다는 것을 알 수 있는가?

이 주석서를 읽고 있을 설교자들에게, 본문 18절은 성경을 거울과 연관시키는 몇 가지 위대한 설교 자료를 제공한다.

1. '깨진' 유리는 잘못된 이미지를 보여 준다.

2. 거울에 비친 얼굴을 보기 위해서는 '빛'이 필요하다.

3. 거울에 얼굴을 비춰 보고서 '하루하루를 시작해야' 한다.

4. 거울은 '거짓말하지' 않는다. 그것을 들여다보는 우리가 거짓말하는 것이다.

5. 사진은 찍혔던 때의 이미지를 재생한다. 그것과 달리, '거울은 살아 있어서' 매번 들여다볼 때마다 당신의 최신 이미지를 보여 준다.

6. 거울이 제아무리 많아도, '그것들을 들여다보지 않는다면' 당신에게 아무런 도움도 되지 않는다.

고린도후서 4장

**4:1 그러므로 우리가 자비를 받은 것과 같이 이 직분을 받았으니 우리
는 낙심치 아니하노라.**
**2 오히려 감추어진 수치스러운 일들을 버리고 교활함 가운데서 행하
지 아니하고 하나님의 말씀을 거짓되이 다루지 아니하며 오직 진리
를 나타냄으로써 하나님 앞에서 우리 스스로를 각 사람의 양심에
추천하노라.**

4장이 위대한 말씀인 이유는, 이 직분이 교리적이고 실용적인 두 가지 관점으로 논의되기 때문이다.

본문 1절의 『**이 직분**』은 앞선 3장의 17,18절을 다시 언급하는 것이

다. 그것은 오로지 '믿음'을 통해 받는 은혜의 직분이지, '거기에 덧붙일 것이 아무것도 없다.' 3장의 문맥에서, 그 직분은 구약의 직분이 '아니다.' 이는 이 구약의 직분이 "너는... 할지니라"와 "너는... 하지 말지니라"에 관한 직분이기 때문이다.

행위들로 구원받으려 하는 사람들은 아직도 구약의 율법 아래 있는 것이다. 본문의 이 직분은 그것에 정확히 반대되는 직분인데, 여기서 언급하는 직분은 '당신은 구원받을 가치가 없어 구원을 얻을 수 없고 또 율법을 지키지도 않지만, 만일 당신이 하나님께 죄인으로 다가와 당신의 행위들 대신 당신을 구원하는 주님의 공로를 믿는다면, 주님께서 당신을 구원해 주실 것이다'라는 것을 말하고 있다.

『**우리가 자비를 받은 것과 같이... 우리는 낙심치 아니하노라**』(1절).

하나님께서 죄인에게 주시기 원하는 '그것'은 바로 자비이다. 하나님은 죄인에게 자비를 베푸시기 원하신다. 그런데 문제는 우리가 주님을 막아서 우리에게 자비를 내리지 못하게 한다는 것이다. 나는 스물일곱이 되어서야 구원을 받았는데, 만일 당신이 스무 살이 넘어 구원을 받았거나, 구원받기 전에 카톨릭신자였다면, 당신은 그것이 어째서 그런지를 안다. 당신은 어떤 '종교'나 '신념'을 따름으로 구원을 받을 수 있다고 주장함으로써 당신을 향한 주님의 자비를 '막는' 것이다. 당신은 황금률을 지켜보려 하고, 성사를 받아보려 하고, "그리스도께서 세우신 그 교회를 찾으려 하고," 또 그 모든 잠꼬대 같은 일들을 다 해보려 한다. 당신은 단지 계속해서 선한 일들을 하려고만 하는 것이다. 그러나 하나님께서 원하시는 것은 '있는 그대로의' 당신이다. 주님은 당신이 얼마나 훌륭한 사람인지를 증명해 주기를 원치 않으신다. 주님께서 당신에게 원하시는 것은 당신이 얼마나 더럽고 비열한 불한당인지를 깨끗하게 인정하는 것이다.

고린도후서 2:17로 다시 돌아가 보면, 『**하나님의 말씀을 변개시킴으로써** *이익을 취하는* **여러 사람들**』이 있고, 4장 2절에는 『**하나님의 말씀을 거짓되이 다루**』는 자들이 있다. 이 말은 사도 바울이 그의 편지들을 기록했을 때, 성경의 내용을 '바꾸는' 자들이 있었고, 성경을 '이용해서' 내용과 다른 것을 가르치고 설교하는 자들이 있었다는 것이다. 상황은 오늘날도 마찬가지다. 성경 개정자들은 『**하나님의 말씀을 변개시**』키고, 현대의 배교한 근본주의자들과 라오디케아 니콜라파들은 그것을 『**거짓되이 다루**』고 있는 것이다.

하나님의 말씀은 네 가지 방법으로 거짓되이 다뤄진다.

1. 어떤 사람이 한 구절에 어떤 단어를 '첨가할' 때, 그는 실제로 그렇지 않은 것을 증명하려 하는 것이다. 솔로몬은 이렇게 말했다. 『**너는 그분의 말씀들에 더하지 말라. 그분이 너를 책망하실까 함이며, 네가 거짓말쟁이가 될까 함이라**』(잠 30:6).

2. 어떤 사람이 말씀들로부터 단어를 '뺄' 때, 그는 실제로 그렇지 않은 것을 증명하려 하는 것이다. 성경의 마지막 장은 이렇게 말씀한다. 『**또 누구든지 이 예언의 책의 말씀들에서 삭제하면 하나님께서 생명의 책과 거룩한 도성과 이 책에 기록된 것들에서 그의 부분을 제하여 버리시리라**』(계 22:19).

3. '문맥에서 한 구절을 제거함으로써,' 성경은 아무거나 증명할 수 있게 된다.

4. 성경을 거짓되이 다루는 최후의 방법은 '말씀들'을 완전히 '바꿔 버리는' 것이다.

당신에게 몇 가지 예를 보여 주겠다. 캠벨 추종자는 마가복음 16:16에 의도적으로 첨가하려 한다. 그들은 그 구절의 두 번째 부분을 이렇게 읽을 것이다. "믿고 침례를 받지 않는 자는 저주를 받을 것이다." 그 캠벨 추종자는 성경에 '첨가함으로써' 침례에 의한 중생을 증명하는 것이다. 그게 아니라면, 베드로전서 3:21로 가서 그것을 다음과 같이 인용할 것이다. "물은 우리를 구원한다." 그 구절에서 빠진 것이 무엇이었는가? 그것은 『**모형**』이다. 만약 성경에서 '더하거나' '빼도' 효력이 없으면, 그 캠벨 추종자는 요한복음 3:5로 가서 『**물...로 태어나지**』가 침례를 의미한다고 할 터인데, 이는 『**육신으로 난 것은 육이요, 또 성령으로 난 것은 영이니라.**』는 6절의 문맥을 무시하고 하는 소리다. 요한복음 3장 5절에서 21절까지에 이르는 열여섯 구절 속에는 침례가 들어 있지 않은 것이다.

그들은 늘 그런 식이고, 그것은 TV와 라디오를 통해 하루 24시간 동안 내내 계속된다. 라디오 다이얼을 돌리면 『**그들 모두가 성령으로 충만하여 성령께서 그들에게 발설하게 하신 대로 다른 방언들로 말하기 시작하더라.**』(행 2:4)가 들릴 것이다. 알다시피, 거기서는 '모든' 그리스도인이 방언들을 말해야 한다고 한다. '사도행전 2장에 그리스도인이 한 명도 없지만, 그것이 무슨 문제입니까?' 아니, 그것을 믿을 정도로 멍청한 이들이 늘 있는 법이다. 다시 다이얼을 돌리면, 『**너희가 나를 사랑하면 나의 계명들을 지키라.**』(요 14:15)가 들린다. "만일 금요일 밤과 토요일 아침에 예배드리러 가지 않으면, 당신은 잃어버린 자가 됩니다!"

당신은 다이얼을 약간 더 돌린다. "만일 끝까지 견디지 않으면, 구원을 잃어버릴 수 있습니다." 어떤가? 미국인들이 얼마나 지독한 쓰레기더미에 파묻혀 있는지 보이지 않는가?

당신이 가지고 있는 그 성경은 진리를 갈망하지 않으면 '그것을 찾을 수 없도록' 하나님께서 정하신 성경이다. 어떤 사람이 자신의 성경을 알지 못하면, 그는 마귀를 위한 풋내기요 얼간이이다. 그러지 않으려면, '부지런해야' 하고, 광적이어야 하며, '열심을 내야' 한다. 마치 '황금'을 찾는 것처럼 '성경 각 권을 샅샅이 뒤져야' 하는 것이다. 성경이 '말씀하는' 바가 '당신이 버는 돈'과 '당신이 먹는 음식'보다 더 중요해야지, 그렇지 않으면 결국 속임을 당할 것이다.

우쭐거리지 말라. 당신도 다른 누구와 하나도 다를 게 없다. 만일 어떤 자가 자리서 일어나 거짓을 증명하려고 성경을 인용한다면, 당신은 '그를 확인해 볼' 겨를도 없이, 새까만 저급 포도주 찌꺼기를 핥아먹는 소처럼 그 쓰레기를 낼름 삼켜 버릴 것이다. 그러니 진리가 무엇인지 알아내어 '그것을 따라가고자' 마음먹지 않을 거라면, 차라리 술독에 빠지든가 자폭하는 게 신상에 좋을 것이다!

자, 만일 당신이 이곳 펜사콜라성경신학원이나 성경침례교회에 온다면, 그 어떤 수업을 듣더라도, 설사 우리의 세살박이 "어린양들"이든 3학년 졸업반 학생들이든 간에, 그 누가 그런 쓰레기더미 같은 것을 말하는 걸 듣지 못할 것이다. 우리는 디모데전서 3:16을 『**하나님께서는 육신으로 나타나셨고**』 대신 "그는 육신으로 나타나셨고" 같은 얼빠진 헛소리로 바꾸지 않을 것이다. 만일 당신의 그 성경이 『wist』(알다; 영어 KJV 출 16:15)나 『I trow not』(나는 그렇게 생각하지 아니하노라; 영어

KJV 눅 17:9)이라고 말한다면, 그것은 원래 그렇게 되기로 되어 있던 것이다(인용된 영어 KJV의 어구가 '고어'이기 때문에 하는 말이다 - 역자 주). 우리는 그것을 바꾸거나 성경을 문맥에 벗어나게 왜곡하지 않을 것이다. 그리고 이와 같이 하는 것은 하나님께 부르심을 받은 모든 그리스도인들의 의무이다.

또한 사역자는 『**감추어진 수치스러운 일들을 버리고 교활함 가운데서 행하지 아니하고... 오직 진리를 나타냄으로써** 하나님 **앞에서 우리 스스로를 각 사람의 양심에 추천하**』도록 부름을 받았다(2절). 그는 사람들 앞에서 드러내놓고 정직하게 행해야 한다. 그에게는 비밀리에 행하는 것이 '아무것도 없어야' 한다. 모든 것이 공명정대하고, 공개적이어야 하며, 카드에서 패를 감추지 않듯 숨김이 없어야 한다. 즉 한 점 부끄럼 없이 얼굴을 위로 향하고 다녀야 하는 것이다. 또한 고린도전서 8,9장에서 이미 논의되었던 것 같은 의심스런 점들에 관한 문제에 있어서, 사역자는 공동체 대다수의 판단에 따라야 한다. 『**우리 스스로를 각 사람의 양심에 추천하노라.**』

사역자는 『**모든 사람 앞에서 정직한 일을 도모**』해야 한다(롬 12:17). 고린도후서 8:21은 『**주 앞에서 뿐만 아니라 사람들 앞에서도 정직한 일들을 하려 함이니라.**』고 말씀한다. 그 결과는 속임수나 교활이 없는 솔직한 인생이며(행 20:18), 그러한 인생을 사는 당신은 더 이상 그것을 관리하기 위해 자신의 평판에 대한 걱정 같은 것을 하지 않는다. 사람들이 뭐라 생각하든 그건 그들에게 맡겨 두라. 하지만 "성실하라." 사역자는 하나님과, 그가 다루는 사람들에게 자신을 공개해야 하며, 발뺌, 겉꾸밈, "감쪽같이 속이는 일"과, '즉석에서 감동을 자아내거나 바라던 결과를 얻기 위해 미리 계산하고 조작한 발언'이 없어야 한다. 바꿔 말하면, "위선자가 되지 말라"는 것이다.

4:3 그러나 만일 우리의 복음이 가려졌다면 그것은 구원받지 못한 자들에게 가려진 것이라.

4 그들 가운데 이 세상의 신이 믿지 않는 자들의 마음을 어둡게 하여 하나님의 형상이신 그리스도의 영광스러운 복음의 광채가 그들에게 비치지 못하게 하느니라.

당신은 주님을 증거할 때 "완벽한 타율을 갖지"(bat a thousand; 야구선수가 타석에 섰을 때 천이면 천 모든 볼을 방망이로 때린다는 뜻이다 - 역자 주) 못할 것이다(3절). 복음을 전하면, 언제나 대다수의 죄인들이 "그것을 받지" 못하기 때문이다(복음의 야구선수인 우리가 때린 복음의 볼을 죄인들이 받지 못한다는 뜻이다 - 역자 주). 당신은 하나님의 말씀의 씨앗을 뿌릴 때, 『**공중의 새들**』(사탄; 막 4:4,15)이 그 말씀을 저 멀리 낚아채 가고, "역경의 태양"이 복음 안에 "뿌리"가 없는 자들을 말려 죽이고 있다는 것을 기억해야 한다.

자, 어떤 이들은 다른 이들보다 복음을 더 쉽게 "본다." 가난한 사람은 자신의 부를 신뢰하지 않기에(딤전 6:17), "그"는 복음에서 얻고 있는 많은 것을 더 쉽게 볼 수 있다. 일반적으로 말해서, '사람이 비참해질수록 필요한 것을 더 많이 보고,' (도덕적으로) 선해질수록 자신에게 필요한 것을 덜 보게 되는 것이다. 바리새인보다 세리에게 다가가는 것이 훨씬 쉬운 이유는, 세리는 자신을 하나님께 추천할 만한 의가 자신에게 없다는 것을 알고 있는 반면, 바리새인은 자신에게 그런 의가 있다고 믿고 있기 때문이다. 다시 말해, 소경 바디매오가 구원받는 것이 타소의 사울보다 훨씬 쉬운 것인데, 사실, 바울은 구원으로부터 멀리 떨어져 있었기에, 주님은 그로 그리스도를 볼 수 있게 하기 위해 그를 쓰러뜨려 눈멀게 하실 수밖에 없었다. 그렇기에, 사람으로 그리스도를 보지 못하게 하는 많은 죄가 있지만, 그중 딱 한 가지 가장 질 나쁜 것을 고른다면, 분명 "자랑," 곧 개인의 업적, 재산, 의, 직위에 대한 자랑이 될 것이다.

본문 4절은 그 안에 교리적으로 많은 것을 담고 있다. 첫째, 『**이 세상의 신**』이 마귀라는 사실에 주목하라. 그 구절의 『**세상**』은 물리적인 창조 세계가 아닌데, 그 창조 세계는 하나님께 속해 있기 때문이다(고전 10:26을 보라). 본문 4절의 세상은 요한일서 2:15-17과 누가복음 4:5,6에 묘사된 '세상 제도'이며, 그것은 다니엘 2장에서 어느 날 하늘로부터 강타하는 돌에 파괴될 그 '세상 제도'이다. 〈스코필드주석성경〉은 이 '세상 제도'에 관해 요한계시록 13:8에 다음과 같은 뛰어난 주석을 달고 있다.

"사탄은 폭력, 탐욕, 이기심, 야심, 쾌락이라는 그의 정연한 원칙들 위에 믿지 않는 사람들로 세상을 조직해 왔다(마 4:8,9, 요 12:31; 14:30; 18:36, 엡 2:2; 6:12, 요일 2:15-17). 이러한 세상 제도는 군대와 함대들을 갖추어 위압적이고 강력하며, 종종 외견상으로는 종교적이고 과학적이며 세련되고 품위 있게 보이기도 하지만, 민족적이고 상업적인 경쟁과 야심으로 들끓고 있고, 실제로 어떤 위기에 처하면 오직 군사력으로 옹호받으며, 사탄의 원칙들에 의해 지배받는다."

이 세상 제도는 사도 바울에 의해 "악하다"고 묘사된다(갈 1:4). 그 안에 있는 동안, 우리는 그리스도인으로서 『**신중하며, 의롭고 경건하게**』 살아야 한다(딛 2:12). 우리는 세상이 제아무리 매력적이라 해도(딤후 4:10), 그것에 순응하면 안 된다(롬 12:2). 만일 세상에 관심을 가지면, 그리스도인의 영적 삶이 질식되어 주님께 열매를 맺지 못할 것이다(막 4:19).

사탄은 이 세상 제도를 지배하는 『**신**』이기에, 사도 바울은 고린도전서 8:5에서 다음과 같이 말한다. 『**비록 하늘에나 땅에나 신들이라고 불리는 (많은 신들과 많은 주들이 있어도)**』. 사탄은 『**하늘과 땅을 짓지 아니한 신들**』(렘 10:11)과 정확히 일치하는 한 『**신**』인 것이다.

그들은 『**신들**』이라 불리며(시 82:6), 창세기 1:2 이전에는 『**하나님의 아들들**』이라고 불린다(욥 38:4-7).

따라서 성경에는 "하나님"(God)과 "신들"(gods), "하나님의 아들"(the Son of God)과 "하나님의 아들들"(sons of God), "마귀"(the Devil)와 "마귀들"(devils)이 있다. 근본주의자들의 다음과 같은 상투적인 말에 절대로 신경 쓰지 말라. "많은 악령들(demons)이 있어도 마귀(devil)는 오직 하나다." 그 주제를 논하는 모든 주석가들을 요한복음 6:70과 고린도전서 8:5, 요한복음 1:12로 바로잡아라.

『**이 세상의 신**』으로서, 마귀가 하는 일은 그의 백성들의 눈을 가능한 한 많이 멀게 해서 예수 그리스도의 구원에 관한 지식을 보지 못하게 하는 것이다. 만일 어떤 사람이 복음을 거절하고 죽어 지옥으로 간다면, 그것을 즐거워할 한 존재가 있다. 이는 그것이 그 사람의 혼을 향한 그의 유일한 '목표'이기 때문인데, 그 자는 바로 마귀인 것이다(겔 32:31,32). 사도 바울이 선교사로서의 자신의 일을 다음과 같이 묘사한 것도 바로 그런 이유 때문이다. 『**그들의 눈을 뜨게 하여 흑암에서 광명으로 사탄의 권세에서 하나님께로 돌아서게 하며 그들로 죄사함을 받게 하고 내 안에 있는 믿음으로 거룩하게 된 사람들 가운데서 유업을 받게 하려는 것이라**』(행 26:18).

본문 4절을 마치기 전에, 『**하나님의 형상**』이 그 주제에 관해 각종 주석서들에 기록된 그 어떤 것도 아니라는 사실에 주목하라. 『**하나님의 형상**』은 예수 그리스도시며(히 1:3, 골 3:10), 이에 대해 그 누구도 반론을 제기할 수 없다! "완벽한 의, 거룩함" 등 본론에서 벗어나는 주장은 다 실없는 이야기일 뿐이다.

아담은 하나님의 형상으로 지음받았다(창 1:26). 아담이 타락한 후로는, 그 후 어떤 인간도 그 형상으로 지음받지 않았으니(창 5:3), 즉 예수 그리스도께서 『**마지막 아담**』(고전 15:45)으로 나타나실 때까지 그랬던 것이다. 어떤 사람이 그리스도를 자신의 구주로 영접하면, 주님께서 주님의 성령을 보내시어 그 사람 안에 살게 하시고, 죽었던 그의 옛 영을 다시 살리시는데(엡 2:1), 이렇게 해서 주님은 그리스도 안에서 『**새 사람**』을 만드신다. 이 『**새로운 피조물**』로, 그 사람은 한 번 더 『**하나님의 형상**』을 입게 된다. 즉 살아 있는 몸, 살아 있는 혼, 그리고 살아 있는 영을 지니는 것이다. 어느 날 하나님께서 우리를 이 죄의 몸에서 옮기시어 우리에게 주님의 것과 똑같은 몸을 주실 것이고, 우리는 그리스도와 완전히 같아질 것이다(롬 8:23, 빌 3:21, 요일 3;2).

4:5 우리는 우리 자신을 전파하는 것이 아니라 그리스도 예수가 주이신 것과 우리 자신이 예수를 위하여 너희의 종인 것을 전파하노라.

6 이는 어두움 속에서 빛이 비치라고 명령하신 하나님께서 예수 그리스도의 얼굴에 있는 하나님의 영광을 아는 빛을 주시기 위하여 우리 마음에 비추셨기 때문이라.

7 그러나 우리가 이 보물을 질그릇에 가졌으니 이는 그 능력의 탁월하심이 하나님께 있는 것이지 우리에게 있는 것이 아님이라.

『**우리는 우리 자신을 전파하는 것이 아니라 그리스도 예수...를 전파하노라**』(5절).

옛날에 한 설교자가 한번은 이렇게 말했다. "예수 그리스도를 전파하는 자가 설교를 가장 뛰어나게 하는 사람이다." 설교자라면 누구나 예수 그리스도에 관해 최소한 스무 가지의 훌륭한 설교들을 가지고 있어야 한다. 이 글을 읽고 있는 당신이 만약 설교자라면, 당신은 주님의 손, 주님의 발, 주님의 눈, 주님의 죽으심, 주님의 묻히심, 주님의 부활, 주님의 탄생, 주님의 기도 생활, 주님의 구령법, 바리새인들과 같은 종교적 위선자들에 대한 주님의 책망과, 죄인들을 향한 주님의 열정에 대해 설교해야 한다. 그리스도를 전파하라!

그리스도를 전파하는 법을 배우라. 그리고 그리스도를 제시하는 법을 배우라. 당신이 이용할 수 있는 모든 힘과 능력, 당신이 지니고 있는 모든 재능과 웅변술, 당신이 불러일으킬 수 있는 모든 수사력과 어휘력, 당신이 받은 모든 교육과 지식을 총동원하여 그리스도를 전파하는 데 그 모든 것을 바쳐라. 인생에 그보다 더 나은 목표는 없는 것이다.

한 설교자가 어느 날 강단에 올라가 다음과 같이 쓰여진 메모를 보았다. "목사님, 우리는 예수님을 보고 싶습니다." 그는 그것을 올바로 이해하여 정확히 설교했고, 그 후 이렇게 쓰여진 무명의 메모를 또다시 발견하였다. 『**제자들이 주를 보고 기뻐하더라**』(요 20:20).

자, 설교에 개인적인 예화를 사용하는 데는 잘못이 없지만, 어떤 설교자들은 개인 간증을 하느라 온 시간을 다 써버린다. 그리스도를 먼저 설교하고 당신 자신을 다음에 말하든지, 아니면 맨 마지막에 이야기하라.

본문 5절에서 사도 바울이 『**예수**』만을 말하기 전에 예수 그리스도의 완전한 칭호를 사용한다는 것에 주목하라. 그 이름은 단순히 『**주**』가 아니라 『**그리스도 예수**』시며, 단지 나사렛 예수나 보잘것없는 갈릴리 사람이 아니라 『**주 예수 그리스도**』시다(갈 1:3). 단순히 "예수님, 사랑하는 예수님, 가장 사랑하는 예수님, 소중한 예수님"이 아니다. 이런 것들은 당신과 주님 사이에 놓여 있는 개인적인, 사적이고, 경건한 표현일 뿐이다. 오늘날의 기독교는 예수님을 애완용 인형이나 테디 곰인형으로 전락시키는 기독교이다. 하지만 형제여, 주님은 『**영광의 주**』(고전 2:8, 약 2:1)시라는 것을 잊지 말라!

은사주의자들은 그리스도의 '인간 이름'에 집중하는 데 있어 타의 추종을 불허하는 존재들이다. 그들은 지난 1970년대에 자신들을 "예수의 사람들"이라고 불렀다. 한번은 아내와 내가 디즈니랜드에서 차를 몰고 돌아오는 길에 "77 예수 모임"이라는 간판을 보았는데, 그때 나는 아내에게 이렇게 말했다. "분명 저것은 은사주의 운동일 거요."

물론, 자유주의와 근대주의 학자들도 그들이 "예수 세미나"라 부르는 연례 모임을 가진다. 어쨌든 그들은 그리스도의 신성을 믿지 않기에, 그렇게 만난 그들은 예수께서 말씀하신 것 같지 않은 모든 것을 투표로 결정해 성경에서 빼내 버린다. 그리하여 그리스도의 '신성'에 관한 모든 참조 사항들이 복음에서 제거되는 것이다.

자, 사도 바울은 때때로 예수라는 이름만을 사용한다(5절 끝부분을 보라). 그러나 그것만을 강조하여 '주님의 총칭을 제외시키는' 모든 사람을 경계하라. 무엇보다 먼저, 그분은 주(하나님)이시다. 그리고 그분은 예수(사람)시며, 그 후에 그분은 (하나님께서 기름을 부으신) 그리스도이신 것이다.

본문 6절은 저 멀리 창세기 1장으로 거슬러 올라간다. 『**어두움 속에서 빛이 비치라고 명령하신 하나님**』, 그분은 『**"빛이 있으라." 하시니, 빛이 있더라.**』고 말씀하신 그 하나님이시다(창 1:3).

그것이 바로 성경의 역사적 정확성이 그토록 중요한 이유이다. 만일 창세기의 창조 기사가 사실이 아니라면, 사도 바울이 당신의 '구원'에 관해 말하려 하는 것도 사실이 아니다. 성경은 '역사책'이고, 그것으로 인해 성경은 다른 종교들의 여타 모든 "성서들"로부터 구별된다. 성경은 믿음의 위대한 영적 진리들을 예증하기 위해 역사적 '사실들'을 사용하기 때문에, 그 사실들이 진실이 아니라면, 당신의 '믿음'은 참으로 솜사탕에 불과한 것이다.

다시 본문 6절로 돌아가자. 『**빛이 있으라.**』고 말씀하신 바로 그 하나님께서 당신의 마음에 "빛이 있으라."고 말씀하셨다. 단, 거기에는 '그리스도인'이라는 조건이 붙는데, 이는 그리스도께서 이렇게 말씀하셨기 때문이다. 『**나는 세상의 빛이라. 나를 따라오는 사람은 결코 어두움 속에 다니지 아니하고 생명의 빛을 얻으리라**』(요 8:12).

나는 구원받지 않은 사람으로 27년을 살았기 때문에 그 공허하고 고독한 인생을 잘 알고 있다. 여자나 술, 돈, 여행, 명성, 재산, 미술, 음악 그 무엇으로도 내 안에 존재하던 그 공허함을 채울 수 없었다. 그것은 만족할 줄 모르는 진공 지대였던 것이다. 난 이제 구원받은 자로서, 내 몸 안에 전에 없던 한 '거주자'가 있음을 의식적으로 감지한다. 내가 예수 그리스도를 영접했을 때, 주님께서 그 공허한 곳을 채우기 시작했던 것이다. 그것은 캄캄한 방에 불을 켜는 것과 매우 흡사했다. 어둠이 자리잡은 모든 곳에 빛이 대신 들어서는 것이다.

예수께서 주시는 빛은 『**하나님의 영광을 아는 빛**』이다. 하나님께서는 자신의 영광을 『**예수 그리스도의 얼굴**』에 계시하셨으며, 사도 바울은 다마스커스로 가는 길에 그리스도를 뵈었을 때 그 영광을 보았다(행 22:9-11). 그는 그것을 『**해보다 더 밝은 빛**』으로 묘사했으며(행 26:13), 그것이 『**우리 마음에 비추**』신 바로 그 빛이다(6절).

본문 7절의 『**보물**』은 본문 6절의 그 빛이다. 물론 그 빛은 그리스도시다(요 1:1-9). 골로새서 1:27은 이 보물을 더 직접적으로 묘사하고 있다. 『**하나님께서는 이들에게 이방인들 가운데서 이 신비의 영광의 풍요함이 어떠한지를 알리고자 하셨으니 이 신비는 너희 안에 계신 그리스도시요, 곧 영광의 소망이라.**』 물론 우리는 그리스도께서 '성령으로' 우리 안에 계신다는 것을 알고 있다. 따라서 성령이 그 보물인 것이다.

『**질그릇**』은 우리의 '몸'이다. 그것은 진흙으로 만들어진다(창 2:7). 주님은 아담에게 이렇게 말씀하셨다. 『**네가 땅으로 돌아갈 때까지 네 얼굴에 땀을 흘려야 빵을 먹으리니, 이는 네가 땅에서 취해졌음이라. 너는 흙이니 너는 흙으로 돌아갈 것이니라**』(창 3:19).

먼 옛날 바다를 배회하던 해적들은 약탈한 보석들을 작은 진흙공으로 하나하나 덮어씌우곤 했다. 그 후 그들은 진흙으로 싼 그 작은 보석들을 가져다 해변 근처 어느 바위 구멍에다 곧잘 숨기곤 했다. 이따금씩 해변의 부랑자들이 그 작은 진흙공 가운데 몇 개를 발견했다가 뭔지 몰라 돌멩이처럼 저 바다 속으로 휙 던져 버린 이야기가 들리는데, 그 후 그들은 수중에 들어왔던 것이 무엇인지를 깨닫고서 자기들이 한 일을 두고 자책감에 휩싸인다.

이제는 그것이 당신이다. 당신은 값비싼 보물을 감싸고 있는 작은 진흙공인 것이다. 당신은 어떤 가치도 없지만, 그 보물은 가치가 있다. 그것이 바로 사도 바울이 『**이는 그 능력의 탁월하심이 하나님께 있는 것이지 우리에게 있는 것이 아님이라.**』고 말한 이유이다. 따라서 우리는 우리 자체로는 아무것도 아니며, 그러기에 바울은 『**그리스도 예수를 기뻐하고 육신을 신뢰하지 않는**』다고 말한다(빌 3:3).

4:8 우리가 사면에서 고난을 당하여도 괴로워하지 아니하며 당혹스런 일을 당하여도 절망하지 아니하며
9 박해를 받아도 버림받지 아니하며 내던져져도 멸망하지 아니하며
10 항상 주 예수의 죽으심을 몸에 지니고 다님은 예수의 생명이 또한 우리 몸에 나타나게 하려 함이라.

본문 8-10절은 외부에서 육신에 일어나고 있는 일과 내부에 있는 그 보물의 상태를 비교하고 있다.

『**우리가 사면에서 고난을 당하여도**』(8절) - 그 일은 육신이 당하고,

『**괴로워하지 아니하며**』 - 그 안에는 새 사람이 있다.

『**당혹스런 일을 당하여도**』 - 그 일은 질그릇이 당하지만,

『**절망하지 아니하며**』 - 주님께서 그 안에 계셔서 그들을 돌보고 계신다.

『**박해를 받아도**』(9절) - 외부에서 육신이 당하는 일이지만,

『**버림받지 아니하며**』 - 주님께서 당신을 결코 떠나시지 않을 것이다(히 13:5).

『**내던져져도 멸망하지 아니하며**』 - 그것이 그리스도인의 인생이 지닌 모순이다. 그리스도인은 고난을 당하고, 당혹스런 일을 당하고, 박해를 받고, 내던져질 수도 있지만, 괴로워하지도, 절망하지도, 버림받지도, 멸망하지도 않는 것이다.

본문 10절에서, 그리스도인은 『**항상 주 예수의 죽으심을 몸에 지니고**』 있어야 한다. 교리적으로 그것은 주님께서 당신 안에 계시고 당신은 주님 안에 있다는 것을 의미한다. 당신은 주님 인생의 일부분이며, 그 인생은 주님께서 죽으시고 묻히셨던 갈보리로 거슬러 올라간다. 로마서 6:8에서 우리가 『**그리스도와 함께 죽었**』다고 말씀하는 것은 바로 그 이유에서다. 그러므로 어떤 의미에서, 당신은 당신의 '시체'를 날마다 지니고 돌아다니고 있는 것이다. 사도 바울은 『**내가 그리스도와 함께 십자가에 못박혀 있으나 그럼에도 나는 살아 있노라.**』(갈 2:20)고 했다. 따라서 당신이 주님의 죽으심과 장사되심에 참여한다면 주님의 부활에도 참

여하는 것인데, 이는 『**예수의 생명이 또한 우리 몸에 나타나게 하려 함이**』다(10절). 그것이 바로 당신이 '교리적으로' 그리스도 안에서 가지고 있는 위치인 것이다.

'실제적으로' 말해서, 본문 10절은 지속적으로 "동일한 종류의 죽음에 노출되는 것"이다. 그래서 어떤 이가 "당신 안에서"(『**우리 몸에 나타나게 하려 함이라.**』) 그리스도를 보고자 한다면, 그 시험대는 당신의 의복도, 당신의 행위도, 당신의 계획적인 연설도, 당신의 멋진 매너도, 당신의 조각 같은 얼굴도, 당신의 예절바른 대화도, 당신의 악수도 아니다. 그것은 '당신이 고난과 반대와 박해를 얼마나 잘 감내하는가'인 것이다. 사도 바울에게 다시 적용한 그리스도의 인생은 채찍 자국들을 지니고(갈 6:17), 조롱과 체포와 구타와 투옥을 견디는 동안(고후 11장), 그 모든 곤경을 겪으면서도 '불평 없이' 하나님을 찬양하는 것을 의미했다. 그는 절대로 "그리스도를 위한 훈련 챔피언"이나 "고결한 학문적 기준들," "존경하는 성경학자들," "주의 칼" 협의회들, 근본주의 대회들, 채플 예배들, "제2차 성별" 같은 것을 언급하는 것이 아니다. 그 모든 허튼소리는 순전히 현대판 21세기 라오디케아의 '허풍'에 불과할 뿐이다.

4:11 살아 있는 우리가 항상 예수를 위하여 죽음에 넘겨지는 것은 예수의 생명도 우리의 죽을 육신에 나타나게 하려는 것이라.

12 그러므로 죽음은 우리 안에서 역사하나 생명은 너희 안에서 역사하느니라.

13 똑같은 믿음의 영을 가졌기에 기록된 바 "내가 믿었으므로 말하

였노라." 한 것과 같이 우리도 역시 믿으므로 말하노라.

14 주 예수를 살리신 그분께서 예수를 통하여 우리도 살리시며 또 우리를 너희와 함께 나타내시리라는 것을 아노니

본문 11절과 상호 참조가 되는 구절은 로마서 8:36,37이다. 그리스도인의 생애에서, 높아지는 법은 낮아지는 것이고, 주인이 되는 법은 섬기는 것이며, 그리스도를 위해 승리의 삶을 사는 법은 '자아에 대해 죽는 것'이다.

본문 12절에서, 사도 바울은 7-11절에서 말해 온 모든 것을 적용한다. 바울은 어떤 이유 때문에 앞선 8-10절의 그 모든 고난을 겪었을까? 그것은 다름 아니라 고린도인들의 유익을 위해서였다. 그 모든 당혹과 박해와 괴로움과 절망은 고린도인들을 돕고 그들을 위해 장차 선을 이룰 예정이었는데, 과연 그것은 그의 회심자들의 '영적 생명'에 영향을 주었던 것이다.

따라서 그리스도인인 당신이 자신을 죄에 대해 죽은 것으로 여기면(롬 6:11), 그것이 다른 그리스도인들 안에 '영적 생명'을 낳게 된다. 본문 12,14,17절을 주목하라. '그 회심자들' 안에 생명을 낳았던 바로 그 박해와 시련들은 사도 바울을 위하여도 효력을 발휘했다(『**우리를 위하여... 이루어 가기 때문이라.**』를 주목할 것; 17절).

본문 13절에서, 모든 그리스도인은 그의 상황이 어떠하든지 『**똑같은 믿음의 영**』을 소유하고 있다. 말하자면, 믿음의 '분량'은 성도 간에 서로 차이를 보일 수 있으나, 그리스도인의 믿음의 '근원'이 하나님의 말씀이기 때문에 그 믿음 배후에 있는 기본적인 '영'은 같은 것이다(롬 10:17).

그리고 사도 바울은 시편 116:10을 인용해 그리스도인에게 적용한다. 『**우리도 역시 믿으므로 말하노라.**』 그것은 설교자를 위한 훌륭한 좌우명이다. 로마서 10:14-17을 보면 그 순서가 나오는데, 하나님의 말씀이 '믿음'을 낳고, 그 믿음이 '전파'를 낳고, 그 전파가 결국 '죄인들의 구원'을 낳는 것이다.

본문 14절에는 구령자에게 주는 위대한 약속이 있다. 얼마 안 있으면, 자신의 아들을 무덤에서 일으키신 바로 그 주님께서 '당신'을 일으키실 것이다. 그런 일이 일어날 때, 주님은 '당신'이 주님께로 인도한 이들도 일으키실 것이고, 당신이 하늘나라에 도착하면, '당신의 회심자들'이 당신과 함께 있을 것이다. 그 뒤 주 예수께서 우리 모두를 취하여 보좌로 데려가시고, 아버지 하나님께 우리를 나타내실 것이다. 이 얼마나 놀라운 일인가!

자, 사도 바울은 그의 회심자들을 『**자랑의 면류관**』이라고 했다(살전 2:19). 예수께서는 『**회개하는 한 사람의 죄인을 더 기뻐하리라.**』고 하셨다(눅 15:7). 말하자면, 한 사람의 죄인이 구원받을 때마다, 하늘나라 신문사들은 "전시의 승전보"를 전하듯 '호외' 기사를 다음과 같이 싣는 것이다. "죄인이 그리스도를 영접하다!" 종들이 울리기 시작하고, 성도들이 "기지를 뛰어다니며" 환호하기 시작한다! 그리고 언젠가 하늘나라에 가서 당신이 그리스도께로 인도했던 이들을 볼 때, 바로 '그런 장면'과 마주칠 것이다. 누군가 당신의 등을 때리며, "할렐루야, 형제여, 여기서 만나게 되다니 반갑소이다!"라고 할 것이다. 기쁨의 눈물이 흐르고, 당신의 회심자들은 그들을 그곳에 있게 해준 당신에게 연거푸 고맙다는 말을 해댈 것이다. 그리고 당신은 당신을 그리스도께로 인도한 사람을 발견할 것이고, 앞서 진행됐던 모든 일이 또다시 시작될 것이다! 당신은 마태복음 10장에서 부르심을 받은 제자들에게 이를 때까지 그 장면이 반복되는 것을 볼 것인데, 누군가를 그리스도께 최초로 인도한 제자는 안드레였다. 『**그가 먼저 그의 형제 시몬을 만나... 그가 시몬을 예수께 데려오니...**』(요 1:41,42).

당신에게는 그것이 어떻게 될지 모르지만, 나는 감사하게도 몇 사람을 예수 그리스도께로 인도했다. 다른 설교자들에 비하면 그들의 수가 많은 것은 아니지만, 주님께서 내게 주신 것에 그저 감사드릴 뿐이다.

내가 다른 유명한 설교자들처럼 주님께 인도한 이가 그렇게 많지 않은 이유는, 누군가를 그리스도께 인도하는 일보다 '그리스도인을 훈련시키는 일'에 늘 중점을 두었기 때문인 듯하다. 나는 '모든' 그리스도인이 사람들을 그리스도께로 이겨와야 한다고 '참으로' 믿고 있고, 또한 모든 그리스도인이 누군가를 이겨오든 못 이겨오든 최소한 '시도는 해봐야' 된다고 믿고 있다. 내 믿음은 그것이지만, 내가 이 나라를 오십 년간 누비고 다니며 관찰한 것은 대포에 쑤셔 넣고 하늘나라로 날려 보내기엔 그 힘과 포탄이 아깝게 여겨질 일단의 그리스도인들이었다. 그래서 나는 '그리스도인들'을 하나님의 말씀 안에 뿌리내리게 하여 그것의 기초를 가르치는 데 힘을 모으고 있는 것이다.

그러나 주님께서는 내가 거둬들인 회심자들로 나를 몹시 선대해 주셨는데, 이는 그들 대부분이 구령자들이 되었기 때문이다. 1970년 현재, 그들 가운데 못돼도 137명이 설교자가 되었는데, 잘은 모르나 이후로도 설교자들이 더 배출되었을 것이다. 그리고 이곳 펜사콜라성경신학원에서 훈련시킨 약 48명의 젊은이가 지금 이 시간 선교현장에 몸담고 흔들을 이겨오고 있다.

나는 캘리포니아에서 한 친구를 주님께 인도했는데, 그는 15년 동안 한 해도 거르지 않고 매년 500명을 그리스도께 이겨오고 있다. 그들은 그의 교회가 인도한 수가 아니라, 그가 그리스도께 '개인적으로' 인도한 사람들이며, 그중 적어도 두 명이 현재 혼들을 이겨오는 사역을 하고 있는 중이다. 따지고 보면, 그 회심자들은 나의 영적 손자들과 증손자들인 셈이다.

언젠가, 휴 파일, 곧 나를 그리스도께 인도해 준 그는 믿음 안에서 아들들과 손자들과 증손자들과 고손자들, 그리고 그 아래 손자들까지 볼 것이다. 당신은 잠시 멈춰 서서 D. L. 무디의 믿음의 계보가 어디까지 이어졌을지 생각해 본 적이 있는가?

이 이야기가 주는 교훈은 단순하다. 당신이 하늘나라에 이를 때, 당신이 "땅을 다시 채웠고," "'당신의 종류대로' 씨를 내었다"는 것을 확실히 하도록 하라. 그리스도인이라면, 현재 당신은 다른 '그리스도인들'을 낳고 있어야만 하는 것이다.

4:15 모든 것이 너희를 위함은 많은 사람의 감사로 인하여 풍성한 은혜가 하나님의 영광에 넘치게 하려는 것이라.

16 이런 까닭에 우리가 낙심하지 아니하노라. 오히려 우리의 겉 사람이 썩어질지라도 우리의 속 사람은 날마다 새로워지나니

다시, 사도 바울은 본문 15절에서, 그에게 일어나는 모든 일이 고린도인들이 주 안에서 성장할 수 있도록 그들을 위해 일어나고 있음을 말하고 있다. 또한 성장한 고린도인들은 하나님께 감사할 수 있다. 그 감사가 하나님께 드려질 때 주님께서 영광을 받으시는데, 감사하는 이가 많아질수록, 하나님은 더 많은 영광을 받으신다.

본문 16절은 위대한 구절이다. 내 이 늙은 몸이 아무리 쇠잔해진다 해도, 내 안의 "새 사람"은 날마다 '새롭다.' 그 새 사람은 닳아 못 쓰는 일이 없으며, 날마다 개선될 뿐이다. 날마다 상황이 악해지는 것은 '옛 사람,' 곧 육신인데, 그것은 열역학 제2법칙의 지배를 받는 당신의 일부분이다. 그러나 그 새 사람은 '영원하고' '전능하신' 성령에 의해 '새롭게' 된다. 만일 그처럼 매일 새롭게 되는 일로 유익을 누리고 싶다면, 성경을 읽고 기도함으로써 그 새 사람을 새롭게 해야 한다. 이는 주님과 교통해야만 그 새롭게 되는 일이 당신에게 '실제적일' 수 있기 때문이다.

4:17 이는 우리가 잠시 받는 가벼운 환난이 우리를 위하여 훨씬 뛰어난 영원한 영광의 비중을 이루어 가기 때문이라.

18 우리가 바라보는 것은 보이는 것들이 아니요, 보이지 않는 것들이라. 이는 보이는 것들은 잠깐뿐이지만 보이지 않는 것들은 영원하기 때문이라.

이 구절들은 모든 그리스도인이 반드시 암기해야 할 단락 중 하나이다. 조만간 당신은 이 말씀들을 필요로 할 것이다.

사도 바울이 이번 장에서 기술한 그 모든 고난들은 본문 17절에서 『**우리가... 받는 가벼운 환난**』으로 불린다. 이 인생의 시련들이 당신을 내리눌러서 더 이상 한 발짝도 내디딜 수 없다고 여겨질 때, 그것을 기억하라. 바울은 히브리서 12:4에서, 『**너희가 죄와 맞서서 싸우되 아직 피흘리기까지는 대항하지 않았으며**』라고 말한다. 나는 이 주석서를 읽는 사람들 가운데 바울이 믿음을 위해 겪은 것을 맛본 이가 거의 없다고 감히 말할 수 있다. 자, 당신은 그 일을 '겪을 수도 있지만,' 그 일은 멕시코처럼 로마카톨릭 사제가 여전히 웰던 존스 같은 선교사들에게 돌을 던지게 하는 카톨릭 국가들에서 일어날 것이다. 또한 그 일은 수단과 인도네시아처럼 모슬렘들의 통제를 받는 곳에서 일어날 것인데, 거기서는 그리스도인들이 이슬람교로 개종하지 않는다는 이유로 사지가 절단되고 노예로 팔려간다. 그러나 이곳 미국과, 심지어 유럽 대부분 국가들에 사는 그리스도인들도 실제로는 그렇게 심한 고난을 당하지 않는다.

마음이 내려앉고 자신이 불쌍하게 보일 때, 암 병동에 가서 병실 몇 곳을 방문해 보라. 요양원에도 가보고, 경련성 뇌성마비 클리닉에도 가보고, 저능아들을 위한 정신병원에도 가보고, 화상 진료소들에도 가보고, 또 진짜 문제들을 안고 있는 사람들을 좀 찾아가 보라. 그러면 당신의 문제들이 별것 아니라는 것을 금새 알게 되어, 당신이 정말로 가지고 있는 그 『**가벼운 환난**』에 대해 하나님께 감사드리게 될 것이다.

본문 17절에서 살펴볼 다른 어구는 우리가 가진 그 문제들과 상심들과 두통들을 안겨주는 것, 즉 『**잠시 받는... 환난**』이다. 그러나 분명 그것은 순간처럼 보이지 않는다. 당신의 생각은 어떠한가? 만일 주님께서 욥기 3장에서 모습을 나타내셨더라면, 욥은 그의 시련을 의기양양하게 통과했을 것이다. 욥을 쇠약하게 한 것은 욥기 3-32장이라는 긴 시간이었다. 만일 그 일이 하룻밤을 요통으로 끙끙 앓으면서 두세 시간 잠자는 것이라면 별일 아니겠지만, 그 하룻밤의 고통이 수년으로 이어지면 아마 태도가 싹 바뀔 것이다.

문제는 시간이 당신에게는 질질 끄는 것 같지만, 하나님께는 그분이 영원하시므로 그것이 단지 한순간, 곧 한 뼘 정도밖에 안 된다는 것이다. 한번은 어린 소년이 하나님께 기도하던 중 이렇게 여쭈었다. “주님, 주님은 천 년이 어떻게 여겨지세요?” 놀랍게도, 주님께서 응답하셨다. “천 년은 ‘한순간’(a moment)에 불과하단다.” 그러자 그 어린 소년이 물었다. “그러면 백만 달러는 어떠신데요?” 주님은 이렇게 답변하셨다. “백만 달러는 1페니짜리 동전과 같지.” 그래서 소년은 이렇게 말씀드렸다. “그러면 주님, 제게 1페니를 주시겠어요?” 그러자 주님이 대답하셨다. “잠시(a moment)만 기다리거라!” 때로 우리의 생각은 정확히 그런 식이다.

내가 아는 주님은 어떤 일에 결코 서두르지 않으신다. 주님은 늘 느긋하신 것이다. 당신은 그것이 주님의 시간표를 망칠 것처럼 생각하지만, 그것은 결코 그렇지 않다. 우리는 늘 성급한 사람들인지라, 만일 어떤 일이 우리 스케줄대로 되지 않으면 마치 세상이 땅 속으로 꺼져 버릴 것처럼 안절부절못한다. 그러나 주님은 종종 당신의 마감 시한을 이리저리 옮기시어 주님 보시기에 적절한 때에 당신의 기도에 응답하신다. 따라서 우리에게는 칠 년의 기간으로 여겨지는 것이 주님께는 한순간밖에 안될 수도 있는 것이다.

히브리서 12:10에서, 성경은 한 아버지의 징계에 대해 말씀한다. 『**그들은 정녕 자기들이 옳다고 생각한 대로 <u>며칠 동안</u> 우리를 징계하였지**

만』. 그 『**며칠 동안**』이 때로는 16년까지 이어진다! 그리하여 일이 맘대로 되는 것 같지 않아 주님 앞에 모든 걸 털어놓고 그것에 관해 기도하기도 하고, 또 심지어는 한 가지를 놓고 금식까지 하기도 하지만 주님께서 응답하시지 않는 것처럼 보일 때, 당신은 로마서 8:28을 주장하며 그것을 꼭 붙드는 수밖에 없다.

그렇다면, 이 『**잠시 받는 가벼운 환난**』의 목적은 무엇인가? 그것은 『**우리를 위하여 훨씬 뛰어난 영원한 영광의 비중을 이루어**』 가는 것이다. 더 분명하게 말하면, 당신이 바로 이 순간 겪고 있는 것이 저울의 한쪽 접시라면, 당신이 앞으로 영원에서 받을 것은 다른 쪽 접시라는 것이다. 당신이 바로 이 순간 주님을 위해 할 수 있는 모든 것이 저울로 달아지고, 그것이 영원에서 저울로 재어진다. 당신이 이곳에서 흘린 피와 땀과 눈물이 저울에 올려지면, 영원에서는 그것이 금과 은과 보석들로 무게가 재어지는 것이다. 사람들이 당신에게 악담을 퍼부으면 그러도록 내버려 두고, 그들을 막지 말라. 그들이 입을 열 때마다 저 위 하늘나라의 컴퓨터가 당신의 계좌에 얼마씩 더 얹어 주니 말이다.

이 지상에서 일어나는 가장 끔찍한 비극은 남자든 여자든 '영원히' 지속될 것을 아무것도 해놓지 않으며 살고 죽는 일이다. 그러려면 차라리 개가 되는 게 낫다. 당신이 하는 일이 고작 세상에 태어나 자라고, 수천 마리의 닭과 돼지와 소를 먹고, 가족을 부양하고 세금을 내고 죽는 거라면, 당신이 한 일이 개나 고양이, 스컹크가 한 일보다 더 나은 것이 무엇인가? 어떤 동물이든 먹고, 자손을 낳고, 죽는 날까지 가능한 한 편히 살려고 하지만, 거기에 아무런 의미도 없는 것이다.

만일 인간이 어떤 '영원한' 것을 하지 않는다면, 그의 인생은 살 가치가 없다. 나 같으면 인생을 이런 식으로 보내기를 싫어할 것이다. 그 이유는 내가 그리스도인이기 때문이고, 또 내가 여기에 살았다는 것을 아는 사람이 고작 500명밖에 되지 않기 때문이다. 나는 기왕 인생을 살거면, 당신이 그리스도를 위해 내디딘 발자국들이 못돼도 10,000명의 가슴에는 찍혀 있기를 바라는 바이다.

당신은 "내게는 그런 기회가 없을 겁니다."라고 말한다. 분명 당신은 그런 기회를 가질 것이다. 만일 거리설교를 나간다면 입을 열 때마다 열다섯에서 스무 명에게 영향을 줄 것이다. 심지어는 자매들도 거리설교 중에 '말씀 표지판'이나 깃발을 들고 다니면 최소한 100명에게 영향을 줄 수 있다. 당신은 라디오 방송에 출연하여 매 순간 100에서 200명에게 영향을 줄 수 있다. 만약 보통 그리스도인이 전도용 소책자를 하루에 세 권만 나눠 준다 해도, 일 년이면 1,000명에게 영향을 줄 것이다. 만일 주님께서 거주자 10,000명인 도시에 한 설교자를 두신다면, 그리고 그 설교자가 자신이 주님을 위해 해야 할 바를 행한다면, 그 도시에 그의 이름과 주소, 전화번호를 모를 사람이 아무도 없을 것이다.

휴 파일 목사님이 바로 그런 분이었다. 그는 도시에 일 년간 있은 후로 도시의 모든 이들에게 이름이 알려진 전형적인 인물이었다. 그는 이발소에 가도 전도지를 주고, 주유소에 들러도 전도지를 주고, 버스를 타도 버스 기사에게 전도지를 주고, 택시를 타도 택시 기사에게 하나 주고, 식료품점에 가도 계산원에게 하나를 주곤 했다. 그는 전화를 잡으면 통화하면서 복음을 증거했고, 라디오 방송국에 가서 출입하는 모든 이에게 복음을 증거했다. 그는 은행에 찾아가 안으로 들어오는 금전출납계원과 밖으로 나가는 접수계원에게 복음을 증거했고, 거리를 걷다가 눈에 보이는 차마다 전도지를 꽂아 놓았다. 그래서 그가 펜사콜라에 삼 년째 거주했을 때에는, 가는 곳마다 브렌트침례교회 목사 휴 파일을 모르는 사람이 없었다. 그들은 그가 누구고 또 어디서 왔는지를 알고 있었던 것이다.

만일 당신이 가정주부라서 밖에 나갈 기회가 적더라도, 여전히 영원히 지속될 뭔가를 할 수 있다. 당신은 장차 하나님을 사랑하고 주님을 섬길 자녀들을 기를 수 있는 게 틀림없다. 때때로 방과 후의 시간을 이용해 '아이들을 위한 성경 동아리'도 집안에서 만들 수 있고, 쇼핑을 갈 때면 신실하게 전도지를 나눠 줄 수 있는 것도 분명하다. 그러나 다른 어떤 것도 할 수 없다면, 당신은 '하나님을 위해서 뭔가를 하고 있는 남자를 도울 수' 있다. 만일 그 일이 다소 단조롭게 여겨진다면 기억할 것이 있는데, 하나님께서는 그 남자를 '완전하게 하시려고' 당신을 지으셨다는 것이다. 당신이 주님을 섬기는 그에게 일상의 잡일을 덜어준다면, 당신은 그의 상에 참여하게 되는 것이다. 사무엘상 30:24을 보라. 『**전쟁터에 내려간 자의 몫과 소유물 곁에 머물렀던 자의 몫이 같으리니, 똑같이 나눌지니라.**』 만일 당신이 집에 머물며 집안일을 돌보고, 설거지를 하고, 아이들을 돌보고, 때를 북북 문질러 벗기고, 자잘한 것들을 잘 관리한다면, 남편이 사역을 마치고 집에 돌아올 때, 당신들 두 사람은 그 상을 나눠 가지게 될 것이다.

본문 18절은 신구약에 걸쳐 가장 위대한 구절들 중 하나이다. 그것은 '보이는' 모든 것, 즉 모든 무신론자들과 인본주의자들, 실용주의자들, 현상학자들, 실존주의자들 그리고 '뉴에이저들'의 기본적인 근본 신조가 되는 것이 소멸될 것이라는 것을 보여 준다(벧후 3:12, 계 20:11). 유일하게 영원한 것들은 현재 보이지 않는 것들인데, 특히, "신격"을 주목하라(롬 1:20, 히 11:27).

너무 많은 그리스도인들이 새 예루살렘을 향해 열어 놓아야 할(골 3:2) 그들의 창문을 소돔과 고모라(유 1:7) 또는 바빌론(계 18:8)을 향해 열어 놓고 있다. 롯은 잘못된 방향을 바라본 그리스도인의 영원한 전형으로 남아 있다(창 13:10, 벧후 2:7,8).

『우리가 바라보는 것은 보이는 것들이 아니요, 보이지 않는 것들이라. 이는 보이는 것들은 잠깐뿐이지만 보이지 않는 것들은 영원하기 때문이라』(18절).

자, 만일 당신이 보이지 않는 것을 하나라도 본다면 그건 모순이다. 그러나 그리스도인은 전 생애가 하나의 모순이다. 이는 우리가 볼 수 없는 것을 보기 때문이다. 사도 바울은 로마서 1:20에서 **『세상의 창조 때부터 그분에 속한 보이지 않는 것들이 분명히 보여졌고』**라고 했고, 히브리서 11:27에서는 모세가 **『보이지 않는 분을 보는 것처럼』** 견디었다고 했다.

모든 그리스도인은 먼 곳을 잘 보는 '천리안'이어야 한다. 그는 시야가 넓어야 하며, 영원의 관점에서 살아야 한다. 아침 일찍 일어나 집과 자가용과 아이들과 그 날 할 일을 살피며 그런 것들을 기준으로 살기보다는, 아침 일찍 기상하여 '그리스도의 심판석'에 비추어 인생을 살도록 하라. "나는 그리스도의 심판석에 직면할 일을 대비하기 위해 오늘을 살 것이다."고 말하라. 바로 그러할 때 그리스도인을 위한 영원한 것들이 무엇인가가 정해지고, 그 때에야 비로소 영원한 것들이 시작되는 것이다.

고린도후서 5:10을 보라. 주님께서 『**보이지 않는 것들은 영원하기 때문이라.**』고 말씀하자마자, 이후 10구절 이내에 '그리스도의 심판석'이 등장한다. 당신이 변개된 성경을 사용하고 있다면 결코 본 적이 없겠지만, '그리스도의 심판석'은 그 안에 있으며, 당신을 기다리고 있다.

하나님께서 당신의 눈앞에 두신, '영원하면서도' '현세에 속해 있는' 단 한 가지가 있는데, 그것은 성경이다. 그것은 한 권의 책에 불과하며 찢어질 수도 있지만, 그것의 말씀들은 '영원하다.' 『**오 주여, 주의 말씀은 영원히 하늘에 세워졌나이다**』(시 119:89). 『**하늘과 땅은 없어져도 내 말들은 결코 없어지지 아니하리라**』(마 24:35).

『**우리가 바라보는 것은 보이는 것들이 아니요, 보이지 않는 것들이라. 이는 보이는 것들은 잠깐뿐이지만 보이지 않는 것들은 영원하기 때문이라**』(18절).

모든 사역자들은 교회 건축 프로그램이 시작될 때 이것을 기억해야 한다. 혼들에 투자된 모든 달러는 지속될 것이나, '기념 건축물'에 투자된 모든 달러는 태우는 데 쓸 연료가 될 것이다. 무덤을 너무 웅장하게 짓지 말라. 어느 날 펜사콜라 기독대학과 밥 존스 대학의 그 크고 아름다운 캠퍼스들은 불태워질 것이다. "자유의 산"(Liberty Mountain)은 재가 될 것이고, 오랄 로버츠의 "기도의 탑"(Prayer Tower)은 화염에 삼켜질 것이다. 그 모든 것이 하나의 매우 큰 '지옥'(inferno; 단테의 신곡 제1부에 나오는 지옥 - 역자 주)에서 불타오를 것이다.

흑인들은 이렇게 노래한다. “오 나의 사랑하는 형제여, 그대는 세상이 불탈 때 하나님의 품을 베개 삼고 싶지 않은가?”

영원의 관점에서 살라. 당신의 소망을 이곳 아래에 있는 것들에 지나치게 많이 고정시키지 말라.

고린도후서 5장

5:1 우리가 아는 것은 만일 땅에 있는 우리의 장막 집이 무너지면 하
나님께서 지으신 큰 집, 즉 손으로 짓지 아니한 하늘들에 있는 영
원한 집이 있다는 것이라.
2 정녕 우리가 여기에서 신음하며 하늘에서 오는 우리의 집으로 옷
입게 되기를 간절히 바라나
3 만일 우리가 옷입고 있다면 벗은 채로 발견되지 아니하리라.
4 이 장막 집에 있는 우리가 짐을 지고 신음하는 것은 벗으려는 것
이 아니라 옷입혀지고자 함이니 이는 죽을 것이 생명에 의해서
삼켜지는 것이라.

이 단락에 나오는 『**장막**』은 몸이다(벧후 1:13). 그것은 진흙 헛간 같

은 『**땅에 있는... 집**』으로 언젠가 『**무너지**』게 될 것이다(1절). 그런 일이 일어날 때, 사도 바울은 『**우리가... 하나님께서 지으신 큰 집, 즉 손으로 짓지 아니한 하늘들에 있는 영원한 집이 있다는 것**』을 안다고 말한다. 우리는 이 '진흙'으로 지어진 집에서 빠져 나와 하나님께서 지으신, 영원히 지속될 '새로운 집'으로 들어간다. 그 변화는 죽은 즉시 일어나며(빌 1:21-23), 그 『**집**』은, 바울에 따르면, 이전 것보다 더 바랄만하다(8절). 따라서 이 집은 고린도전서 15장에서 언급되는 부활한 몸이 아니다. 대신 부활을 기다리며 입게 될 일종의 "혼적인"(soulish) 몸이라 할 수 있다. 하나님께서는 죽음과 부활 '사이에' 어떤 덮어씌우는 것을 가지고 계신 것이다.

본문 2절은 모든 그리스도인의 소망이 되어야 한다. 사도 바울은 『**내가 떠나서 그리스도와 함께 있을 욕망을 갖는 그것이 훨씬 좋으나**』라고 말한다(빌 1:23). 머릿속에 떠오르는 것에 관해 전혀 걱정할 필요가 없는 곳에서 살 수 있다는 사실을 생각해 보라. 당신이 하고자 하는 것은 뭐이든 다 옳고, 무슨 잘못을 저지르고 있는지 결코 스스로를 점검해 볼 필요가 없다. 마침내 당신은 세상과 육신과 마귀가 더 이상 당신과 주님의 관계를 해치거나 그것에 영향을 줄 수 없는 곳에 있는 것이다. 바울이 『**정녕 우리가 여기에서 신음하며 하늘에서 오는 우리의 집으로 옷입게 되기를 간절히 바라나**』라고 말한 것은 너무도 당연한 것이다(2절).

본문 3절은 그리스도인이 벗은 채로 발견될 '수 있다'는 것을 암시한다. 그리스도께서는 라오디케아 그리스도인들에게 『**흰 옷**』을 사서 그들의 벌거벗은 것을 덮으라고 말씀한다(계 3:18). 요한계시록 16:15에서, 또한 주님은 『**자기 옷을 지켜서 벗은 채로 다니지 아니하**』는 『**자는 복이 있도다.**』라고 말씀하고, 요한계시록 19:8에는 『**세마포는 성도들의 의라.**』고 씌어 있다.

자, 나는 그 모든 것을 이해한다고 공언하지 않는다. 그러나 나는 그것에 관한 온갖 종류의 해석을 들었고, 그것에 관한 모든 종류의 주석들을 읽었다. 따라서 개략적으로 봤을 때, 그 때에 당신은 하늘나라에서 '영적인 몸'을 얻고, 그 영적인 몸은 당신이 구원받은 '후에' 행한 선행들로 짜여진 '세마포'로 옷입혀진다. 이곳 아래서 주님을 위해 일하는 동안, 당신은 당신이 직접 입을, 영적인 몸을 위한 한 벌의 옷을 한 땀 한 땀 바느질하고 있는 셈이다. 그러나 어떤 그리스도인들은 다른 이들보다 더 나은 옷을 입을 것이다.

나는 당신이 구원받을 때 '하나님의 의'를 부여받는다는 것과, 구원받기 전에 『**우리의 모든 의는 더러운 걸레**』 같다는 것을 교리적으로 알고 있다(사 64:6). 그러나 구원받은 후, 당신은 『**그리스도 예수 안에서 선한 일들을 위하여 창조**』되는데, 『**이 일들은 하나님께서 미리 정하시어 우리로 그것들 가운데서 행하게 하려 하신 것**』이다(엡 2:10). 우리는 『**선한 일들에 유념하여 진력**』하라는 명령을 받는다(딛 3:8). 어떤 구절은 『**그가... 가난한 자들에게 주었으니 그의 의가 영원히 남음이라.**』고 말씀하는데, 당신은 그것을 어디서 찾을 수 있는지 아는가? 그것은 신약의 은혜 아래 있는 바울 서신 고린도후서 9:9에 있다. 그러므로 당신은 그리스도인으로 살면서 그리스도의 의 안에서 '교리적인 신분'을 지님은 물론, 당신이 '이 몸 안에서' 실행하는 '실질적인 의'를 가지고 있는 것인데, 하늘나라에 가면 그것이 당신의 영적인 몸을 입히는 옷이 될 것이다. 당신의 옷이 얼마나 좋은가는 당신이 이곳 아래에서 그리스도와 그 분의 성도들을 향한 사랑의 마음에서 행하는 일에 달려 있다.

본문 4절에서, 사도 바울은 "만일 죽는 것으로 모든 것이 끝난다면, 나는 죽기를 바라지 않는다. 그러나 죽음에는 단순히 죽는 것 외에 그 무언가가 더 있다. 나는 닳아지지 않을 새 옷 한 벌을 얻는 것이다."라고 말하는 중이다. 바울은 자신이 그 새 몸을 얻으려고 신음한다고 했고, 그는 그 일로 짐을 졌다. 더 이상의 요통도, 두통도, 신장결석도, 담낭결석도 없다고 상상해 보라. 더 이상 알약도, 요법도, 치료도 없고, 늙거나 병드는 것에 관해 걱정할 필요가 없을 것이다. 당신이 진짜 그리스도인이라면, 그것이 바로 당신이 신음하고 있는 이유이며, 그것이 바로 당신이 짐을 진 이유이다. 당신은 이 엉망이 된 것에서 빠져 나가고 싶은 것이다! 이따금 당신은 바울처럼 그저 이렇게 외치고 싶어질 때도 있다. 『**오, 나는 비참한 사람이로다! 누가 이 사망의 몸에서 나를 구해 낼 것인가? 예수 그리스도 우리 주를 통하여 하나님께 감사하노라**』(롬 7:24,25).

스턴이라는 박사는 죽으면서 이렇게 말했다. "나는 하늘나라에 대해 향수병에 걸려 있소. 이제 그만 기도를 멈추고 나를 가게 해주오."

그 마음가짐을 불쌍한 버트란드 러셀과 비교해 보라. 그는 이렇게 말했다. "인간의 삶은 누구도 도달할 수 없고 또 도달한다 해도 아무도 머무를 수 없는 목표를 향해, 피로와 아픔으로 고통받으며 밤을 통과해 가는 기나긴 행군이다." - 〈인간의 자유세계〉

그는 세상에서 가장 비극적이고 수치스럽기 그지없는, 정신 장애를 겪는 얼간이들 중 하나였다. 수면제를 너무 많이 먹은 탓일까. 그는 지지리도 바보 같은 자보다도 더 바보였던 것이다.

만일 사고방식이 건전한 성경대로 믿는 사람과 한 영국 출신 사팔뜨기 무신론자 '얼간이'의 차이점을 알고 싶다면, 사도 바울이 고린도후서 2:14과 로마서 8:31-39에서 묘사한 것과 버트란드가 인생을 묘사한 것을 비교해 보라. 달라도 어쩜 그렇게 다를 수 있단 말인가!

5:5 이제 이것을 우리에게 이루신 분은 하나님이시며 그분께서는 또한 우리에게 성령의 보증을 주셨느니라.

6 그러므로 우리는 항상 자신에 차 있어 우리가 몸에 있는 집에 거할 때 주로부터 멀리 떨어져 있다는 것을 아나니

7 (이는 우리가 믿음으로 행하고 보는 것으로 하지 아니함이라.)

8 우리가 자신에 차 있으니 정녕 몸에서 떠나 주와 함께 있는 것을 오히려 더 원하노라.

9 이 때문에 우리가 애쓰는 것은 거하든지 떠나 있든지 그분을 기쁘시게 해 드리기를 바라는 것이라.

주님께서는 주님이 당신을 위해 마련해 놓으신 그 새 몸을 위해 당신을 준비하셨다(5절). 다시 말해, 그리스도인의 운명은 고정되어 있는 것이다.

나는 이미 고린도후서 1:22에서 『**성령의 보증**』(5절)에 대해 논의했었다. 그러나 당신이 하늘나라에서 지닐 그 새 몸과 관련해서는, 하나님께서 그분의 일을 당신 안에서 완수하실 것이라는 하나님의 증거가 '당신 안에 계신' 성령이라는 것만을 덧붙이련다. 당신이 회심할 때 주님께서 당신 안에 탄생시킨 새 영은 결국 하늘나라에서 새 '영적인' 몸이 될 것이고, 궁극적으로는 부활 때에 새 '물리적' 몸이 될 것이다. 성령께서는 죽음이 그리스도인의 끝이 아니라는 사실을 지속적으로 증명하시는 것이다.

구원받은 지 오래될수록, 이것은 더욱더 분명해진다. 만일 나이 지긋한 그리스도인이 주님과의 교제 안에 머무른다면, 그가 죽음에 더 가까워질수록 그 건너편 빛이 더 밝아져 그가 더 분명히 볼 수 있다는 점에서 그는 엄청난 이득을 누리고 있는 것이다. 당신의 겉이 늙을수록, 당신의 '속'은 더 젊어진다. 새롭게 된 '속'은 계속 새로워지고 미래의 어느 날까지 계속 탄력을 얻을 뿐이다. "펑!" 형제여, 이제 당신은 새 몸을 입고 있다. 그러나 주님께서는 당신으로 하여금 미리 조금 맛보게 하실 뿐이다. 그것은 엘리에셀(성령의 예표)이 리브카에게 금, 은, 보석을 주는 일과 같은데, 그것은 이삭의 부에 대한 "보증"이었던 것이다.

본문 6절에서, 그리스도인이 그 안에 내주하며 결코 떠나지 아니하시는 성령으로 그리스도 안에서 가지는 그의 현 신분과(5-7절), 주님을 영원히 직접 대하게 될 그의 미래의 신분에 대해 믿음으로 확신한다는 것을 주목하라(8절). 빌립보서 1:6은 이 두 신분 모두를 결합한다. 『**우리가 이것을 확신하노니 너희 안에서 선한 일을 시작하신**[현 상태] **그분께서 예수 그리스도의 날까지 그 일을 완성하시리라**[미래의 상태].』 그리스도인은 그가 죽을 때 어디로 갈 것인지를 알 수 있는데, 이는 그 안에 성령이 계셔서 그에게 그렇게 말씀해 주시기 때문이다.

본문 7절과 관련해, 예수님께서 요한복음 20:29에서 도마에게 하시던 말씀이 떠오른다. 『**도마야, 네가 나를 보았으므로 믿는구나. 보지 않고 믿은 자들은 복이 있도다.**』 사도 베드로는 이렇게 말했다. 『**너희가 그를 보지 못하였으나 사랑하며, 지금도 그를 보지 못하나 믿고 있으며, 또 말할 수 없이 영광으로 가득 찬 기쁨으로 즐거워하나니**』(벧전 1:8).

이따금 초청을 할 때, 나는 회중이 볼 수 있도록 그들 바로 앞에 주님을 실제로 모실 수 있기를 바라지만 그리할 수 없다. 성령의 계시에 의해 성경을 통해 주님을 보지 않는다면 당신은 그럴 수 없을 것이다.

자, 몸 안에 있을 때 우리는 주님으로부터 '물리적으로' 떨어져 있지만, '영적으로는' 결코 떨어져 있지 않다. 『**주와 합하는 자는 한 영이니라**』(고전 6:17). 그리고 또한 에베소서 5:30은 『**이는 우리가 그의 몸과 그의 살과 그의 뼈의 지체임이라.**』고 말씀하고 있다. 그러나 '지리적으로' 봤을 때 그리스도의 몸은 하늘나라에 계신 하나님 아버지 우편에 앉혀져 있으며, 나의 몸은 그 아래에 있는 '이곳' 지상에 있다. 그렇다고 우리가 저 모든 사탄적인 것들과 손에 손잡고 거니는 것은 아니다. 이는 그리스도인은 『**믿음으로 행하고 보는 것으로 하지 아니**』하기 때문이다.

하지만 만일 우리에게 선택권이 있다면, 우리는 『**몸에서 떠나 주와 함께 있는 것을 오히려 더 원하노라.**』고 사도 바울과 함께 말해야 할 것이다. 그러나 그렇게 되면, 모든 그리스도인은 '자연스러운,' 타고난

자살 성향을 가지는 셈이다. 모든 거듭난 하나님의 자녀들은 엉망이 된 이곳 아래 세상에 머무는 것보다는, 차라리 본향으로 가서 주님과 함께 있고 싶어하는 것이다.

사도 바울은 『**이는 내게 사는 것이 그리스도니 죽는 것도 유익함이라.**』고 했다(빌 1:21). 참된 그리스도인에게 있어, 죽음은 유익한 것이다. 사실, 바울은 그것이 『**훨씬 좋으나**』라고 말했다(빌 1:23). 빌립보서 1:23에서, 그는 살아서 빌립보의 회심자들을 돕는 일과 본향에 가서 주님과 함께 있는 일 사이에서 괴로워했던 것이다.

만약 어떤 사람이 자신이 구원받은 사실을 모른다면, 그는 그것을 말할 수 없다. 늘 사도행전 2:38로 달려가 계속 "회개하고, 믿고, 자백하고, 침례를 받으려고" 하는 어떤 멍청이를 보라. 그 친구에게는 숨쉴 여유가 없다. 그는 그 모든 과정을 거치지만, 여전히 자신이 구원받은 것을 모르는 것이다. 어떤 가난한 여인은 "브라운스빌 부흥회"에서 여섯 번 "구원받았지만," 그 과정을 거친 후에도 여전히 하늘나라에 갈 것에 대한 확신이 없다.

그런 사람들에게, 죽음은 유익이 아니라 '도박'이다. 그들은 구원을 받을 수도 있고 받지 못할 수도 있는 것이다. 로마카톨릭은 '그들의 종교가 가르치는 것에 반대되는 것'을 믿고 있지만 않다면 "죽는 것이 유익하다"고 말한다. 그러나 "연옥"은 절대로 유익이 아니다!

나는 사람들의 종교를 비판하려는 게 아니다. 단지 당신이 거듭난 하나님의 자녀가 아니라면 '당신은 사도 바울이 말한 것을 말할 수 없다'는 것을 말하고 있을 뿐이다. 오로지 구원받은 거듭난 하나님의 자녀만이 그것을 말하고 '진리'를 말할 수 있는 것이다. 스스로 그리스도인이라 하면서도 죽으면 하늘나라에 본향이 있다는 것을 '확실히' 알지 못하는 이가 이 주석서를 읽고 있다면, 당신은 그 무슨 성경이든지 당신이 구원을 잃어버릴 수도 있다는 것을 확신하기 위해 사용하는 것은 옆으로 제쳐 두고 어떤 진짜 성경을 배우기 시작하는 게 좋을 것이다.

그리스도인은 그가 죽으면 어디로 갈 것인지를 안다. 사도 바울도 알았고, 베드로도 알았고, 요한도 알았다. 만일 당신 또한 그것을 알지 못한다면, 당신은 신약에서 가장 위대한 세 사도를 따르고 있는 것이 아니다. 또한 그리스도인은 그가 어디로 가고 있는지를 알 뿐만 아니라, 그곳에 가고 싶어하고, 그곳에 도착하려고 서두른다. 이것은 이곳 아래에 있는 그 어떤 것보다도 향상된 것이기 때문이다.

자, 그때까지, "우리는 그분을 기쁘시게 해 드리려고" 애를 쓴다(9절). 사도 바울은 "기쁘시게 해 드린다"는 것을 구원의 의미로 사용하는 게 아니라, 그리스도인이 주님을 위해 하는 그의 일들을 하나님께서 받아주시기를 원한다는 것을 말하고 있는 것이다. 『**이는 내게 사는 것이 그리스도니**』. 언젠가 주님의 입에서 『**잘하였도다. 착하고 신실한 종아.**』(마 25:21)라는 말씀을 듣기 위해, 이곳 지상에 있는 동안 우리는 그리스도인으로서 『**항상 주의 일을 넘치게**』 해야 한다(고전 15:58).

5:10 이는 우리 모두가 반드시 그리스도의 심판석 앞에 나아가서 선이든지 악이든지 각자 자기가 행한 것에 따라, 자기 몸으로 행한 것들을 받을 것이기 때문이라.

11 그러므로 우리가 주의 두려우심을 알기 때문에 사람들에게 권유

하노라. 그러나 우리가 하나님께 나타내어졌으며 나는 또 너희
양심에도 나타내어졌기를 바라노라.
12 **우리가 우리 자신을 너희에게 다시 추천하는 것이 아니요, 우리**
를 대신하여 자랑할 기회를 너희에게 주노니 마음이 아니라 외
모를 자랑하는 사람들에게 무엇인가를 대답하게 하려는 것이라.
13 **만일 우리가 미쳤어도 하나님을 위한 것이요, 정신이 온전하여도**
너희를 위한 것이라.

『**그리스도의 심판석**』은 로마서 14:10과 같은 심판이다. 그 구절에서, 그 심판은 그리스도 안에 있는 형제들에 대한 심판이기에 큰 백보좌 심판이 아님을 주목하라. 새로운 역본들은 로마서 14:10의 그 심판을 "하나님의 심판석"으로 바꿔 버렸는데, 그것은 "그 어떤 것"과도 "아무런" 관련이 없다. 주 예수 그리스도는 큰 백보좌 심판에서 하나님이신 것처럼 민족들을 심판하는 그 자리에서도 동일한 하나님이시다. 따라서 새로운 성경들이 하는 일이라고는 혼란을 퍼뜨리는 일일 뿐인 것이다.

그리스도인들에 대한 이 심판은 고린도전서 3:11-15에서 묘사되는데, 거기에서는 그리스도인이 그리스도를 위해 살았던 섬김의 삶에 대한 상을 보여준다. 여기 10절에서도 『**이는 우리 모두가... 각자 자기가 행한 것에 따라, 자기 몸으로 행한 것들을 받을 것이기 때문이라.**』고 말씀한다. 만일 어떤 일이 선하다면(10절), 그것은 그대로 있을 것이고, 그는 상을 받을 것이다(고전 3:14). 그 상은 정화된 금, 은, 보석일 것이고(고전 3:12), 그에게 면류관의 형태로 주어질 것이다.

만일 그 일이 악하다면(10절), 그것은 불타 버릴 것이고 그는 손해를 당할 것이다. 그러나 『**그 자신은 구원을 받게 되지만 불에 의해서인 것처럼 그렇게**』 될 것이다(고전 3:15). 그것은 집에 돌아와 보니 화재보험도 안 들었는데 집이 깡그리 다 타 없어져 버린 것과 같은 일이다. 당신은 살아 있지만, 인생의 즐거움을 주었던 모든 것이 사라져 버린 것이다.

미국 전역에는 하늘나라 본향에 이르렀더니 그리스도의 심판석에서 모닥불만 받게 될 그리스도인들이 있는데, 섬김의 동기가 그것과 많은 관련이 있을 것이다. 그들이 교회에 출석한 것은 가족을 기쁘게 하거나 그들의 양심을 달래려는 것이었다. 그들은 정부로부터 세금 공제를 받기 위해 헌금과 십일조를 바쳤고, 성경 역본들이 선반에 빽빽이 놓여 있지만, 그것들 중 그 어떤 것도 믿지 않는다. 그들은 세상 친구들을 사귀면서도 이곳에 있는 전 생애 동안 단 한 혼도 그리스도께로 인도하지 않았다. 그런 그리스도인들이 향하는 곳은 오로지 '모닥불'뿐인 것이다.

만일 그리스도의 지상 사역 이후로 모든 그리스도인이 자신의 의무를 다하여 매년 누군가를 그리스도께로 인도하고, 또 그 새로운 그리스도인들이 동일한 일을 했더라면, 전 세계는 크리스토퍼 콜럼버스가 아메리카대륙을 발견하기 이전에 벌써 회심했을 것이다. 우리가 왜 선교사들을 보내어 혼들을 이겨 와야 하는가? 모든 그리스도인이 혼들을 이겨 와야 하는 것이다!

기독교 신앙은 예전에 남플로리다에서 열렸던 큰 오렌지 축제와 놀랄 만큼 흡사하다. 그 축제의 목적은 과거 어느 때보다도 큰 오렌지 열매를 따는 것이었다. 그것은 포스터와 게시판, 라디오, 텔레비전을 통해 온 도시에 광고되었는데, 그 목표는 '오렌지 수확'에 참여한 인원에 관한 모든 기록을 깨뜨리는 것이었다.

그 날이 이르자, 오렌지 과수원으로 가는 도로가 자동차들로 꽉꽉 들어찼다. 수천 명이 참석했고, 안내원들은 그들을 인사로 맞아들이며 좌석에다 앉혔다. 대규모의 악단이 퍼레이드를 하며 돌아다니는가 싶더니, 어느 새 사회자가 연단에 올라왔다. 그는 기도를 인도했고, 오렌지 수확을 위해 헌금이 걷혔다. 연단 뒤에는, 햇빛을 먹고 탱글탱글 잘 익은 오렌지들이 매달려 있는 수백 그루의 오렌지 숲이 수확의 손길을 기다리고 있었다. 그 후 악단에서 트럼펫과 팡파르가 울렸고, 사회자가 첫 번째 나무로 터벅터벅 걸어가 그 가지에서 오렌지 하나를 매우 엄숙하게 따내었다.

군중 속에서 환성이 터졌다. 전 참석자가 "와!" 하고 고함을 지르고, 손뼉을 치며 소리쳤다. 그 뒤 그 사회자는 폐회 기도를 했고, 모두 집으로 돌아갔다.

자, 그것은 이야기일 뿐이지만, 거기엔 소설보다 훨씬 더 많은 진리가 담겨 있다. 밭이 "무르익어 수확해야 할 때," 당신은 오렌지 하나를 따기 위해 전 재산을 다 쓸 필요가 없다. 빌리 그래함은 한때 십자가 운동을 전개했고, 대략 157,000달러의 비용이 들었다. 그렇게 해서 구원을 받은 사람이 약 20명이었는데, 이렇게 되면 한 생명을 구원하는 데 7,850달러가 든 셈이다. 미안한 얘기지만, 당신이 한 생명을 구원하는 데 7,850달러가 필요하다면, 그때마다 정신 병원에 갇혀 있는 게 더 나을 것이다. 반대로 미국 성경침례교회가 배출한 거리 설교자들 중 하나인 빌 유뱅크는 가는 곳마다 전도지를 나눠 주며 복음을 전파했는데 빌리 그래함의 십자가 운동보다 더 나은 결과들을 낳았다. 그런데 거기에

든 비용이 대략 157,000달러 정도였다.

이 단락의 문맥이 그리스도의 심판석이라는 것을 다시 한 번 주목하라. 그렇다면, 『**주의 두려우심**』은 '구원받지 못한 죄인들'에게 지옥에 대해 경고하는 것이 아니다. 그것은 그리스도인들에게 똑바로 살라고 경고하는 것이다. 현대의 주석가들과 해석자들은 그것을 믿지 않지만, 그렇게 되면 그들은 또다시 스스로 뒷걸음질 치는 것이다. 그들이 그 『**두려우심**』을 '다른 누군가'에게 떠넘기고 싶어하는 것은 너무도 당연하다.

그리스도의 심판석이 어떤 '그리스도인들'에게는 공포가 될 것이다. 사도 바울은 디모데후서 1:16에서 오네시포로를 위해 기도했는데, 그 내용은 로마에 투옥되었던 자신을 도와준 오네시포로에게 하나님께서 자비를 보여 주시기를 바라는 것이었다. 그러므로 당신이 그리스도의 심판석에서 지옥으로 갈 위험은 없다 해도, 공포를 가져오는 뭔가가 있는 것이고, 그때가 오면 '자비'를 베풀 만한 가치가 있다고 여기실 어떤 선한 일을 눈여겨보아 주실 것을 하나님께 바랄 것이다.

사도 바울은 바로 그 점을 알았기 때문에 사람들에게 올바로 살라고 설득했다. 은사주의자들이 우리에 대해 얘기하는 것과는 반대로, 우리 침례교도들은 "한 번 구원받으면 늘 구원받은 상태니 세상에 나가 마귀처럼 산다"거나 "나는 구원받았으니까 내 멋대로 살 수 있다"는 것을 믿지 않는다. 우리 침례교도들의 가르침은, 어떤 사람이 예수 그리스도께서 십자가에서 흘리신 피를 믿음으로 은혜로 구원을 받으면, 하나님께서 무슨 일이 있어도 그를 하늘나라로 보내실 것이라는 것이다. 본향으로 가는 여정은 순탄할 수도 거칠 수도 있다. 만일 그가 올바로 살지 않고 방탕하게 생활한다면, 몸이 쇠하고 병약해질 것이다. 주님께서는 그를 제명보다 일찍 죽이실 수도 있으며, 그는 그의 간증, 인격, 재산, 인생, 유업, 그리고 그의 상들을 잃어버릴 것이다.

그 심판석의 공포는 그 자리를 거쳐 가는 것에 대한 수치가 될 수도 있다. 나는 내 화보인 〈그림으로 보는 요한계시록, Apocalypse〉에 그것을 그려 놓았지만, 그것이 정확히 어떤 모습일지는 확실히 알 수가 없다. 당신은 하늘나라에 도착해 보니 주님께서 구원받지 않은 죄인에게 하듯 당신의 인생을 실타래 풀 듯 보여 주시는 장면이 상상이 가는가? 당신이 구원받은 후 행하고 말하고 생각했던 모든 것이 드러나게 될 것이다. 그러면 주님께서 당신이 그릇되게 행한 모든 것을 일일이 열거하실 것이고, 당신은 다르게 행할 수도 있었고, 또 그렇게 했어야 했었는데 하지 않은 것을 알고 수치심에 휩싸인 채 그곳에 서 있어야 할 것이다. 시몬 베드로가 십자가 처형 전날 주님을 부인했을 때, 주님께서 그에게 하신 일은 단지 몸을 돌려 그를 바라보신 것이었고, 베드로는 밖으로 나가 비통하게 울었다(마 26:75). 그것이 베드로가 당한 일이라면, 당신이 그 심판석에서 그리스도 앞에서 느낄 기분이 어떠할지 생각해 보라. 아마도 이만저만 괴로운 일이 아닐 것이다.

『**우리가 우리 자신을 너희에게 다시 추천하는 것이 아니요**』(12절).

앞선 11절에서, 사도 바울은 『**우리가 하나님께 나타내어졌으며 나는 또 너희 양심에도 나타내어졌기를 바라노라.**』고 했다. 말하자면, 하나님께서 바울과 그의 동료들이 행한 것이 옳은 것을 보셨기에, 고린도인들의 양심도 그와 동일한 것을 말했어야 했던 것이다. 그래서 그는 그들을 고린도인들에게 거듭해서 추천하려 하지 않았을 것이다. 바울이 자신을 위해 말한 것은 무엇이나, 바울을 험담하며 고린도인들을 공격하는 저 이교도들과 위선자들에게 그들이 답변할 수 있도록 하려 함이었다(고후 11:4-19).

『**외모를 자랑하는 사람들**』에게, 바울은 그가 말한 것을 지지해 줄 실제 경험을 가지고 있었다. 따라서 바울이 자랑하는 듯 보일 때, 그것은 외모를 그토록 중요시하는 자들의 입을 틀어막는 데 필요한 것을 고린도인들에게 알려 주려고 하는 것이었다.

즉, 외모는 아무것도 아니다. 고층 건물들과 멋진 학교 운동장은 영적 상태를 증명해 주지 않는다. 만일 당신이 영적이라면, 당신은 부자이든 찌들게 가난하든 상관없이 영적인 것이다. 사무엘상 15:31에 나오는 사울의 큰 교회 예배는 그가 하나님께 불순종했다는 사실을 감추려는 의도였을 뿐이다(삼상 15:22,23). 『**사람은 외모를 보나 주는 마음을 보느니라**』(삼상 16:7).

고린도인들이 사도 바울 자신에 대해 생각하는 부분에 이르렀을 때, 바울은 그가 행한 것이 주님과 그의 회심자들을 향한 사랑에서 나온 것이라는 것을 그들이 깨닫는 한은 그 점을 조금도 개의치 않았다. 따라서 그들이 그를 미쳤다고 생각하든(『**우리가 미쳤어도**』 - 13절), 그가 심장마비를 일으킨 것처럼 진지하든 그것은 『**하나님을 위한 것이요, 정신이 온전하여도 너희를 위한 것**』인 것이다. 바울은 예수님께서 누가복음 19:22에서 무익한 종을 다루실 때 하신 것과 똑같이 행했다. 그는 거짓 비난을 잠자코 끝까지 들은 후, 거기에 진실의 일격을 거세게 가하는 것이다.

5:14 그리스도의 사랑이 우리를 강권하시느니라. 이는 한 사람이 모든 사람을 위하여 죽으면 모든 사람이 죽은 것이라고 우리가 판단하기 때문이라.

15 그가 모든 사람을 위하여 죽으신 것은 산 자들이 이제부터는 더 이상 자신들을 위하여 살지 않고 자기들을 위하여 죽었다가 다시 살아나신 그분을 위하여 살게 하려는 것이라.

16 그러므로 우리가 이제부터는 아무도 육신을 따라 알지 아니하노라. 비록 우리가 육신을 따라 그리스도를 알았다 해도 이제는 더 이상 그분을 그렇게 알지 아니하노라.

17 그러므로 누구든지 그리스도 안에 있으면 새로운 피조물이라. 옛 것들은 지나갔으니, 보라, 모든 것이 새롭게 되었도다.

자, 사도 바울이 행한 일은, 그리스도께서 바울 자신과 그가 말씀을 전해 준 이들을 사랑하기 때문에, 또 그가 주님께서 그를 위해 행하신 일로 인해 그리스도를 사랑하기 때문에 행한 일이었다. 『**그리스도의 사랑이 우리를 강권하시느니라**』(14절). 하나님의 사랑이 대속과 직접 관계가 있음을 주목하라(『**한 사람이 모든 사람을 위하여 죽으면**』). 온 세상은 죄와 허물 가운데 죽었다(엡 2:1). 그래서 자신의 창조물을 사랑하는 마음에서 예수 그리스도께서 우리를 위하여 죽으신 것이다(롬 5:8, 요 3:16). 문제는 죄인들이 하나님께서 그들을 "무조건적으로" 사랑하신다고 생각하는 것이지만(나는 이 "무조건적으로"라는 말을 현대 심리학의 선전 문구라고 생각한다), 당신이 하나님의 "무조건적인" 사랑을 발견할 유일한 곳은 "갈보리"이다[필자의 〈하나님은 사랑이시라〉(말씀보존학회)

를 보라!. 하지만 만일 그곳에 가서 십자가 밑에 엎드리려 하지 않는다면, 당신은 "칼집에서 빼낸" 하나님의 진노 아래 있는 것이다(요 3:36).

본문 15절은 칼빈의 '제한된 속죄'의 교리를 반박하는 신약의 여러 구절들 중 하나이다. 그리스도께서 선택된 자들만을 위해 죽으셨다는 것은 아주 터무니없는 헛소리에 불과하다. 이는 그가 『**모든 사람**』을 위하여 죽으셨기 때문이며, 그것은 만유의 진리이다. 또한 『**산 자들**』, 곧 그들 모두가 주님을 영접하지는 않을 것인즉, 그러므로 그리스도께서는 주님을 영접하는 자들을 위해 죽으셨을 뿐만 아니라, 주님을 거절하는 자들을 위해서도 죽으신 것이었다.

『**그러므로 우리가 이제부터는 아무도 육신을 따라 알지 아니하노라**』(16절).

그리스도인들 간의 교제는 그 본질이 육신적이어서는 안 된다. 그리스도인들도 만나서 먹고 마시고 잡담을 나눌 수 있지만, 그것은 진정한 그리스도인의 교제가 아니다. 진정한 그리스도인의 교제 중심에는 '그리스도'와 '성경'이 있어야 하는 것이다(요일 1:3,4). 그리스도인들의 교제는 건물과 버스, 팸플릿, 현악 4중주, 합창단, 교과과정, 숫자들 같은 것에 있지 않다. 그것은 여전히 육신적인 것이며 저주 아래 있는 물리적 창조물이지만, 그리스도인의 인생은 그러한 물리적인 것이 아니다. 한 인간의 척도는 그의 외양이 아닌 것이다.

물리적인 몸은 죽는 법이다. 그러나 그리스도 안의 새 생명은 영적이기에, 굳이 시체를 알 필요는 없다. 그러므로 지역 모임은 오락이나 사교를 위해 존재하는 것이 아니라, 『**성도들을 온전케 하며 섬기는 일을**

하게 하고 그리스도의 몸을 세우게』 하려고 존재하는 것이다(엡 4:12).

『**비록 우리가 육신을 따라 그리스도를 알았다 해도 이제는 더 이상 그분을 그렇게 알지 아니하노라**』(16절).

성경대로 믿는 그리스도인은 더 이상 육신을 입은 그리스도의 생명에 매달리지 않는다. 〈그리스도라면 어떻게 하실까?〉(찰스 쉘던의 책)는 그리스도인이 어떻게 해야 되는지를 성경이 아닌 자기 생각과 "느낌"으로 결정하려고 하는 세속적인 그리스도인들의 지표에 불과하다.

하지만 날 오해하지 말라. 나는 '예수' 영화를 통해 그 누가 진실로 구원을 받든지 그것에 대해 하나님께 감사를 드린다. 우리 선교사들 중에는 그것을 사용해 훌륭한 성과를 거둔 이들도 있다. 나는 복음을 근거로 설교하고, 펜사콜라성경신학원에서 '그리스도의 생애'라는 수업을 진행한다. 이 수업의 목적은 학생들에게 그리스도의 지상 사역에 관한 원칙적인 사실들을 알려 주려는 것이다. 그것은 성경적인 가르침이고, 성경적인 설교이며, 복음 전파이다. 그러나 우리는 이스라엘에 대한 표적으로 기적들을 행하며 돌아다니시던 유대인의 메시야께 매달리고 있는 것이 아니다. 은사주의자들이나 거기서 시간을 낭비하고 있는 것이지, 우리는 나사렛 예수나 보잘것없는 갈릴리 사람, 아기 예수, 산상설교를 가지고 허송세월하지 않는 것이다.

우리에게는 '하늘에 살아 계신 주님'이 계신다. 주님은 아버지 하나님 오른편에 앉으사 우리를 위해 중재하시고 자신에게로 우리를 받아들이실 그 날을 기다리고 계신다. 그럼에도 주님은 우리 안에 계시고 우리는 주님 안에 있다. 우리는 주님 몸의 일부분이고 주님은 그 머리시며,

또한 우리는 주님의 뼈들 중의 뼈요 주님의 살 중의 살이다. 이는 주님의 영이 저 우주의 은하계와 각종 별자리와 성운들과 행성들을 지나 우리 몸속으로 들어오시어 이루어진 일이다.

주님은 갈릴리 해변을 따라 내 손을 잡고서 나와 같이 거닐고 계시지 않는다. 주님은 내 안에 사시기에, 내 '안에서' 거니시고, '속'으로부터 나를 인도하시는 것이다. 따라서 나는 주님의 것이고 주님은 나의 것이 되며, 이에 대해 성경은『**너희 안에 계신 그리스도시요, 곧 영광의 소망이라.**』고 말씀한다(골 1:27).

나는 내가 사람들과『**육신을 따라**』교제한다는 사실에 대해 죄책감을 느끼고 있음을 고백하지 않을 수 없다. 나는 사람들을 군인의 시각이나 화가의 시각으로 보기도 하고, 또 잘 훈련된 보병으로서, 사람들을 과녁으로 보기도 한다. 나는 언제나 사람들을 그들이 지닌 잠재적인 위협과 관련해 평가한다. 아직까지는 내게 뛰어 덤벼드는 이가 없지만, 만일 그들이 그리한다면 맞받아칠 준비가 되어 있다!

화가로서, 나는 누군가를 눈에 들어오는 겉모습 외의 시각으로 보는 데 어려움을 겪는다. 화가는 눈에 들어오는 것을 어떻게 그릴 것인지에 몰두하기 때문이다. 나는 누군가를 지나치기만 하면 그들에 관해 그들의 외양에 근거한 결정을 내린다. 그것은 지니기에 좋지 않은 습관인데, 어쨌거나 십중팔구는 잘못된 결정을 내리기 때문이다. 그래서 나는 사물은 겉으로 보이는 것과 늘 반대라는 격언에 따른다. 당신도 그렇게 하면 실패하는 일이 그리 많지 않을 것이다.

그러나 그리스도인은 사물을 그런 식으로 볼 수 없다. 그리스도인이 사람을 다룰 때 기억해야 할 것은, 각 사람이 그리스도께서 그를 위해 죽으신 '하나의 혼'이라는 것이다. 훌륭한 구령자는 바로 그렇게 해서 만들어진다. 훌륭한 개인 사역자는 사람들을 개인이 아닌 '혼'으로 보는 것이다. 그는 개인의 체중, 신장, 체격, 성별 또는 인종 때문에 본론에서 벗어나지 않는다. 잭 하일스가 구령자로서 그토록 성공한 것은 바로 그러한 점 때문이었는데, 그는 개인적인 관심사로 '혼들'을 택했고, 늘 '혼을 의식하고' 있었던 것이다. 만일 당신도 혼을 의식한다면 혼들을 구령할 수 있을 것이다.

본문 16절은 17절을 이해하는 데 필수적이다. 회심할 때 "지나간" 『**옛 것들**』은 그것들에 대한 지식과 관련이 있는 것이다. 성도는 구원받을 때 사물들에 대한 새로운 시야, 즉 전에 없던 영적인 시야를 지녀야 한다. 이는 자연인은 『**육신 안에**』 있고 그의 생각은 『**육신의 일들**』로 가득하지만(롬 8:5-8), 그리스도인은 하나님의 영이 그 안에 내주하시므로 『**성령 안에**』 있기 때문이다(롬 8:9).

우리는 이제 본문 17절에 이른다. 그것은 모든 그리스도인이 암기해야 할 구절들 중 하나이다. 그것은 사람이 구원받은 때를 확인하려고 개인 사역에서 사용할 수 있는 위대한 구절이며, 또 자신이 그리스도 안에서 『**새로운 피조물**』이 된 "때"에 관해 전혀 알지 못하는 카톨릭 신자들을 다루는 데 더할 나위 없이 좋은 구절이다.

언제라도 엉터리 같은 말을 듣고 싶다면, 어떤 교황에게 부탁해서 그가 "언제" 『**새로운 피조물**』이 되었는지를 물어보고, 또 기왕 말이 난 김에 언제 성경과 참된 기도, 전도지 배포, 포도주, 수녀들, 특권, 겸손, 진리 전달, 거리설교, 복음 전파, 언론에 거짓말하기에 대한 그의 태도가 완전히 바뀌었는지 말해달라고 하라. 설마, 그에게 그런 일이 일어났을 리는 없을 것이다!

자, 그리스도 안에서 『**새로운 피조물**』이 된다는 게 무슨 뜻일까? 글쎄, 그것은 당신의 모든 취향과 욕망이 바뀌었다는 것을 의미하지는 않는다. 단지 구원받기 전에 아이스티를 좋아했다는 이유로 구원받은 후인 지금 아이스티를 좋아해서는 안 된다는 말이 아니고, 심지어 사악한 마음가짐들조차도 모두 변하는 것이 아니다. 내가 지금껏 알아온 그리스도인들 중에는 구원받은 후에도 여전히 술, 담배와 전쟁을 치르고 있는 이들이 있다.

나는 구원받기 전에 엽궐련을 태우곤 했다. 원한다면, 내가 마지막 엽궐련을 태우던 펜사콜라 중심가의 바로 그 길모퉁이로 데려가 줄 수도 있다. 그 후로 나는 단 한 개피도 태우지 않았다. 그러나 스모가스보드로 푸짐한 저녁을 든 후, 금전출납기 옆을 지나치다가 엽궐련 갑을 내려다보기라도 하면, 옛날의 그 욕망이 되살아난다는 것을 인정하지 않을 수 없다. 아직까지 한 갑도 산 적이 없지만, 그것들은 여전히 육신에 호소력을 지니고 있는 것이다.

따라서 『**새로운 피조물**』이 된다는 것은 그 옛날의 육신적 욕망들이 모두 사라져 버렸다는 것을 의미하지 않는 것이다. 그것은 당신이 죄짓는 것을 멈춘다는 것을 뜻하지도 않고, 당신이 언제나 옳게 행할 것을 의미하지도 않는다(롬 7:14-18).

그것이 의미하는 것은 전에 없던 무언가가 당신 안에 있다는 것이다. 그것은 새로운 성품, 곧 사물에 대한 새로운 관점인데, 달리 말해, 그것은 영적인 성품이다.

갑자기 당신은 당신의 죄에 대해 더 강한 양심을 가진다. 백 번을 저질러도 괴롭지 않던 것이, 갑작스레 당신의 인생을 고문하기 시작하는 것이다. 그것은 당신이 구원받았다는 좋은 증거인데, 말하자면 당신 안에 있는 새 사람이 일어나고 있는 어떤 일에 분노를 표출하고 있는 것이다.

만일 어떤 사람이 전에 사랑하지 않던 것들을 사랑하고 전에 정말로 사랑했던 것들을 미워하기 시작한 인생 그 어딘가를 가리킬 수 없다면, 그것은 그가 『**새로운 피조물**』이 아니라는 꽤 좋은 증거가 된다. 나는 그것이 꼭 그렇다는 것을 말하는 것이 아니라, 그것이 꽤 좋은 증거라는 것이다.

만일 당신이 구원을 받았다면, 당신의 인생 어딘가에는 당신이 성경 공부의 진가를 인정하기 시작하고, 예배를 드리며 찬양하는 것을 즐거워하기 시작한 때가 분명히 있어야 하고, 당신의 그 인생에는 담배와 술, 방종한 여인들에 대해 혐오감을 느끼기 시작한 때가 있어야 한다. 그런 쓸데없는 것들 중에는 이따금씩 불이 확 타오르듯 갑작스레 나타나는 것들이 있어 개인의 영적 상황이 나빠지기도 하고 더 악화되기도 하지만, 이것은 순전히 당신이 주님에게서 얼마나 멀어져 있느냐에 따라 달려 있다. 그러나 그런 것들이 바뀌기 시작한 인생의 한때를 가리킬 수 있다면, 그것은 당신이 구원을 받았다는 꽤 좋은 증거가 된다.

로마카톨릭 체제에서 자란 카톨릭교도들과 같은 이들을 다루는 최상의 방법 중 하나는 고린도후서 5:17로 다루는 것이다. 카톨릭교도가 "나는 매 주일마다 예수 그리스도를 영접합니다."라고 말하면, 당신은 "좋아요. 그렇다면 당신의 생애에서 옛 것들이 사라지고 모든 것들이 새롭게 된 때에 관해 말해 줄 수 있겠소?"라고 반박하면 되는 것이다. 빙고 게임을 사랑하던 것을 멈추고 〈킹제임스성경〉을 사랑하기 시작한 인생의 한 시점을 가리킬 수 있는 이가 카톨릭교도 가운데는 백에 하나도 없을 것이다.

5:18 모든 것이 하나님께로부터 났으며 그분께서는 예수 그리스도를 통하여 스스로 우리와 화해하셨고 화해의 직분을 우리에게 주셨으니

19 즉 하나님께서 그리스도 안에 계셔서 세상을 자신과 화해하게 하시며 그들의 죄과를 그들에게 돌리지 아니하시고 우리에게 화해의 말씀을 맡겨 주신 것이라.

20 그러므로 이제 우리는 그리스도를 대신한 대사들로서 하나님께서 우리를 통하여 너희를 권면하신 것같이 우리도 그리스도를 대신하여 너희에게 간구하노니 너희는 하나님과 화해하라.

본문 18절의 『**모든 것**』은 17절의 『**모든 것이 새롭게 되었도다.**』이다. 따라서 그리스도인의 인생에 등장하는 모든 새로운 것들, 곧 영적인 것들은 하나님께로부터 나오는 것이다.

이 단락의 주제는 '화해'이다. 화해는 논쟁하는 두 단체를 하나로 묶는 것이다. 구원받기 전에, 우리는 주님과 "사이가 좋지 않았다." 그러나 주님은 우리와 주님 사이에 화해를 원하셨기에, 그 화해를 이루시려고 그의 아들 예수 그리스도를 보내셨다.

예수님은 완벽한 인간이셨기에 깨지기 쉬운 인간의 약함을 아셨을 뿐만 아니라, 또한 완벽한 하나님이셨기에 하나님의 거룩하심과 의를 아셨다.

서로 간에 "불화를 겪고 있는" 한 남자와 그 아들에 관한 이야기가 있다. 그들의 갈등이 너무도 깊어져 둘 중 아무도 먼저 말을 걸려 하지 않았고, 마침내 아들이 집을 나가 버렸다. 어느 날 그 아들에게 어머니가 몸져누워 죽어가고 있으니, 그녀가 아직 살아 있을 때 얼굴이라도 한 번 보려면 지금 당장 집으로 돌아와야 한다는 전보가 날아들었다. 하여 그 아들은 임종하려는 어머니 곁으로 돌아왔고, 그 침대 맞은편에 아버지가 서 있었다. 그럼에도 그들 중 아무도 상대방에게 말을 걸려 하지 않았다. 아내는 서로 화해하라고 그들에게 간청했다. 그녀는 눈물로 애걸했지만, 그들은 침대 곁에 서서 입 한 번 뻥긋하지 않았다. 결국, 숨이 넘어가려고 헐떡거리던 그녀가 좌우에 있는 남편과 아들의 손을 붙잡아 가슴에 올려놓고 숨을 거두었다. 그 둘은 죽은 여인의 가슴에 손이 붙들린 채 잠시 서 있었다. 그리고 왈칵 울음을 터뜨리며 서로의 관계를 회복했다.

그리스도께서 우리를 위해 하신 일의 상황이 바로 그러하다. 십자가에서, 주님은 한 손을 하나님께로 뻗고 다른 손은 우리에게로 뻗어, 죽으실 때 주님 안에서 그것들을 하나로 합친 것이다.

본문 19절은 『**하나님께서 그리스도 안에 계셔서 세상을 자신과 화해하게 하시며 그들의 죄과를 그들에게 돌리지 아니하시고**』라고 말씀한다. 만일 하나님께서 이 세상의 모든 죄에 대한 책임을 세상에게 돌리셨다면, 이 세상은 바삭바삭하게 타 버릴 것이다. 그러나 하나님께서는 이 세상 사람들에게 구원을 받을 수 있는 기회를 주셨다.

자, 우리 각인이 『**화해의 직분**』(18절)을 부여받고, 『**화해의 말씀**』(19절)을 맡았다는 점에서 그리스도인에게는 자신의 역할이 있는 것이다. 갈보리에서 그리스도께서는 죄인을 하나님과 화해시킬 수 있는 모든 일을 행하셨고, 하나님과 '어떻게' 화해할 수 있는가를 세상에 전하는 일을 남겨 놓으셨다. 바로 그런 이유로 우리가 『**그리스도를 대신한 대사들**』이라고 불리는 것이다.

그리스도인은 세상에서 '그리스도의 자리'에 서 있다. 주님을 신뢰한 우리 각인은 이곳 지상에서 주님의 대표자들인 것이다. 할로윈 복장을 한 어떤 불량배가 자신이 그리스도를 대신해 용서를 베푼다고 우리에게 말해 줄 필요가 없는 것은, 그리스도인 개개인이 바로 "그리스도의 대리자"이기 때문이다. "그리스도인"이라는 바로 그 단어는 "작은 그리스도"를 의미하며, 그것은 그리스도께서 참으로 당신 안에 사시는 한 적법한 용례이다.

자, 우리가 『**그리스도를 대신하여 너희에게 간구하노니 너희는 하나님과 화해하라.**』(20절)고 한다 하더라도, 그 화해는 이미 이루어졌지만 그것이 자동적으로 되는 것은 아니라는 사실에 주목하라. 지난 1968년에, 장로교 회의에서 새로운 신앙고백을 발표했는데, 거기서 그들은 십자가에서의 그리스도의 죽음이 모든 기관들과 사람들을 하나님과 자동적으로 화해시켰으니, 이제 우리가 할 일은 그것을 성취하는 것뿐이라고 했다. 그러나 그것은 사실이 아니다. 만일 그것이 자동적(무조건적 선택,

제한적 속죄, 저항할 수 없는 은혜!)이라면, 누군가가 다른 누군가에게 『**간구**』할 필요가 없을 것이기 때문이다.

5:21 하나님께서 죄를 알지도 못하는 그를 우리를 위하여 죄로 삼으신 것은 우리로 하여금 그 안에서 하나님의 의가 되게 하려 하심이라.

이것은 위대한 구절이다. 그리스도께서 우리를 의에는 살게 하려고 십자가에서 우리 죄들을 지셨을 뿐만 아니라(벧전 2:24), 하나님께서 실제로 주 예수를 『**우리를 위하여 죄로 삼으신 것**』이다.

예수 그리스도께서는 십자가에서 죄와 너무도 밀접하게 동일시되셨기 때문에 주님께서는 스스로를 사탄, 곧 '장대 위의 뱀'으로 비유하신다(요 3:14).

십자가에서, 그리스도께서는 모욕과 수치와 고통을 당하셨을 뿐만 아니라, 하나님께서 그분을 속죄제로 만드셨다. 주님은 '인격화된' 죄가 되셨으며, 하나님의 진노가 장차 사탄에게 부어질 것처럼 주님께 부어졌다. 예수님께서는 영원부터 영원까지 범해진 (마귀의 죄까지 포함된) 그 모든 죄에 대해 대가를 지불하신 것이다.

그것이 속죄의 핵심이다. 존 R. 라이스와 커티스 헛슨은 그것을 놓쳤다. 친애하는, 연로하고 자상하고 '경건한' 존 박사는 예수 그리스도께서 겟세마네에서 또는 그 후에라도 "그 잔"(요 18:11)을 마시지 "않았다"는 결론을 내렸는데, 그는 시편 75:8과 예레미야 25:15-17에서 죄에 부어진 하나님의 진노가 "그 잔"으로 정의되었다는 것을 그 이유로 내세운다. 그러나 그리스도께서 그것을 참으로 들이키신 것이 틀림없다(요 18:11). 라이스와 헛슨은 모두 복음주의자였다! 하지만 성경적 "학식"면에 있어서는, 그들 중 아무도 훌륭한 "학생"이 되지 못했던 것이다.

그리스도께서는 『**우리를 위하여 저주가**』 되셨기에(갈 3:13), 죄 때문에 한 잔 가득 부어진 하나님의 진노를 마시셨던 것이다!

고린도후서 6장

6:1 이제 우리는 그와 함께 일하는 자들로서 너희에게 권고하노니 너
희는 하나님의 은혜를 헛되이 받지 말라.
2 (말씀하시기를 "내가 기뻐 받아들여진 때에 네 말을 들었고 구원
의 날에 너를 도왔도다." 하였으니, 보라, 지금이 기뻐 받아들여진
때요, 보라, 지금이 구원의 날이라.)

본문 1절에서, 그리스도인은 "일하는 자"이다. 우리는 가만히 앉아 있으라고 구원받은 것이 아니라, 일어서서 섬기라고 구원받은 것이다. 『**우리는 하나님과 함께 일하는 동역자들이라**』(고전 3:9). 우리는 서로 간에 동료 일꾼들이다(살전 3:2, 빌 4:3). 비록 그리스도인이 믿음을 통해 은혜로 구원받는다 할지라도, 구원받은 후에 그는 일해야 하는 것이다. 신약에서, 그리스도인 사역자는 포도원을 지키는 농부요(딤후 2:6), 기초를 놓는 건축가로 비유된다(고전 3:10).

본문 1절은 계속해서 다음과 같이 말한다. 『**이제 우리는... 너희에게 권고하노니 너희는 하나님의 은혜를 헛되이 받지 말라.**』 사도 바울이 어떤 지역 교회에 편지를 쓸 때 회중 가운데 있는 '구원받은 자'와 '잃어버린 자' 모두를 언급했다는 것을 기억하라. 만일 본문 1절이 잃어버린 자를 겨냥한 것이라면, 그는 "너희가 하나님의 은혜를 진실로 받아들이고 정말로 구원받기를 바라노라"고 말하고 있는 것이고, 만일 그 구절이 구원받은 자를 겨냥하는 것이라면, "이제 너희가 구원을 받았으니, 너희에게 어떤 일이 있을 것이다."라고 말하는 것이다. 한 사람이 구원을 받고 그것으로 끝나 버리는 일이 있을 수 있는데, 수많은 침례교도들이 그런 식이다. 그들은 구원을 받고 하나님의 은혜를 받아들이지만, 하나님을 위해 조금이라도 성장하는 일이 결코 없는 것이다. 그래서 그들은 하나님의 은혜가 이생에서 어떤 결과도 내지 못한다는 점에서, "하나님의 은혜를 헛되이 받은" 것이다.

본문 2절은 이사야 49:8을 인용한 것이다. 그러나 사도 바울이 그 구절을 자유롭게 적용하는 것을 주목하라. 이사야 49:8의 약속은 예수 그리스도께 해당하는 것이지만, 바울은 그것을 죄인들에게 적용한다. 그는 17,18절에서도 동일한 방법을 사용하는데, 이스라엘을 겨냥하는 구약의 예언을 그리스도인에게 적용하는 것이다.

극단적 세대주의자들은 이런 방식의 가르침과 설교를 결코 이해하지 못한다. 그 결과, 그들은 "바울파"가 되는 것, 즉 실제 사역에서 바울을 따르는 일을 그만두는 것이다.

자, 본문 2절은 개인 사역자들이 죄인 개개인에게 구원받을 때가 바로 지금이라는 것을 보여 주는 데 전형적으로 사용된다. 그것은 사실이고, 그 구절을 그렇게 사용하는 데에 아무 문제가 없지만, 그보다 본문 2절은 현재의 경륜(교회 시대)이 과거 어느 때에도 결코 그런 적이 없었다는 특별한 의미에서, 『**구원의 날**』이라는 것을 사실적으로 말하고 있는 것이다.

사실 우리가 살고 있는 이 시대를 "은혜"의 시대라고 부르는 것은 적절치 않을 수도 있다. 왜냐하면 은혜는 창세기 6:8에서 요한계시록 22:21까지 펼쳐지기 때문이다.

그럼에도 현 시대는 다른 어떤 때보다도 더 "은혜"의 시대라고 할 수 있다. 왜냐하면 죄인들이 행위가 아닌 믿음을 통해 오직 은혜로 구원을 받는 시대이기 때문이다. 오순절에서 휴거에 이르는 기간이 『**구원의 날**』이라는 데에 실질적 의미가 있는 것은, 당신이 구원받거나 구원을 유지하기 위해 아무것도 행할 필요가 없는 "한 기간"이 바로 이 시대이기 때문이다. 다시 말해서, 그와 같은 기간은 다른 어디에서도 찾아볼 수 없는 것이다.

만약 당신이 그리스도 시대 이전에 살았다면, 자기가 구원받았는지 안 받았는지 궁금해 하며 아침, 정오, 밤을 몹시 괴롭게 보냈을 것이다. 당시에는 그 사실을 죽기 전에는 정말로 몰랐을 것이기에 그랬을 것이다. 그러나 『**구원의 날**』은 이제 『**받아들여진 때**』가 되었다(고후 5:20,21). 그러니 하나님의 은혜가 값없이 제시되는 지금 구원을 받으라.

6:3 이 직분이 비난받지 않게 하려고 어떤 일에도 거침이 되지 않게 하였고

4 오히려 모든 일에서 우리 스스로가 하나님의 일꾼들임을 입증하기를, 많은 인내와 환난과 궁핍과 곤란과

5 매맞음과 갇힘과 소요와 수고와 깨어 있음과 금식에서 그리하였으며

6 순결과 지식과 오래 참음과 친절과 성령과 가식 없는 사랑과

7 진리의 말씀과 하나님의 능력과 오른손과 왼손에 든 의의 병기로써

8 영광과 오욕으로써 또 악평과 호평으로써 그리하였고 속이는 자들 같으나 진실하며,

9 이름 없는 자 같으나 유명하고, 죽은 자 같으나, 보라, 우리가 살아 있으며, 매를 맞았으나 죽지 아니하였고,

10 슬퍼하는 자 같으나 항상 기뻐하며, 가난한 자 같으나 많은 사람을 부요하게 하고, 아무것도 없는 것 같으나 모든 것을 가졌느니라.

『**이 직분이 비난받지 않게 하려고 어떤 일에도 거침이 되지 않게 하였고**』(3절).

여기서 말하는 바는, 우리가 주님을 섬기는 데 있어서 그 직분에 합법적인 비난이 가해지지 않도록 우리가 실제적인 거침이 되어서는 안 된다는 것이다. 하지만, 그 직분은 비난을 받을 것이다. 본문 8절을 보라. 『**오욕... 악평... 속이는 자들**』. 세상은 당신을 미워하여 당신을 비난하려고 온갖 구실을 다 갖다 붙일 것이나(요 3:13), 당신이 올바로 행하기 때문에 『**행악자**』가 아닌 『**그리스도인으로서**』 고난을 당한다는 것을 분명히 해 두라(벧전 4:15,16).

본문 4절을 시작하면서, 사도 바울은 그리스도인 사역자가 어떠해야 하는가를 묘사한다. 사역자에게는 많은 인내심(『**많은 인내**』)이 있어야 하고, 그는 어떤 고난(『**환난**』)을 통과해야 한다. 그는 필요한 모든 것을 늘 가질 수만은 없는 인생(『**궁핍**』)을 견딜 수 있어야 하는데, 그러면 언젠가 동일한 처지에 있는 누군가를 위로할 것이다(고후 1:4). 그리고 그는 실제 위기들을 다룰 줄도 알아야 한다(『**곤란**』).

본문 5절은 조금 더 험난해진다. 『**매맞음과 갇힘**』. 자, 나에게는 매맞은 자국도 없고, 예수 그리스도를 위해 감옥에 들어간 적도 없다. 그러나 레스터 롤로프는 그러했고, 네브래스카의 실레븐 목사도 그러했다. 하지만 미국 대부분의 설교자들은 그리스도의 대의를 위해 감옥이나 교도소에 간 적이 없다.

만일 그리스도를 위해 두들겨 맞은 뒤에야 목사로 임명받을 수 있다면 어떻게 될까? 아마도 중국과 수단, 구소련에는 목사들이 많을 것인 반면, 이곳 미국 목사들은 그 수가 줄어들 것이다.

사도 바울이 월요일 아침에 지역목회자협의회에 걸어간다면 무슨 일이 벌어질지 한 번쯤 생각해 본 적이 있는가? 그 모든 절름발이 오리 같은 자들이 반들반들 광이 나는 구두를 신고서, 주름을 반반하게 편 정장에 풀을 먹여 빳빳한 옷깃을 세우고 그곳에 앉아 있을 것이다. 그런데 걸어 들어오는 이 남자는 피에 흠뻑 젖어 있고, 온몸이 시퍼런 멍과 매 자국투성이이다. 그의 옷은 몸에 착 달라붙어 떨어지지 않고, 치아 몇 개는 어디서 얻어맞았는지 온데간데없다. 그는 뭐나 되는 양 젠체하는 자들이 있는 방을 한 번 쓱 바라보며 이렇게 얘기한다. "당신네들은 어제 어디서 설교했소?!"

자, 걱정하지 말라! 우리의 때가 오고 있다. 우리에겐 희망이 있다. 설사 주님이 지체하신다 해도, 조만간 도끼가 미국을 내리칠 것이다. 그러나 한편으로, 당신이 본문 5절의 그 내용을 실현하고 싶다면, 별다른 노력 없이 그럴 수 있는 최상의 장소들을 몇 군데 소개시켜 줄 수도 있다.

본문 5절의 『**소요**』. 그것은 사도 바울이 데살로니가(행 17장)와 에베소(행 19장)에서 겪었던 것과 같은 거친 논쟁과 폭동들이다. 『**수고**』. 사역자라면 필요에 따라 스스로 먹고 살 수 있어야 한다(고전 4:12). 하지만 또한 그것은 말씀(딤전 5:17)과 기도(행 6:4)에 수고하는 것을 언급할 수도 있다. 진짜 기도는 수고스럽다. 그리스도께서 겟세마네에서 그런 기도를 하시며 큰 핏방울처럼 땀을 흘리셨다(눅 22:44).

『**깨어 있음**』. 고린도전서 16:13 아래의 주석을 보라. 『**금식**』. 금식에는 잘못된 것이 없다. 그것은 신약의 관행이다. 만일 비만이라면, 한 이틀 먹지 않는 것도 좋은 방법일 것이다.

이 모든 것들은 그 직분의 특징들이다. 그 직분은 당신 자신을 순결하게 해주는 일들로 구성되어 있다(6절; 딤전 5:22 참조). 그것은 주님에 관해, 당신 자신에 관해, 그리고 타인들에 관해 올바른 지식을 갖는 것이다. 그것은 닥치는 일들을 인내하는 것이며(『**오래 참음**』 - 6절), 당신을 학대하는 자들에게 친절을 보여 주는 것이다. 그것은 성령의 능력과 권위로 섬기는 것이며, 사람들을 꾸밈없이 사랑해 주는 것이다(『**가식 없는 사랑**』 - 6절). 또한 그것은 『**하나님의 능력**』(7절)으로 하나님의 말씀을 전파하는 것이며, 『**하나님의 전신갑옷**』을 입는 것이다(7절; 엡 6:13 참조).

한편 그 직분은 대조를 이루는 것들의 연속이다. 『**영광과 오욕**』(8절). 당신의 사역에는 당신을 참으로 사랑하고 존경하는 이들이 있을 것이다. 하지만 거기에는 당신에게 조금도 도움이 되지 않는 이들도 있을 것이니, 당신을 겉으로 존경하는 사람들을 주의하라. 잘못된 사람들이 당신을 존경한다고 해서 그들이 당신의 사역을 칭찬하는 것은 아니다.

『**악평과 호평으로써**』. 당신을 험담하는 자들과 당신을 칭찬하는 이들이 있을 것이다. 전자에 대해 이리저리 생각하지 말고, 후자로 인해 우쭐해지지 말라. 『**속이는 자들 같으나 진실하며**』. 당신의 목표는 타인들에게 진실하고 정직해지는 것이지만, 모든 이가 당신을 그런 식으로 바라보지는 않을 것이다. 현대의 TV 복음전도자들 덕분에, 설교자 하면 언제나 "엘머 갠트리"(Elmer Gantry)를 떠올리는 이들이 있을 것이다(엘머 갠트리는 싱클레어 루이스라는 작가의 소설을 영화화한 것이다. 주인공 엘머 갠트리는 사기꾼 성향을 타고난 난봉꾼이었는데, 후에 회심한 뒤 어느 대형 감리교회의 목사가 된다. 그는 이 작품에서 목사가 된 뒤에도 종교적 위선자요, 염문을 뿌리고 다니는 방탕아로 묘사되는데, 나중에는 매스컴을 통해 그의 실체가 드러나게 된다. 저자는 이 엘머 갠트리처럼 문제를 일으키고 다니는 TV 복음전도자들 덕분에 모든 사역자들이 그렇게 평가받고 있음을 지탄하고 있는 것이다 - 역자 주).

『**이름 없는 자 같으나 유명하고**』(9절). 자, 캘리포니아에 사는 R. L.

하이머즈처럼 되지 말라. 당신의 목표는 기회가 생기는 대로 스포트라이트를 받고자 사역을 과시하는 것이 아니다. 평판을 찾아 돌아다니지 말라. 마땅히 해야 할 일을 하고 있다면, 걱정하지 말라. 사람들은 당신이 누구인지를 알고 있는 것이다!

『**죽은 자 같으나, 보라, 우리가 살아 있으며**』. 그 『**죽은 자**』라는 말은 세상적인 즐거움을 포기하는 것이며, 자아의 욕망을 희생하는 것이다. 그 직분에서, 당신은 희생에 희생을 거듭하고 있을 것이다. 그 일을 할 때 기억해야 할 것은, 당신이 하는 모든 희생의 발자국들을 하나님께서 하나하나 추적해 가고 계시며, 그 어떤 희생도 보상 없이 내버려지지 않을 것이라는 것이다.

『**매를 맞았으나 죽지 아니하였고**』. 매를 맞게 되면 히브리서 12:5-11에서 위안을 얻어야 한다. 하나님께서는 사랑으로 매질하신다. 주님은 당신이 아들이기 때문에 매질하시고, 당신이 그분께 복종하여 살게 하려고 매질하신다. 주님은 『**우리의 유익을 위하**』여 매질하시고, 또 당신이 열매를 맺게 하려고 매질하시는 것이다.

『**슬퍼하는 자 같으나 항상 기뻐하며**』(10절). 『**우리가... 하나님의 영광의 소망을 즐거워하느니라.**』(롬 5:2)고 기록한 바로 그 사도는 『**내 마음에 큰 근심과 그치지 않는 슬픔이 있다는 것이라.**』(롬 9:2)고도 기록했다. 그리스도인의 인생은 극심한 자기모순의 연속이지만(빌 4:12), 그것이 늘 옛 성품과 새 성품 사이에만 결쳐 있는 것은 아니다. 때로는 그 새 성품이 두 가지 일 사이에서 몹시 괴로워하기도 하는 것이다(빌 1:23,24).

만일 그리스도 안에서 사랑하는 이를 죽음 때문에 잃어버린 적이 있다면, 당신은 그 현실을 알고 있다. 어떤 이들은 그 사람이 그리워 슬픔의 눈물을 흘리는 반면, 어떤 이들은 그가 예수님과 함께하는 영광 안에서 안전하고, 또 장차 그를 다시 볼 것이기에 기뻐하고 있다.

새 성품에는 두 가지 측면이 있다. 그 새 성품은 죄인들이 구원받은 일에 강한 부담을 느낄 것이고, 기도가 응답되는 일에도 강한 부담을 느낄 것이다. 동시에, 그것은 그것의 구원을 기뻐하고, 하나님의 영광 안에서 기뻐하며, 하나님의 족한 은혜에 기뻐한다.

따라서 그 직분을 수행하는 당신은 육신적으로 형편없을지 모르지만, 당신이 전하는 메시지는 믿는 자들을 벽옥으로 만든 벽들과 보석으로 된 기초들과 진주 문들, 황금거리들로 데려다 준다(10절). 가진 것은 없을지라도, 모든 것이 당신의 것이다. 『**바울이나, 아폴로나, 게바나, 세상이나, 생명이나 사망이나, 현재의 것들이나 장래의 것들이나, 모든 것이 너희의 것이요, 너희는 그리스도의 것이요, 그리스도는 하나님의 것이로다**』(고전 3:21-23).

지구에 대한 부동산 권리 증서를 가진 자가 누구인가? 하나님이시다. 당신은 그분의 것인가? 그렇다면 당신은 그것이 누구의 재산인지 알고 있다. 그렇지 않은가? 그것은 당신의 소유인 것이다. 디모데전서 6:17은 하나님께서 『**우리에게 모든 것을 풍요하게 주셔서 향유케 하**』신다고 말씀한다.

나는 종종 그 점에 대해 생각해 봤다. 주님은 때때로 나를 어떤 불가사의한 상황들에 넣으신 적이 있다. 한번은 뉴올리언스행 비행기에 탑승했는데, 그것은 펜사콜라를 오후 10:30경에 떠나는 야간 비행편이었다. 그런데 내가 그 비행기의 유일한 탑승객이었다. 그것은 여든에서 아흔 명까지 태울 수 있는 DC7 비행기였고, 스튜어디스가 두 명이 있었지만, 비행기 좌석에 완전히 나 혼자만 앉아 있었다. 그래서 나는 이렇게 생각했다. "거참 멋진 일이군! 어딘가로 설교하러 가야 하는 내게 주님께서 비행기를 전세 내주시니 말이야." 그날 밤 내가 받은 서비스보다 더 나은 서비스를 받은 백만장자는 아마도 이 세상에 없을 것이다.

6:11 오 너희 고린도 사람들아, 우리의 입이 너희에게 열려 있고 우리의 마음이 넓어져 있도다.
12 너희는 우리 안에서 좁아진 것이 아니요 너희의 애정 안에서 좁아진 것이니라.
13 이제 (내가 나의 자녀들에게 말하듯 하니) 너희도 이에 보답하듯 마음을 넓히라.

본문 11절에서 사도 바울이 『**우리의 입이 너희에게 열려 있고**』라고 말할 때, 그는 고린도인들을 향한 자신의 정직함이 완전하다는 것을 말하고 있는 것이다. 그의 마음은 그의 사랑이 그들 모두를 둘렀다는 점에서 넓어져 있었다.

『**너희는 우리 안에서 좁아진 것이 아니요**』(12절).

따라서 사도 바울은 그들을 사랑하는 데 문제가 없었지만, 그들은 바울을 속마음으로부터 사랑하는 일을 어려워했다. 『**너희의 애정**[bowels]

안에서 좁아진 것이니라』. 여기서 "bowels"가 "사람 안에 있는 모든 것"을 의미한다는 것에 주목하라. 하복부 내장의 기능에 그 단어를 한정시키는 건 의학적 용어밖에 없으며, 그것은 여기서 올바른 정의가 될 수 없다. 우리가 바다에 떠다니는 어떤 배의 "bowels"를 얘기할 때에는, 그것이 내부의 간막이 객실을 말하기 때문이다. 따라서 『**너희의 애정 안에서 좁아진 것이니라.**』고 말할 때, 바울은 고린도인들의 속, 즉 그들의 기분과 감정이 존재하는 그곳이 몹시 좁고도 협소해져서 당연히 사랑했어야 했을 사도를 사랑할 여지가 없었다는 것을 얘기하고 있는 것이다.

본문 13절의 『**보답**』은 사랑을 되갚는 것이다. 사도 바울은 그들을 주님께 인도한 그들의 영적 아버지로서 그들에 대한 커다란 사랑의 마음을 가지고 있음을 얘기하고 있다(필자의 주석서 〈목회서신〉의 딤전 1:2 아래 주석을 보라). 그가 보답으로 원하는 것은 그의 영적 자녀들이 그를 그와 동일한 방식으로 사랑해 주는 것뿐이다.

6:14 믿지 않는 자들과 멍에를 같이 메지 말라. 의가 불의와 어찌 관계를 맺으며 빛이 어두움과 어찌 사귀겠느냐?

15 그리스도가 벨리알과 어찌 조화를 이루며 또한 믿는 자가 믿지 않는 자와 어떤 부분을 같이하겠느냐?

16 하나님의 성전과 우상들이 어찌 일치되겠느냐? 이는 너희가 살아 계신 하나님의 성전임이라. 하나님께서도 말씀하시기를 "내가 그

들 가운데서 살 것이며 그들 가운데서 다닐 것이며 나는 그들의
하나님이 되고 그들은 나의 백성이 되리라.
17 **그러므로 주가 말하노라. 너희는 그들에게서 나와 따로 있고 더**
러운 것을 만지지 말라. 그리하면 내가 너희를 영접할 것이며
18 **또 나는 너희에게 아버지가 되고 너희는 내 아들들과 딸들이 되**
리라. 전능하신 주가 말하노라."고 하셨느니라.

이 단락은 전체를 꼭 암기해서 모든 그리스도인의 삶 속에서 실행해야 한다. 이 단락의 주제는 "성별"이다.

『**믿지 않는 자들과 멍에를 같이 메지 말라**』(14절).

바꿔 말하면, 잘못된 무리들과 어울리지 말라는 것이다. 고린도인들은 이것 때문에 한때 그들의 삶이 엉망이었다. 고린도전서에서, 육욕적인 그들은 은사들로 완전히 엉망이 되었고, 고린도후서에서는 거짓 교사들로 엉망이 되었다. 뿐만 아니라 고린도후서 11:4을 보라. 『**또 다른 예수**』, 『**또 다른 영**』이라고 말씀한다. 고린도후서 10:7-10에서, 그들은 사도 바울을 깎아내리는 일단의 무리들과 어울려 다니고 있다. 그래서 바울은 자신을 정당화하고, 그것에 관해 그들에게 이야기할 수밖에 없었던 것이다.

본문 14절은 구원받은 사람이 구원받지 않은 사람과 결혼하면 안 된다는 것을 증명하는 주요 구절이다. 멍에는 두 짐승이 반드시 동시에 움직일 수 있도록 하기 위해 그것들에게 씌우는 일종의 빗장이다. 만일 당신이 다른 사람과 멍에를 같이 지게 되면, 그가 가는 곳에 당신도 가야 한다. 그래서 아모스는 이렇게 물었다. 『**두 사람이 동의하지 않고 함께 걸을 수 있겠느냐?**』(암 3:3)

당신이 결혼하는 사람이 잃어버린 죄인이라면, 당신은 하나의 큰 곤경에 빠져 있는 것이다. 고린도후서 6:14-16에 드러나는 대조를 보라. 당신은 하나님 앞에 의롭게 여겨지지만, 당신의 배우자는 불의하게 여겨진다. 당신은 빛 가운데 살지만, 죄인인 배우자는 어둠 가운데 산다. 당신은 그리스도께 속해 있지만, 그 배우자는 사탄에게 속해 있다. 당신은 믿는 성도지만, 배우자는 이교도이다. 당신은 하나님의 성전이지만, 배우자는 우상들의 전이다. 당신은 하늘나라를 향해 가고 있지만, 배우자는 지옥을 향해 가고 있는 것이다!

젊은 여인이여, 잃어버린 죄인인 그 청년과 결혼한 후에 그를 그리스도께로 이겨올 거라는 마귀의 속삭임에 귀 기울이지 말라. 그런 일은 아예 일어나지 않는다고 봐도 과언이 아니기 때문이다. 당신은 결혼 때문에 결국 지상에서 지옥을 맛볼 터인데, 결혼해 살다 보면, 당신이 하나님께 복종하려 할 때마다 남편이 싸움을 걸든지, 그와 잘 지내기 위해 하나님 섬기기를 완전히 포기하든지, 그 결혼이 결국 이혼으로 끝나게 되든지 할 것이다. 그리고 그것은 잃어버린 죄인인 여인과 결혼하려고 하는 구원받은 젊은 남자에게도 동일하게 적용된다.

만일 당신이 군대와 같은 상황에서 믿지 않는 자들과 멍에를 같이 메고 있다면, 당신에게 떨어지는 명령들이 하나님의 확실하고 계시된 말씀과 반대되지 않는 한 그것들을 따라야 한다(행 4:19,20, 롬 13:1-5 참조).

자, 당신은 참으로 말도 안 되는 정도로까지 성별할 수도 있다. 사도 바울은 고린도전서 5:9,10에서 고린도인들에게 다음과 같이 이야기했다. **『내가 너희에게 쓴 편지에는 음행하는 자들과 사귀지 말라고 하였으나 이는 이 세상의 음행하는 자들이나 탐욕하는 자들이나 약탈하는 자들이나 우상 숭배하는 자들과 전혀 함께하지 말라는 것이 아니니 그렇게 하려면 너희가 세상 밖으로 나가야 할 것이니라.』**

이 세상에서 당신은 구원받지 않은 자들과 일하고, 구원받지 않은 이들로부터 사고, 구원받지 않은 사람들과 각양의 방법들로 대화를 나누어야 할 것이다. 어떤 근본주의자들은 초극단 성별주의에 빠지는데, 거기서 당신은 이 사람이 저 사람과 교제하고, 저 사람이 또 다른 사람과 교제하는 식으로 다방면의 사람들과 교제권이 거미줄처럼 얽혀 있는 이들과 교제할 수 없다. 당신은 너무도 성별된지라, 잠시 후면 그 누구에게도 쓸모없는 사람이 돼 버리고 만다.

만일 술을 팔지 않는 식당에서만 음식을 먹으려고 한다면, 당신은 맥주를 파는 상점에서 식료품을 사고 있는 자신을 발견하게 될 것이다. 만일 맥주를 팔지 않는 주유소에서만 기름을 넣는다면, 거기선 아마 담배를 팔고 있을 것이다.

따라서 완전한 성별이란 불가능하다. 당신이 피해야 하는 것은 어떤 사람이나 단체, 즉 그들이 잘못된 방향으로 움직일 때마다 당신으로 죄를 짓게 하는 이들과 함께하는 것이다.

본문 16절에서, 하나님의 성전이 단순한 당신의 몸 이상의 것이라는 것에 주목하라. 『**너희**』와 『**그들**』을 보라. 그들은 복수형이다. 그것은 『**살아 계신 하나님의 성전**』인 그리스도의 몸에 대한 언급으로, 그 몸은 연합된 몸이다.

본문 16절은 레위기 26:11,12을 인용한 것이다. 구약의 그 구절은 이스라엘을 언급하지만, 성령께서는 그것을 자유롭게 인용하시어 교회에 영적으로 적용하신다. 교리적으로, 레위기 26:11,12은 조건적인 약속이며, 이스라엘이 율법을 지킬 때 이루어진다(레 26:3). 그러나 본문 16절에서 그것은 17절의 명령, 즉 "너희는 하나님의 성전이고 하나님께서 너희 안에 사신다. 그러므로 나오라"는 명령으로 이어지는 하나의 성취된 사실이다.

본문 17절은 교회에 대한 '그 명령'이다. 그것은 이사야 52:11을 인용한 것으로, 거기서는 성전의 그릇들을 날랐던 구약의 제사장들에게 명령하는 것이다. 그리스도의 몸 안에 있는 모든 그리스도인은 제사장이다. 그러기에, 영적으로 볼 때, 그 명령, 곧 『**떠나라**』, 『**나오라**』는 명령은 모든 그리스도인을 향한 것이다. 함께하지 말라! "탈퇴하라!" 교회는 불러냄을 받은 모임이다.

세상은 그리스도인에게 "들어오라"고 명령하지만, 성경은 "나오라!"고 말씀한다. 그것은 고립주의이며, 그리스도인들은 분리주의자가 되어야 한다.

『**따로 있고**』(17절).

육체적 성별은 물론, 영적 성별도 있어야 한다. 나는 기독교 주간 학교들에 다닌 적이 있는데, 거기서 남학생들은 다 머리를 깍두기처럼 직각으로 깎아야 하고, 여학생들은 모두 수직으로 쭉 흘러내린 치마를 입고 다녀야 했다. 그럼에도 그들의 마음은 내가 설교했던 차가운 감옥들에서 평생을 살아야 하는 종신 징역수들보다도 더 메말라 있었다. 말하자면, 외적인 성별이 영적 성별을 보장해 주지는 않는다는 것이다.

만일 지역 목회자협의회가 교도소와 요양원 등에서 설교할 수 있는 문을 활짝 열어 놓았다면, 나는 망설임 없이 거기에 합류했을 것이나, 일단 가입하고 나면 그 일을 얼마나 지속할 수 있을지 보장할 수가 없었다. 그들이 내게 성경과 반대되는 어떤 것을 하라고 요구하는 바로 그날 모든 것이 끝났을 테니 말이다. 밥 존스 시니어는 이렇게 말했다. "당신은 누군가와 바른 길로 원하는 만큼 갈 수 있다. 바른 길은 바른 장소에서부터 시작된다. 누군가와 잘못된 길로 한 발짝이라도 내딛는 것은 언제나 타협이다."

이 글을 읽고 있을 젊은 설교자에게 좋은 충고를 좀 하겠다. 주님께서 당신에게 설교의 문을 열어주시는 곳마다 설교하라. 남침례교회, 감리교회, 장로교회, 성결교회, 심지어 카톨릭 교회일지라도 만일 주님께서 그 문을 열어 주시면 그곳에서 설교하라. 타협하거나 지름길로 갈 필요가 없는 한 어디서든 설교하라. 그렇지만 어리석어지지 말라. 고의로 죄를 짓지 말라. 지혜를 사용하라. 그러나 어떤 배후조종을 당할 것 같으면, 아예 발을 들여놓지 말라.

타협의 첫 표시로, 신사답게, 그러나 확고하게 말하라. "죄송하지만, 성경은 이렇게 말씀하기 때문에 저는 성경이 말씀하는 것을 말해야 합니다." 그리고 결과야 어찌되든 개의치 말라.

본문 17절의 『**더러운 것**』은 『**육과 영의 모든 더러움**』이다(고후 7:1). 거기에는 담배, 알코올, 포르노, 신문지상의 거의 모든 것, 텔레비전 방송의 90%, 미국 기독교 협의회가 포함된다.

본문 18절에 대한 상호 참조 구절은 이사야 43:6,7이다. 『**아들들과 딸들**』은 이스라엘을 집합적으로 언급하는 것이다. 교리적으로 말해서, 이 시대에는 그 누구도 성별된 행위들로 하나님의 아들이나 딸이 되지 않는다. 더욱이, 교리적으로 말해서, 그리스도의 몸에는 신약적 "하나님의 딸" 같은 것은 없다. 여자일지라도 그리스도를 영접하면 『**하나님의 아들들**』이 되는 것이다(요 1:12).

그러나 실제적으로 말하면, 당신은 당신의 현 상태에서 세상 사람들로부터 성별될 때, 당신이 누구의 자녀인지를 구원받지 않은 그들에게 간증하는 것이며, 그것을 위한 비결은 당신의 겉과 속이 모두 깨끗해지는 것이다.

나는 수많은 근본주의자들처럼 엄격한 불변의 규칙들을 내놓는 게 아니다. 나는 한 무리의 바리새인들을 만들어 낼까봐 그러지 못한다. "바리새인"이라는 말은 "분리된"이라는 뜻이다.

내 기준은 이렇다. 즉 구원을 받고, 성경을 믿고, 성경에 시간을 들이고, 시간을 내어 무릎 꿇고 기도하고, 하나님께서 무언가에 관해 당신을 다룰 때 자신을 내어 맡기라. 당신이 있는 그곳에서 그 내용들을 준수한다면, 아무도 당신의 복장이나 헤어스타일, 사귀는 사람들, 당신의 교회, 당신의 성경, 당신의 습관에 대해 걱정할 필요가 없을 것이다.

만일 당신과 주님 사이에 논쟁이 있어 당신이 어떤 문제에 대해 굴복하지 않는다면, 세상에서 그 어떤 성별을 한다 할지라도 당신에게 조금도 이롭지 않을 것이다. 만일 당신이 성경에 시간을 들이지 않고 또 성경을 믿지 않는다면, 술 안 마시고 담배 안 피우고 춤 안 춘다는 사실은 당신이 공동묘지의 죽은 자라는 것을 말해 줄 뿐이다. 이는 어떤 시체도 술을 마시거나 춤을 추거나 담배를 피우지 않기 때문이다. 또 만일 당신이 시간을 내어 기도를 드리지 않는다면, 삶에 영적 능력이 없을 것이니, 그럴 바에는 차라리 세상 사람들을 따르는 게 좋을 것이다.

고린도후서 7장

7장은 6장의 주제, 즉 성별의 뒤를 바짝 쫓아간다. 오늘날 미국에서 유행하는 위대한 말은 통합이지만, 그것은 성경의 단어가 아니다. 그것은 성경의 가르침을 고치려고 하는 신성모독인 것이다.

모든 이가 모여야 한다는 난센스는 공산주의적 에큐메니즘이다. 그러나 그것은 하나님의 말씀과 아무런 관련이 없다.

하나님의 말씀에 보면, 유대인은 다른 민족들과 분리되어 있다. 하나님의 말씀에 보면, 노아의 방주에 승선한 동물들은 홍수로 인해 지상의 다른 모든 동물들과 분리되어 있었다. 하나님의 말씀에 보면, 이스라엘 지파들은 카나안 땅에서 서로 분리되어 있다.

하나님께서 당신을 구원하셨을 때, 주님은 당신을 새로운 탄생으로 다른 사람들과 분리시키셨다. 당신은 출생 방식부터가 다른 사람들과 다른 것이다.

함께 모이는 것과 연합에 관한 모든 일은 두 가지 사실에 기인한다. 그 첫째는 두려움인데, 사람들은 혼자 행동하기를 두려워한다. 거기서는 겁이 주요 요소로 작용한다.

둘째는 정치적 편의주의이다. 사람들은 단골손님이 많을수록 수익이 많다는 것을 깨달았다. 따라서 그리스도인의 성별에 대한 강한 반발은 겁 많고 세상적인 사람들에게서 나오는 것이다. 그리스도인들은 오늘날 그런 상황 속에 살고 있다. 그렇기에 구원받지 못한 자들에게서 뿐 아니라, 같은 그리스도인들에게서도 반대에 직면하는 것이다.

그러나 성경에서, 그 기준은 "멍에를 같이 메지 않는 것," 곧 불의와 관계를 맺지 않고, 어두움과 사귀지 않고, 사탄과 조화를 이루지 않고, 불신자들과 같이하지 않고, 우상들과 일치하지 않고(고후 6:14-16), 세상과 일치하지 않는 것이다(롬 12:2).

사람들은 분리되기를 원치 않는다. 그들은 고립주의자가 되기를 원치 않으며, 혼자 행동하기를 원치 않는다. 그들은 겁 많고 게으른 것이다.

한 국가로서, 미국은 바로 그 문제를 안고 있다. 남북전쟁 이후로, 우리는 다른 모든 사람의 일에 코를 들이밀고 간섭하고 다녔으며, 매번 코피가 터진 채로 집에 돌아왔다.

그리스도인의 기본 성질이 그러하기에, 그는 주변 세상과 완전히 다른 것이다. 그는 다시 태어났지만, 세상은 그렇지 않다. 그리스도인의 본향은 하늘에 있지만, 세상의 본향은 그렇지 않다. 그리스도인은 그리스도께 속해 있지만, 세상은 그렇지 않다. 그리스도인은 성경을 믿지만, 세상은 그렇지 않다. 세상의 많은 사람들이 예배에 참석하여 신앙을 고백한다는 사실은 중요치 않다. 가짜는 언제나 진짜처럼 행동하거나 그렇게 보이기 때문이다. 오히려 그리스도인인 당신에게는 “나와 따로 있으라”는 명령이 떨어진다(고후 6:17).

자, 그 점을 염두에 두고, 이제 7장을 시작하도록 하자.

7:1 그러므로 참으로 사랑하는 자들아, 우리가 이러한 약속들을 가졌으니 하나님을 두려워함으로 거룩함을 온전히 이루어 육과 영의 모든 더러움에서 우리 자신을 깨끗하게 하자.

본문 1절의 『**약속들**』은 이전 장의 17절에서 인용된 이사야 52:11을 언급한다. 즉 당신이 스스로 성별되면, 하나님께서 당신을 받아 주시고 당신에게 아버지가 되실 것이라는 것이다(고후 6:17,18). 사도 바울은 구약의 약속들을 주장하고 있는데, 교리적으로는 이스라엘에게 적용되더라도, 영적으로는 그것들을 교회에 적용하는 것이다.

자, 사도 바울은 그것을 성령의 영감을 받아 기록했다. 하지만 당신은 훨씬 더 주의해야 한다. 일반적인 경험으로 보면, 말씀을 “올바로 나누어서” 한 단락을 그것의 교리적 문맥에서 해석해야 하기 때문이다. 그러나 만일 주님께서 당신이 어느 특정 상황에서 어느 구약의 약속을 당신을 위해 주장하는 걸 허용하신다면, 지체하지 말고 그것을 주장하라. 존 패튼은 남태평양의 뉴 헤브라이즈 군도에서의 사역을 위해 시편 2:8을 주장했고, 주님은 그를 축복하시어 온 섬을 예수 그리스도께 이겨오도록 하셨지만, 시편 2편을 읽는 사람은 그것이 천년왕국의 예수 그리스도를 예언적으로 가리키는 "메시아 시"(Messianic Psalm)라는 것을 안다. 사복음서에서, 한 수로페니키아 여인은 주님으로 하여금 경륜적인 경계를 넘어 그녀의 기도에 응답하시게 한다. 그러니 성경을 되는 대로 다루지도 말고, 또 너무도 시대적 경륜에 얽매여 축복이나 기도 응답을 받지 못하는 일이 없도록 하라.

『**육과 영의 모든 더러움에서 우리 자신을 깨끗하게 하자**』(1절).

이 구절에서 두 가지 형태의 더러움이 언급되는데, "육의 더러움"과 "영의 더러움"이 바로 그것이다. 자, 나는 "육의 더러움"이 무엇이고, 무엇이 그렇지 아니한지에 대해 많은 시간을 할애하지 않을 것이다. 하지만 담배야말로 여기에 멋들어지게 맞아 들어가지 않겠는가?

나는 흡연에 관해 설교한 사람에 대해 들었는데, 그의 교구민들 중 하나가 설교 후 이렇게 말했다. "나는 흡연이 죄라는 데 동의합니다. 저는 무엇이든 그렇게 맛좋은 것을 태워 없애는 것을 죄라고 생각하거든요." 아니나 다를까, 그는 씹는담배를 씹어 오던 중이었던 것이다.

담배를 씹고 뱉으면 파리가 그것에 내려앉지 않는다는 것을 아는가? 당신은 파리가 그것에 앉는 것을 본 적이 있는가? 파리도 손대지 않는 그것을 입에 넣는 일에 대해 잠시 생각해 본 적 있는가? 나는 그것이 사람이 할 수 있는 가장 더러운 일 가운데 하나라고 생각한다.

장담하건대, 당신이 담배를 꺼내서 베란다에 올려놓는다 해도 개나 고양이, 돼지도 그것을 만지려 하지 않을 것이다. 담배에 관해서는 "멍청한" 동물이 인간보다 더 영리하다는 것이 대체 어찌된 일일까?

자, 만일 예수 그리스도께서 당신의 속을 깨끗게 해주실 정도로 당신을 사랑하셨다면, 당신 편에서도 스스로 겉을 깨끗게 할 만큼 주님을 사랑해야 하지 않겠는가? 한번은 한 남자가 밥 그레이가 설교하는 곳에서 "내 담배를 하나님께 드리겠습니다."라고 했더니, 밥 그레이가 이렇게 대답했다. "주님은 그것을 받지 않으실 겁니다."

여기서 나는 담배를 피우거나 씹는 것이 "육의 더러움"에 속하는 여섯 가지 이유를 보여 주겠다.

1. 담배를 피우거나 씹는 것은 나쁜 본보기이다. 당신이 그것을 얼마나 애용하는지 모르지만, 분명 그것은 나쁜 본보기이다. 신약성경에서, 예수 그리스도와 사도 바울은 그리스도인들의 본보기인데, 예수 그리스도께서 이곳에 계셨다면 담배를 피우셨을까? 바울이 커다란 씹는담배를 울겅불겅 씹고 있겠는가? 어떤 이들은 "그럴 수도 있죠."라고 하지만, 당신은 그것을 곰곰이 생각해 본 적이 없다. 그러나 예수 그리스도라면 나쁜 본보기를 만들지 않았을 것이다.

당신은 왜 담배 연기를 폐 속에 넣으려고 하는가? 하나님께서는 담배 연기가 아닌 공기를 흡입하라고 당신의 폐를 만드셨다. 당신은 스스로 불을 때지 않아도 자동차 매연을 통해 썩은 것을 충분히 들이마시고 있는 것이다.

2. 그것은 나쁜 습관이다. 당신을 지배할 정도까지 되는 것은 무엇이나 나쁜 습관이다. 사람들은 "나쁘기로 치면 커피나 콜라도 만만치 않다"고 한다. 그렇다면 커피도 끊고, 콜라도 끊어라!

3. 그것은 변태적인 욕망을 일으킨다. 사람이 담배 연기를 마시고 싶어하는 것은 자연스러운 일이 아니다. 그 누구도 모닥불이나 덤불에 붙은 불에 가서 그 연기를 마시지 않기 때문이다.

한 남자가 그에게 담배 연기를 빠끔빠끔 계속 내뿜는 여인을 마주보고 열차 객실에 앉아 있었다. 마침내 그가 그녀에게 말했다. "저... 아가씨, 아가씨가 내 얼굴에 그 연기를 내뿜을 때마다 당신 얼굴에 뱉어버리게 씹는담배 뭉치 하나만 있으면 좋겠습니다."

4. 그것은 질병을 유발한다. 당신은 폐암이나 입술암, 설암에 걸릴 수 있다. 분명 당신은 그럴 수 있음을 인정할 것이다. 어렸을 때, 우리는 담배를 "관에 박는 못"이라고 부르곤 했다. 우리는 그것이 당신의 몸에 무슨 일을 저지르는지 알고 있었던 것이다.

누군가 이렇게 말했다. "글쎄, 난 담배를 피워도 여전히 하늘나라에 갈 수 있다니까." 정녕, 당신은 그럴 수 있긴 하지만, 아마 우리보다 먼저 그곳에 가 있을 것이다.

5. 흡연은 낭비적인 습관이다. 담배를 피워서 남는 게 무엇인가? 당신은 종이를 태우는데, 그것은 낭비이다. 당신은 담배를 태우는데, 그것은 낭비이다. 당신은 당신의 폐를 새까맣게 태우는데, 그것은 낭비이다. 담배에 관한 것 중 파괴적이지 않는 점이 있는가 보라.

누군가 이렇게 말했다. "아, 글쎄, 주님께서 담배를 만드셨잖아요." 뭘 모르고 하는 소리 같은데, 주님은 그것을 쥐약으로 쓰라고 만드셨다. 담배는 현존하는 쥐약 중 가장 독한 것 중 하나다. 그것이면 쥐들이 죽어 널브러져 있을 것이다. 사람이 들이마시라는 의도가 아니었던 것이다.

6. 흡연은 타인들에게 불쾌한 것이다. 사람들이 "간접" 흡연에 대해 어찌나 불평을 늘어놓던지 식당들과 공항들은 애초에 남의 담배 연기를 앉은자리에서 그대로 맡고 있어야 하느냐는 불평 때문에 따로 마련했던 흡연구역들을 없애 버렸다. 현재는 대부분의 식당들과 공항들에서 아예

담배 연기를 맡을 수 없다.

편의점에 들어갔다 나올 때 당신에게서 담배 연기 같은 지독한 냄새가 난다는 것을 알았는가? 한 남자가 어느 흡연자에게 이렇게 말했다. "나는 당신이 지옥으로 가고 있다고 말하지 않았습니다. 난 당신이 지옥으로 가고 있는 것 같은 냄새가 난다고 말했을 뿐입니다."

자, 그것은 "육의 더러움"일 뿐 아니라 "영의 더러움"이기도 하다. 바리새인은 육은 깨끗했지만, 영은 깨끗지 않았다. 그리스도인들 가운데는 술 안 마시고 담배 안 피우고 춤 안 추는 사람들이 있다. 그들은 소매가 손등을 덮고, 여자들은 머리카락이 허리까지 내려온다. 그들은 화장도 하지 않고, 어떤 형태의 금이나 보석류도 달지 않으며, 극장이나 술자리에 가지 않는다. 그러나 그들은 바퀴를 달고 지옥으로 달려가는 것처럼 살아간다. 그 이유는 그들이 자만하고, 게으르고, 완고하고, 반역적이고, 독선적이고, 탐욕스럽고, 무관심하기 때문이다. 그들은 혼들에 대한 부담도 없고, 구원받지 못한 사람들에 대한 관심도 없으며, 하나님의 말씀에 대한 믿음도 없는 것이다.

사도 바울은 본문 1절에서 겉만 깨끗하게 하는 것을 말하지 않았다. 그가 말한 것은 육과 영 모두와 관련되는 것이다. 당신은 악령들과 불결한 영들의 세상에서 스스로를 성별시켜야 한다. 당신은 영적인 세계에서 마귀가 당신에게 영향을 미치도록 해서는 안 되는 것이다.

문제는 『**육과 영의... 더러움**』이라고 할 만한 것이 무엇이냐는 데서 일어난다. 미국의 대법원은 "아무것도 없다"고 답변할 것이다. 수년 전, 대법원은 외설적인 것은 아무것도 없다는 판결을 내렸다. 외설에 관한 소송이 고등법원에 제기될 때마다, 판사들은 만일 그것이 예술적이고 정욕을 일으키는 것 외에 불쾌하게 할 만한 점이 없다면, 그것을 외설이라고 할 수 없다는 입장을 취했다.

그러므로, 만일 당신이 아름다운 천연색 카메라로 적절한 균형감과 적절한 색조와, 적절히 혼색된 적절한 구도를 가진 사진을 찍는다면, 그것은 "예술"인 것이다. 당신은 "예술"이라는 이름으로 법망을 피할 수 있는 것이 뭔지를 알면 깜짝 놀랄 것이다.

무대에 오르는 오페라들은 살인과 간음 이야기 일색인데, 오페라의 90%가 바로 그런 식이다. 그러나 알다시피, 당신이 노래를 부르고 있다면 얘기가 달라지고, 또한 보기에도 아름답다. 따라서 당신이 "예술계"로 들어간다면, 말 그대로 살인죄를 면할 수 있는 것이다.

『**육과 영의... 더러움**』이 무엇인지를 결정하는 문제에 대해 일반적으로 경험해 본 바로는 "만일 의심스러운 점이 있으면 더럽다."는 것이다. 만일 그것을 두고 기도해서 하나님의 축복을 구할 수 있고, 또 그것을 깨끗한 양심으로 실행할 수 있다면, 그것은 해도 괜찮은 일이나, 그것을 두고 기도하여 그것을 실행하기 전에 하나님의 축복을 구할 수 없다면, 그것은 옳지 않은 일이다.

자, 나는 지난 암흑시대에 로마카톨릭이 심문할 때 쓸 고문 도구들을 위해 기도했다는 것을 알고 있다. 그러나 그것은 한 사람 또는 한 국가나 사회가 성경을 실로 오랫동안 거절하여 그가 악령에 사로잡히고 그의 양심이 화인을 맞아서 결국 쓸모없게 됐을 때에나 가능한 일이다.

만일 당신이 그 성경에 몰두하여 그 성경을 읽고 있고 하나님을 섬기려고 한다면, 당신의 양심은 아직도 깨어 있는 것이며, 그것이 당신을 바르게 인도할 것이다. 당신은 맥주잔을 들고서 "주님, 주님의 영광을 위해 이 잔을 축복해 주소서. 저는 이것을 예수님의 이름으로 주님의 영광을 위해 행하고 있나이다."라고 말한 후 쭈욱 들이키지 않을 것이다. 당신의 양심이 "아니, 이것 봐!"라고 말할 테니 말이다. 또한 그것은 다른 일들, 즉 영화, 구기 경기, 카드놀이 등에서도 마찬가지다.

그리스도인들도 실로 만만치 않다. 그들은 언제나 죄를 짓기 전에 벌을 얼마만큼 면할 수 있는지를 알아내려고 하는 것이다. 당신은 하나님을 기쁘게 해드리기 위해 얼마나 포기할 수 있는지는 왜 알아보지 않는 것인가?

세상에서 가장 부정적인 사람들은 바로 이 긍정적인 사색가들이다. 당신이 죄에 대해 얘기하기 시작하면, 그들은 "아, 우리는 그것에 관해 얘기하지 않을 거요. 당신은 다른 사람들의 믿음을 비판합니다. 나는 다른 이들의 종교에 관해 얘기하는 것은 믿지 않습니다."라고 말한다. 그 후 이 얼간이들은 여기저기 돌아다니며 이렇게 질문한다. "이게 뭐가 잘못됐죠? 저건 뭐가 잘못됐죠?" 문제는 그것에 잘못된 점이 무엇이냐는 것이 아니다. 문제는 그것에 옳은 점이 무엇이냐는 것이다.

그렇다면 그리스도인의 삶의 비결은 벌을 면할 수 있는 게 무엇이냐가 아니라, 주님을 위해 포기할 수 있는 것이 무엇인가를 깨닫는 것이다.

『**하나님을 두려워함으로 거룩함을 온전히 이루어**』(1절).

거룩함은 그리스도인을 위한 것이다. 그리스도인은 거룩한 삶을 살기 위해 노력을 기울여야 한다. 나는 "성결교파"(Holiness)로 불릴 사람은 아니지만, "거룩함"만은 진실로 믿는다. 나는 오순절파나 은사주의자가 아니지만, 침례교도들이 그들보다 그것에 더 주의를 기울여야 한다는 것을 믿는다.

거룩해지는 것에 잘못된 것이 없고, 거룩함에 잘못된 것이 없다. 구원받은 당신이 그 후 그리스도인으로서 가져야 할 야망은, 당신의 삶을 정화하여 주님이 오실 때까지 그것을 가능한 한 깨끗하게 유지하는 것이다.

7:2 우리를 영접하라. 우리는 아무에게도 잘못하지 아니하였고 아무도 타락시키지 아니하였으며 아무에게서도 속여 빼앗지 아니하였노라.

3 내가 너희를 정죄하려고 이 말을 하는 것이 아니니라. 이는 내가 이전에 말하였거니와 너희가 우리 마음속에 있어 너희와 함께 죽고 함께 살려는 것이라.

4 너희를 향하여 말하는 나의 담력도 크고 너희에 관한 나의 자랑도 크도다. 내가 위로로 충만해졌으니 우리의 모든 환난 가운데서도 나는 기쁨으로 차고 넘치도다.

사도 바울은 고린도인들에게 단도직입적으로 명령한다. 『**우리를 영접하라**』(2절). 그러나 그렇게 무뚝뚝할 필요가 없었던 것은, 고린도인들로 하여금 바울을 거절하게 할 정도로 바울과 그의 동료들(디도와 디모데)이 그들에게 잘못한 것이 없었기 때문이었다. 자, 모든 사역자는 바울이 말한 것을 말할 수 있어야 한다. 『**우리는 아무에게도 잘못하지 아니하**

였고 아무도 타락시키지 아니하였으며 아무에게서도 속여 빼앗지 아니하였노라.』 바울은 디모데와 디도에게 『**그러므로 감독은 비난받을 일이 없어야**』 한다고 말했다(딤전 3:2, 딛 1:7).

사도 바울이 그렇게 말한 목적은 고린도인들을 정죄하려는 게 아니었다(3절). 그는 고린도인들을 사랑했고, 그들을 위해 죽을 만큼 사랑했으며, 그들을 위해 살 만큼 사랑했지만, 고린도인들이 자신을 대하는 방식 때문에 어쩔 수 없이 그렇게 말한 것이었다.

고린도인들이 깨닫지 못한(또는 깨달으려 하지 않은) 것은 사도 바울이 이전부터 그들을 자랑하고 있었다는 것이다. 그는 늘 그들에 대한 생각으로 가득했는데, 그것이 바로 『**너희를 향하여 말하는 나의 담력**』이라는 말을 거리낌 없이 사용한 이유이다(4절). 그는 그들이 그들에 관한 그의 자랑에 결코 어긋나지 않는 삶을 살아 주기를 원했으며, 그가 그들을 위해 겪어 온 모든 고난을 『**기쁨으로 차고 넘치**』는 일로 여겼다(4절).

7:5 우리가 마케도니아에 도착했을 때 우리의 육신은 편하지 못하였고 사면에서 고난을 받았으니 밖으로는 다툼이요, 안으로는 두려움이라.

6 그러나 낙심한 자들을 위로하시는 하나님께서 디도를 오게 하심으로 우리를 위로하셨으며

7 그가 온 것뿐만 아니라 그가 너희에게 받은 위로로 위로하였으니 너희의 사모함과 너희의 애통함과 나에 대한 너희의 열렬한 마음

을 우리에게 말해 줄 때 나를 더욱 기쁘게 하였느니라.

사도 바울이 마케도니아에 처음 간 시기는 사도행전 16장에서 찾을 수 있다. 그곳 빌립보에서, 바울은 악령 들린 소녀가 집요하게 따라다니고, 법정으로 끌려가고, 두들겨 맞고, 차꼬에 채워졌다. 그는 사도행전 20:1과 20:3에서 마케도니아를 다시 통과하는데, 바울에게 있어 마케도니아는 "재미있는" 곳이 아님이 분명하다.

본문 6절에서, 디도가 마침내 모습을 드러낸다. 사도 바울은 트로아에서 그와 만나기를 바랐으나(고후 2:12,13), 그들은 마케도니아에 이를 때까지 서로를 놓쳤다. 바울이 마케도니아에서 실로 많은 고난을 겪고 있을 때 디도가 나타났고, 바울에게 그것은 실질적인 위로가 되었다. 따라서 알맞은 때에 모습을 나타내는 그리스도인은 다른 그리스도인에게 큰 도움이 될 수 있는 것이다. 그렇다면 당신의 등장은 다른 그리스도인들에게 격려가 되는가, 당신이 문을 열고 들어서면 오히려 신음 소리가 격해지는가? 그들은 당신이 들어서자마자 당신이 여는 그 모든 아픔과 고통과 문제와 불평의 독주회를 또다시 관람하지는 않는 것인가?

『그가 너희에게 받은 위로로 위로하였으니 너희의 사모함과 너희의 애통함과 나에 대한 너희의 열렬한 마음을 우리에게 말해 줄 때』(7절).

사도 바울은 곤경에 빠져 감옥에 던져질 때마다 그의 회심자들이 그 소식을 어떻게 받아들일 것인지에 대해 염려한다. 그는 그에게 일어난 일로 인해 그들이 하나님께 복종하기를 중단할까봐 걱정하는 것이다.

그러나 도착한 디도는, 사도 바울을 여전히 보고 싶어하는 "과실 속"

같은 고린도인들이 여전히 있고, 그들이 주님을 위해 불 같은 시련을 겪고 있으며, 바울을 예전처럼 높이 평가하고 있다는 그 모든 좋은 소식을 가져왔다(7절). 바울은 그것에서 위로를 얻고 기뻐했다. 당신의 친구들이 당신을 지지할 때, 그것은 늘 위로와 축복이 되는 것이다.

수년 전 깊은 물을 통과하는 것 같은 시련을 겪던 때가 기억난다. 되돌아보면 그다지 깊지 않았지만, 당시에는 무척 깊어 보였다. 모든 것이 산산조각 나고 있었고, 정신과 의사들과 변호사들이 개입하고 있었다. 그때 내 독일 친구 중 하나가 앨라배마의 엘버타에서 다섯 형제를 데리고 왔다. 그는 앨라배마의 베이 미네트에 있는 어느 작고 허름한 농가 뒤뜰로 나를 데리고 나가 의자 다섯 개를 둥그렇게 배치하고는 친구들과 함께 앉아 이렇게 말했다. "자, 럭크만 형제, 우리는 형제가 겪고 있는 그 모든 일을 들었소. 이제 우리는 '형제의 얘기'를 듣고 싶습니다." 그것은 나에게 실질적인 축복이었다. 곤경에 처했을 때 몇몇 친구들이 다른 사람의 관점이 아닌 바로 당신의 관점에 관심을 가지고 있다는 것을 안다는 것은 크나큰 축복인 것이다.

7:8 내가 편지로 너희를 슬프게 한 것을 후회하였을지라도 지금은 후
회하지 아니하노라. 이는 그 편지가 너희를 잠시만 슬프게 하였음
을 내가 알기 때문이라.
9 이제 내가 기뻐하는 것은 너희가 슬퍼하게 된 것 때문이 아니요,
너희가 슬퍼하여 회개에 이른 것 때문이라. 너희가 하나님의 방식
에 따라 슬퍼하게 된 것은 우리로 인하여 아무런 피해도 입지 않

게 하려 함이라.

10 하나님의 뜻대로 하는 슬픔은 구원을 위한 회개에 이르게 하므로
후회할 것이 없느니라. 그러나 세상의 슬픔은 사망에 이르느니라.
11 보라, 너희가 하나님의 뜻대로 슬퍼하였던 이것이 얼마나 간절함
으로 너희 안에서 역사하였으며, 정녕 얼마나 변명하게 하며, 정
녕 얼마나 분개하게 하며, 정녕 얼마나 두려워하게 하며, 정녕 얼
마나 사모하게 하며, 정녕 얼마나 열성을 내게 하며, 정녕 얼마나
보복하게 하였는가! 모든 것으로 너희는 이 문제에 있어서 스스
로 결백함을 증명하였느니라.

본문 8절의 『**편지**』는 물론 고린도전서이다. 그것을 읽은 고린도인들은 그들의 죄에 대해 슬퍼할 정도까지 그들이 저지른 일에 대해 후회했다. 이 문맥에서, "sorry"는 "슬프다"는 뜻이다(〈한글킹제임스성경〉은 이 "sorry"를 『**슬프게**』로 정확히 번역했다 - 역자 주). 그 편지를 보낸 사도 바울은 자신이 그들을 너무 심하게 다룬다는 생각에 그것을 쓴 일을 '후회했다'(『**후회하였을지라도**』). 그러나 고린도인들이 그것에 보인 반응을 보고서는 편지 보낸 것을 '기뻐했다.'

결국 고린도전서로 인해 고린도인들이 그들의 죄를 회개했고(9절), 그들이 곧게 바로잡혔다. 그러므로 사도 바울이 기뻐했던 것은 그들이 슬퍼해서가 아니라 그들이 바로잡혔기 때문인 것이다.

『**너희가 하나님의 방식에 따라 슬퍼하게 된 것은 우리로 인하여 아무런 피해도 입지 않게 하려 함이라**』(9절).

이것은 사도 바울이, 아버지의 아내와 음행을 저지르던 그 사내와 관련하여, 고린도전서 5,6장에서 지시한 것에 그 교회가 어떻게 반응했는지를 명백히 언급하고 있다. 그는 당황한 그들이 그 일을 옳게 처리한 것을 기뻐했다. 그렇게 해서, 그가 그곳에 도착했을 때 그 교회를 직접 책망하고 그 문제를 직접 다룰 필요가 없었을 것이다.

본문 10절은 고린도후서에서 반드시 암기해야 할 위대한 구절들 중 하나이다. 두 종류의 회개를 낳은 두 종류의 슬픔이 있다는 것에 주목하라. 거기에는 『**하나님의 뜻대로 하는 슬픔**』과 『**세상의 슬픔**』이 있다. 『**하나님의 뜻대로 하는 슬픔**』은 '당신의 현 상태'에 대한 슬픔이다(욥 42:6, 사 6:5). 그러나 『**세상의 슬픔**』은 '당신이 한 일'에 대한 슬픔이며(유다 - 마 27:3, 파라오 - 출 9:27, 발라암 - 민 22:34), 그것은 대개 자신의 죄에 '붙잡혔다는' 사실에 대한 후회이다.

유다와 시몬 베드로의 인생이 이 두 슬픔을 완벽하게 예증한다. 시몬 베드로와 유다 모두 후회했다. 그 둘 모두 자백했으며, 그 둘 모두 대가를 치렀다. 만일 그 두 사람을 나란히 세워 놓는다면, 당신은 맹세코 그들 모두가 구원받았다고 우길 테지만, 실은 그렇지 않다. 전자는 결국 스스로 목을 매단 반면, 후자는 결국 예수 그리스도의 발치로 되돌아왔으며, 전자는 결국 끝없이 깊은 구렁으로 들어갔지만, 후자는 결국 하늘나라에 들어간 것이다.

그들은 모두 사도였다. 그들 모두 치유했으며, 그들 모두 주님과 함께 사역했다. 그들은 모두 삼 년 반을 주님과 함께 머물렀고, 그들 모두 요한의 침례로 침례를 받았다. 그러나 그 둘 사이의 차이점은, 유다가 죄에 붙잡혔을 때는 『**세상의 슬픔**』이 일었던 반면, 베드로는 『**하나님의 뜻대로 하는 슬픔**』으로 후회했다는 것이다.

유다는 제사장에게 가서 "유감스럽지만 죄책감이 든다. 내가 실수를 저질렀다."고 했다. 그는 무죄한 피를 배반하는 실수를 범한 것 때문에 슬펐던 것이다. 자, 누구나 언젠가 무언가에 대해 실수를 범한다. 더욱이 누구든지 보통 그렇게 실수한 것을 회개한다. 당신은 인생에 일으킨 혼란을 두고 밤새 침상에 누워 눈물로 베개를 적실 수도 있지만, 그것은 아무런 의미도 없으며, 아무것도 변화시키지 못한다. 나로 말하면 사람이 저지를 수 있는 모든 실수를 저질렀으며, 사람이 저지를 수 없는 실수도 몇 가지 저질렀다.

그러나 회개는 단지 당신이 저지른 일에 대해 슬퍼하는 것만이 아니다. 참된 회개는 당신의 현 상태에 대해 슬퍼하는 것이다. 우리의 교회들은 이따금씩 한바탕 예배당에서 울부짖고, "하나님 저를 용서해 주세요."를 주절대는 이들로 가득하다. 그러나 그것은 회개가 아니며, 『**하나님의 뜻대로 하는 슬픔**』이 아니다.

자, 그 차이점을 보여 주겠다. 『**세상의 슬픔**』은 "내가 일을 엉망으로 만들었다, 난 내 인생을 망쳤다, 내 인생은 엉망이다, 난 정죄되었다, 나는 더 이상 아무것도 할 수 없다, 난 실패자다, 난 지금까지 아무것도 아니었다, 죽었으면 좋겠다"이다. 그리고는 당신의 머리를 날려 버린다. 그것은 『**세상의 슬픔**』이다. 때때로 자살은 훨씬 더디다. 때때로 그것은 마약이나 술을 통해 일어난다. 하지만 그것의 결말은 언제나 죽음이다.

『**하나님의 뜻대로 하는 슬픔**』은 "나는 지금껏 선했던 적이 없습니다, 나는 지금 이 순간 선하지 않습니다, 앞으로도 난 조금도 선하지 않을 것입니다, 나는 가장 좋은 상태에 있을 때조차, 스스로를 총이나 폭발물로 날려 버려서 지옥에 가게 할 만한 가치도 없습니다, 심지어 내가 내 머리를 날려 버려선 안 되는 것은 내게는 그 일을 시작할 만한 이유가 없기 때문입니다, 하나님이시여, 주께서 나를 위해 나에게 그리고 나와 함께 뭔가를 하지 않으신다면, 나는 한 푼의 가치도 없을 것입니다, 이제부터 주님께서 그것을 행해 주실 것을 믿겠습니다." 그렇다. 바로 그것이 차이점인 것이다.

어떤 사람이 자신의 죄들이 잘못되고 나쁘고 끔찍하다는 것을 단순하게 깨닫고서 저질러진 일을 직접 바로잡으려고 할 때, 그것은 세상의 슬픔이다. 그러나 자기의 죄들이 하나님과 그분의 신성한 공의와 거룩함을 대적한다는 것을 깨닫는다면, 그는 비로소 정신을 차리고서 주님의 도움을 받으려고 하나님께만 피하는 것이다.

자, 고린도인들은 하나님의 뜻대로 슬퍼하였다(11절). 그들은 옳게 행하려고 신중을 기했으며, 죄에 동의하지 않음으로써 스스로를 정결케 했다. 그들은 죄에 대해 분노했고(『**얼마나 분개하게 하며**』), 하나님을 두려워했다. 그들은 옳게 행하고픈 강렬한 소원을 나타냈고, 그들의 소원을 열성을 가지고 실행에 옮겼다. 그들이 보인 『**보복**』은 온 교회를 망친 한 남자에게 내린 합법적인 교회적 차원의 징계였다. 그러므로 여기서의 복수는 잘못된 것이 아니었다. 그것은 개인적인 일이 아니었다.

그들의 반응이 이러했기 때문에, 사도 바울은 『**너희는 이 문제에 있어서 스스로 결백함을 증명하였느니라.**』고 말한다. 그들은 그 죄를 거절했고, 또 그 일을 범하고 있는 남자를 참아 주려 하지 않았기 때문에, 바울이 고린도전서에서 했던 비난들로부터 벗어날 수 있었던 것이다.

7:12 이제 내가 너희에게 쓴 것은 불의를 행한 자 때문이 아니요, 또 한 불의를 당한 자 때문도 아니라. 다만 너희를 위한 우리의 간 절함이 하나님 앞에서 너희에게 나타나게 하려 함이라.

사도 바울이 고린도전서 5,6장을 쓴 것은 음행을 저지른 사내를 혼내거나, 그 사내의 죄로 상처를 입은 모든 이의 원수를 갚아 주려는 것이 아니다. 오히려 그것은 그가 『**하나님 앞에서**』 그들을 향해 가지고 있는 참된 사랑을 보여 주려는 것이었다. 그것은 굉장히 고상한 동기이지만, 바울의 경우에 그것은 진실한 것이었다. 당신이 그들을 사랑하기 때문에 그들에게 선한 충고와 명령을 내리고 있다는 것을 확신시키는 일은 어려운 일이다. 자녀가 있는 이라면 벌써 그것을 알아차렸을 것이다.

나는 이것을 내 아들들 중 하나와 논의했는데, 그는 이렇게 말했다. "그런데, 구세대는 언제나 신세대를 억누르고 앞서가지 못하게 해요."

"그것이 네가 학교에서 배우는 잠꼬대니?"

"하지만 아빠, 그게 인생인 걸요."

"글쎄, 넌 그들이 그렇게 하는 이유가 아마도 젊은이들이 많은 곤경에 빠지는 것을 막기 위한 것이라고 생각해 본 적 있니? 아마도 몇몇 어른들은 어떤 어려운 일들을 겪었을 것이고, 그래서 너를 사랑하기 때문에 그렇게 하려고 하는 것일 게다. 넌 그 점에 대해 생각해 본 적 있니?"

"아니오."

"자, 그 점에 대해 잠시 생각해 보거라. 그럼 또 보도록 하자."

바울이 고린도인들에게 편지를 쓴 것은 그들을 걱정했기 때문이다.

만일 누군가가 당신을 바로잡아줄 정도로 당신을 사랑한다면, 그들은 당신을 사랑하는 것이다. 물론, 당신에게는 이런 상습적인 교정자들과 상습적인 불평가들과 상습적인 투덜이들이 있을 것이나, 그들은 당신을 사랑하지 않는다. 그들은 늘 하던 것처럼 불평을 늘어놓을 뿐이며, 자기들의 말이 받아들여지기를 원할 뿐이다. 그러나 좋은 엄마나 아빠는 아이들이 염려되고 그들을 사랑하기 때문에 바로잡아 주는 법이다.

7:13 이 때문에 우리는 너희의 위로 안에서 위로를 받았고, 디도의 기
뻐으로 인해 오히려 우리가 더욱 심히 기뻐한 것은 그의 영이
너희 모두로 인하여 새 힘을 얻었기 때문이라.
14 내가 그에게 너희에 관하여 무엇을 자랑하였다 해도 부끄럽지 아
니한 것은 우리가 너희에게 모든 일을 진실로 말했던 것같이 내
가 디도에게 한 우리의 자랑도 진실임이 드러났기 때문이라.
15 너희가 두려움과 떨림으로 그를 영접하였기에 그가 너희 모두의
순종을 기억하고 그의 애정이 너희를 향하여 더욱 풍성해졌느니
라.
16 그러므로 나는 모든 일에 너희를 신뢰하므로 기뻐하노라.

자, 디도는 고린도인들을 격려하려고 왔었다. 그는 그들이 옳게 행하는 걸 보았고, 또 그들이 그를 잘 대해 주었기 때문에 기뻤다. 그가 사도 바울에게 그 모든 것을 말했을 때, 그것이 또한 바울을 기쁘게 했다(13절).

그래서 사도 바울은 디도에게 고린도인들을 자랑하는 것이 부끄럽지 않았다(14절). 그들은 바울이 명한 모든 것을 행했으며, 바울이 말한 것이 사실임을 디도도 알게 된 것이다.

고린도인들을 방문했을 때 그들을 향한 디도의 사랑이 커졌다(15절). 디도는 그들이 첫 번째 편지를 받은 후에 그곳에 간 것이었다. 그가 모습을 나타내자, 그들은 그가 누구며 누구를 대표하는지를 깨달았고, 사도 바울이 그를 보내어 자기 대신 일들을 바로잡게 한 것을 알고 두려워했다. 그러나 디도는 그들이 이미 바울에게 순종하고 있음을 알고서, 그들이 이미 행한 일로 인해 그들을 더더욱 사랑하게 되었다.

디도의 말을 듣자 하니, 사도 바울은 『**모든 일에**』 그들을 『**신뢰**』할 수 있어 기뻤다. 그는 자신이 써서 보낸 모든 것을 그들이 행하리라는 믿음이 생겼기에 기뻤던 것이다.

고린도후서 8장

8:1 형제들아, 우리는 마게도니아 교회들에게 주신 하나님의 은혜를 너
희에게 알게 하노라.
2 큰 환난의 시련 가운데서도 그들의 기쁨이 넘치고 그들의 심한
궁핍에도 풍부한 연보를 넘치게 하였느니라.
3 내가 증거하노니 그들은 자기들의 능력에 따라 하였고 또 능력 이
상으로 자원하여 하였으며
4 우리가 은혜를 받을 것과 성도들을 섬기는 일에 동참할 것을 많은
애원으로 우리에게 간청하였느니라.
5 그들이 이것을 행하였으니 우리가 바라던 대로가 아니라 하나님의
뜻에 따라 먼저 자신들을 주께 드리고 그 다음에 우리에게 이 은
혜를 주었느니라.

6 그러므로 우리가 디도에게 권하였던 것은 그가 전에 시작하였던 바와 같이 이 은혜를 너희 안에서도 완성시키라는 것이었느니라.

"We do you to wit"(『**우리는... 너희에게 알게 하노라.**』 - 1절). 그것은 "We want you to know"(우리는 너희가 알기를 원한다)의 고문체적 표현 방식이다. "To wit"은 어떤 사실에 대해 '정확히' 아는 것을 말한다. 비록 고문체적이라고 불릴지라도, 이 표현은 20세기와 21세기에 여전히 사용되고 있으며, 아직도 법 문서들에서 찾아볼 수 있다.

자, 본문 1절의 『**은혜**』는 이미 구원받은 일단의 사람들에게 주어진다. 은혜는 그야말로 팔방미인이다. 그것은 여기저기 안 가는 데가 없는 것이다. 은혜는 온갖 종류의 상황들에 모습을 드러내는데, 때때로 은혜는 일정 기간의 시간이고, 때때로 은혜는 하나님께서 인간을 구원하는 수단이며, 때때로 은혜는 하나님이 주시는 능력이다. 때로 그것은 하나님께서 곤경에 처한 당신을 돕기 위해 주시는 한때의 선물이기도 하다. 따라서 그 『**은혜**』라는 단어는 매우 광범위한 단어인 것이다. 여기 본문 1절에서, 그것은 구원과 아무런 관계도 없고, 본문 2절의 문맥상 베푸는 것을 의미한다.

본문 2절에서, 베푸는 일이 단순한 가난에서 나온 것이 아니라, 『**그들의 심한 궁핍**』에서 나왔다는 데에 주목하라. 마케도니아인들은 『**심한 궁핍**』에 처하고 『**큰 환난의 시련**』을 겪고 있었지만, 그 모든 일 가운데서도 『**그들의 기쁨이 넘치**』기에 그들은 풍부하게 줄 수 있었다. 만일 그러한 일에 관한 복음서의 예증을 보고 싶다면, 누가복음 21:1-4을 펼

쳐서 과부의 연보에 관한 이야기를 읽어 보라.

자, 거기엔 그리스도인을 위한 교훈이 있다. 이곳 미국에 사는 우리는 『**심한 궁핍**』이 뭔지 잘 알지 못한다. 이 페이지를 읽는 거의 모든 미국인들이 자가용을 가지고 있는데, 물론 그것이 굴러가는 고철 덩어리라는 것에 동의하지만, 그래도 여전히 굴러는 갈 것이다. 그리고 비록 그것이 굴러가다 멈춘다 해도, 머지않아 당신은 또 다른 차를 구입할 것이다.

나는 트랙터 뒤에 걸터타고 예배를 드리러 오는 사람들을 보았다. 나는 맨발로 걸어서 예배드리러 오는 이들도 보았는데, 그들은 교회로 5마일을 맨발로 걸어왔다가 다시 집으로 5마일을 맨발로 돌아가는 사람들이었다.

앨라배마 어딘가에서 네 자녀를 키우던 과부가 기억난다. 나이는 오십이었고, 두 자녀가 열 살과 열네 살 가량이었다. 이 아이들은 맨발로 다녔고, 그녀는 무직이었으며, 매일같이 그날그날 벌어먹고 살았다. 나는 그 집에 저녁 초대를 받았는데, 그녀는 전날 먹다 남은 음식을 천으로 덮어서 다시 식탁 위에 올려놓았다. 거기 놓인 옥수수빵은 파란 반죽처럼 보였고 검은눈콩이 놓여 있었는데, 난 그때까지 그런 것을 본 적이 없었다. 우리는 앉아서 검은눈콩과 옥수수빵을 먹기 시작했다. 그리고 그녀가 나에게 이렇게 말했다. "그런데, 럭크만 형제님, 저 후추 소스 드셔 보셨어요? 저 콩에다 후추 소스 좀 쳐서 드시지 그러세요."

나는 맛을 조금 보았다가 그 맛이 너무 좋은 바람에 분명 네 접시를 해치웠을 것이다. 그리고 나는 그 후 그것에 푹 빠져 버렸다.

자, 그 여인은 가진 것이 없었다. 그러나 그녀는 신실하게 헌금했다.

즉 한 주에는 25센트, 그 다음주에는 50센트, 그리고 또다시 25센트를 드렸다. 그 여인은 그야말로 『**심한 궁핍**』에서 드렸던 것이다.

내가 들은 최악의 경우는 분명 에티오피아 선교사였던 존 타이너가 들려 준 이야기이다. 그들은 교회 건물을 새로 지을 예정이었는데, 교회 회원들 가운데 속한 한 여인이 그 새 건물을 짓는 데 충분한 돈을 지원하려고 자신을 노예로 팔았다는 사실을 알았던 것이다.

나는 한국에서의 한 사례를 읽었다. 어느 선교사의 말에 따르면, 어떤 나그네가 그 선교사가 사역하던 마을에서 일어난 일을 우스워했다는 것이었다. 그곳 어느 밭에서 노인이 모는 쟁기를 한 젊은이가 소처럼 끌고 있었는데, 나그네가 왜 그 지경까지 되었느냐고 묻자, 새 교회를 건축하는 데 필요한 돈을 대기 위해 하나밖에 없는 소를 팔아서 그런 것이라고 그 선교사가 설명했다고 한다. 바로 그런 이유로 그 젊은이가 소 대신 쟁기를 끌어야 했던 것이다. 형제여, 그것이 바로 『**심한 궁핍**』에서 드리는 것이다.

만일 미국 교회 건물들에 이런저런 장식들만 달리지 않았어도, 그와 동일한 일이 미국에서도 일어났을지 모른다. 그러나 교회 건물에 에어컨을 설치하고, 30피트짜리 뾰족탑과 4만 불짜리 파이프 오르간과 바닥 장식용 고급 카펫을 설치한다면, 교회 건물을 짓는 데 도움이 되려고 자가용을 파는 일이 왠지 탐탁지 않게 여겨진다. 차라리 쿠션 단추들을 떼어다가 그것들을 헌금함에 넣고 싶어질 것이다.

자, 사도 바울이 마케도니아인들에 대해 간증할 수 있었던 것은, 그들이 드릴 수 있는 것을 기꺼이 드리려 했을 뿐만 아니라, 그들의 주머니 사정을 벗어나는 것도 기꺼이 드렸다는 것이다(3절). 본문 12절을 보라.

『먼저 할 마음만 있다면 사람이 가진 대로 받으실 것이며 없는 것을 받지는 아니하시리라.』

그것은 위대한 영적 원칙이다. 그 원칙은 하나님께서 우리에게 원하시는 것이 기꺼이 하는 마음이라는 것이다. 하나님은 당신이 가지고 있든 없든 당신이 기꺼이 하는 그것을 받아 주실 것이고, 또한 그것은 당신이 가지고 있지 않은 것이 아닌, 당신이 가지고 있는 것에 따라 받아들여질 것이다.

더 쉽게 말해서, 주님이 당신을 선교지에서 필요로 하실 때, 주님은 당신을 부르시고, 당신에게 공급해 주시고, 당신을 입히시고, 당신을 그곳에 데려다 놓으실 것이다. 그러나 그보다 먼저 당신을 다루시어 당신이 기꺼이 가고자 하는 마음이 있는지를 알아보신 후, 당신을 보낼 것인지 말 것인지 알려 주실 수도 있는 것이다.

주님은 언제나 우리의 뜻에 관해 우리를 다루신다. 당신은 그것을 알아차렸는가? 그리스도께서는 겟세마네 동산에서 **『내 뜻대로 하지 마옵시고 아버지의 뜻대로 하옵소서.』**(눅 22:42)라고 말씀하셨다.

말하자면 하나님의 뜻은 이 길로 가는데, 당신의 뜻은 저 길로 가는 지점이 있다. 그것이 바로 십자가가 시작되는 곳이다. 십자가는 당신의 뜻이 하나님의 뜻과 엇갈리는 곳이며, 당신이 당신의 필요와 욕망과 뜻에 대해 죽는 곳이다.

나는 주님께 다가가 다음과 같이 수없이 기도했다. "주님, 설교하러 나가서 한 명도 구령하지 못하거나 두셋밖에 구령 못하는 게 싫습니다." B.R. 라킨은 한 장소에 가서 자리잡고 설교할 때마다 오십 명을 구령할 수 있다. 그러나 내가 설교하면 셋이나 둘, 또는 한 명도 구령하지 못하는 것이다. 때로는 한 집회에서 열 내지 열다섯을 구령하는 일도 있긴 하지만, 그런 일이 자주 있는 건 아니다. 대개는 둘이나 셋으로 끝나기 때문이다.

나는 그러한 집회에서 귀가하면, 얼굴이 붉으락푸르락 해질 때까지 그 일에 관해 주님과 다투기 일쑤지만, 그렇다고 해서 무슨 변화가 있는 건 아니다. 주님은 나를 그 강단으로 다시 보내시고 이렇게 말씀하시는 것이다. "그리스도인들에게 설교하라! 그리스도인들이 굶주리고 있노라! '그리스도인들'에게 설교하라!"

"하지만 주님, 저는 집에 돌아가서 이번엔 네다섯 명을 구령했다고 말하고 싶습니다. 만일 제가 '일흔 번씩 일곱 번'이나 '왜 의인이 고통받는가?'나 '로마서 8:28'을 설교한다면 네다섯 명을 구령할 수 없습니다."

그러면 이런 답변이 돌아오기 일쑤다. "그리스도인들에게 설교하라! '그리스도인들'이 굶주리고 있노라. 그리스도인들에게 설교하라!"

내 의지가 이 길로 가고 하나님의 의지가 저 길로 갈 때, 내게 분별력이 있다면 나는 내 의지를 주님의 것과 일치시킬 것이다.

『우리가 은혜를 받을 것...을 많은 애원으로 우리에게 간청하였느니라』 (4절).

여기에 보면 마케도니아에 어떤 극빈한 그리스도인이 있는데, 그는 마케도니아인들이 다른 성도들을 도우려고 모은 선물을 사도 바울에게 받으라고 간청하고 있다. 바울은 그 돈을 즉시 되돌려 주었을 것이다.

나는 해외의 그리스도인들과 사역하면서 그런 일을 목격했다. 언젠가, 성경침례교회가 대만의 기독교 나환자촌에 보낼 깨끗한 흰 양말을 헌물로 거둔 적이 있었다. 답례로 그 나환자들은 우리에게 한 가지 더 보내 달라고 요청했다. 그들의 손에 가지고 있는 시간이 무척 많기 때문에, 우리의 기도 제목들을 보내 주어서 그것들을 두고 하루 종일 기도하게 해달라고 요청했던 것이다.

그것은 본문 5절을 완벽하게 예증한다. 『**그들이 이것을 행하였으니 우리가 바라던 대로가 아니라 하나님의 뜻에 따라 먼저 자신들을 주께 드리고**』. 대만의 그 불쌍한 나환자들은 돈은 줄 수 없어도 그들이 할 수 있는 것을 우리에게 주었으니, 그들은 우리에게 그들의 기도를 주었던 것이다.

마케도니아의 그리스도인들도 마찬가지였다. 그들은 사도 바울의 기대를 훨씬 넘어섰는데, 그들은 돈을 주었음은 물론, 무엇보다 먼저 그들 자신을 주었던 것이다. 하나님께서 당신을 소유하고 계시면, 주님은 당신의 지갑도 소유하고 계신 것이다!

한편, 사도 바울이 고린도인들 안에서 완성하고 싶었던 『**이 은혜**』(6절)는 『**마케도니아 교회들에게 주신**』(1절) 그 은혜이다. 그것은 베푸는 은혜이기에, 이 베푸는 은혜는 각 그리스도인의 삶에서 완성될 필요가 있다.

8:7 따라서 너희가 매사에, 즉 믿음과 언어와 지식과 모든 간절함과 너희가 우리를 사랑하는 일에 있어서 넘친 것같이 이 은혜에서도 넘치기를 바라노라.

8 나는 명령으로 말하지 않으며 다만 다른 사람들의 열성을 통하여 너

희 사랑의 진지함을 증명하려는 것이라.

9 **너희가 우리 주 예수 그리스도의 은혜를 알거니와 부요하신 분이 너희를 위하여 가난하게 되신 것은 그 가난함으로 인하여 너희를 부요하게 되도록 하심이라.**

고린도인들은 몇 가지가 넘치도록 풍부했다(7절). 그들은 『**믿음**』과 증거할 수 있는 능력, 즉 『**언어**』와, 성경에 대한 『**지식**』과, 주님을 위한 모든 일(『**모든 간절함**』)과, 사도 바울과 그의 동역자들에게 보인 『**사랑**』이 넘쳤던 것이다. 바울이 원한 것은 그들이 이 모든 일에 넘친 것만큼 베푸는 일에도 넘치는 것이었다. 여기서 베푸는 것이 『**이 은혜에서도**』라고 불리는 이유는 첫째, 그리스도인의 삶에 다른 은혜들이 있고, 둘째, 베푸는 데는 은혜가 필요하기 때문이다.

사도 바울이 그들에게 원하는 것은 베푸는 것이지만, 그가 후에 고린도후서 9:7에서 『**인색함이나 억지로는 하지 말아야 하리니**』라고 한 것으로 보아, 그들이 꼭 그렇게 해야 한다는 것이 아니었다. 그는 그들이 『**마케도니아 교회들**』의 베풂 때문에(『**다른 사람들의 열성**』 - 8절) 그들 또한 베풀기를 진정으로 원하고 있는 것이다. 그것은 "남들이 하는 것을 따라 하는 것"이라기보다는 그의 모든 회심자들이 동일하게 성장하는 것을 확실히 해두고 있는 것인데, 그는 고린도인들의 "빈약한 주머니 사정"으로 그들의 성장이 방해받는 걸 원치 않았던 것이다. 베풂은 또한 『**너희 사랑의 진지함**』을 증명하는 것이므로, 따라서 바울은 마케도니아인들이 베풀어서 얻는 그 동일한 은혜를 얻기 위해 고린도인들도 베풀고, 또 그들의 선물로 유익을 누릴 형제들을 향한 사랑도 보여 주기를 원했다.

본문 9절은 고린도인들에게 보내는 편지들에서 반드시 외워야 할 핵심 구절들 중 하나이다. 이 구절은 사도 바울이 자신의 거의 모든 서신을 끝맺는 데 쓰는 『**주 예수 그리스도의 은혜**』를 정의한다.

『**주 예수 그리스도의 은혜**』가 무엇인가? 『**부요하신 분이 너희를 위하여 가난하게 되신 것은 그 가난함으로 인하여 너희를 부요하게 되도록 하심이라.**』 그것이 주님의 은혜이다. 주님께서 그 일을 하시는 데는 은혜가 필요했다. 그리스도께서 하늘을 떠나 마구간에서 태어나시고, 인간들에게 모욕을 당하시고 십자가에서 죽으시는 데에도 은혜가 필요했다. 더욱이 주님께서 죄인들을 위해 그 일을 하시는 데에는 은혜가 필요했다. 그래서 설교자들이 은혜(grace)를 묘사하는 데 사용하는 오행시는 매우 적절하다 아니할 수 없다. "God's Riches At Christ's Expense"(그리스도를 희생시켜 베푸시는 하나님의 부요하심).

8:10 이 점에 있어서 나의 의견을 표하노니 일 년 전부터 시작한 행동이었을 뿐만 아니라 원하던 것이니 너희에게 유익한 것이라.

11 그러나 이제는 그 행동을 실천하라. 그리하여 마음에 준비했던 대로 너희가 가진 것에서 그렇게 실천하라.

12 먼저 할 마음만 있다면 사람이 가진 대로 받으실 것이며 없는 것을 받지는 아니하시리라.

본문 10절에서, 사도 바울은 고린도인들에게 "유익한 의견"을 표한다. 바울이 말하려고 하는 것은 명령이 아니다. 이런 구절과 마주칠 때, 어떤 사람들은 그 구절이 바울의 "의견"에 불과하기 때문에 그것을 무시하는 경향이 있지만, 당신은 그런 태도를 경계해야 한다. 이 경우, 바울의 『**의견**』은 성령의 영감을 받은 성경이다. 바울이 그것을 『**의견**』이라고 부르는 것은 베푸는 것이 그리스도인의 삶에서 자유 의지의 문제인지라, 자율적으로 베풀지 않으면 그 일이 베푸는 자에게 아무런 유익을 주지 못하기 때문이다(고후 9:7). 바울이 본문 10,11절에서 고린도인들에게 하는 말처럼, 그것은 그리스도를 위해 시작한 일을 완수하라는 선한 충고이다. 하나님께 대한 맹세를 지키는 것은 『**유익한**』 일이기 때문에, 만일 예수 그리스도를 위해 무언가를 하기로 마음먹고서 지체 없이 그것을 실행한다면, 보다 나은 성도의 삶을 누릴 것이다.

본문 12절은 그리스도인이 "하나님의 뜻"을 확인하는 데 도움을 주는, 성경의 가장 위대한 구절들 중 하나이며, 그것은 반드시 암기해야 한다. 만일 밥 존스 시니어가 옳다면, 성공적인 그리스도인이란 그의 인생을 향한 하나님의 뜻을 알고서 그것을 실행에 옮기는 사람이다. 또한 만일 당신이 하나님의 뜻 안에 있는지 알고 싶다면, 본문 12절이야말로 당신이 삶의 기준으로 삼고 싶어할 구절이다.

본문 12절은 헌신의 열쇠이다. 만일 당신이 사역 중 언제라도 하나님의 뜻 안에 있는지 알고 싶다면, 본문 12절이 바로 "당신의 순수성을 검토해 볼" 장소이다. 하나님께서는 주님 자신이 보시기에 불가능한 것을 당신에게서 요구하지 않으시지만, 주님은 당신이 불가능하다고 생각하는 것을 기꺼이 하고자 하는지 당신을 시험하실 것이다. 그리스도인이 융통성이 있는 한, 즉 그가 특정한 일을 기꺼이 행하거나 특정한 장소에 기꺼이 가고자 한다면, 그는 하나님의 뜻 안에 있는 것이다. 그는 단지 어떤 시점에서 저항하고 기꺼이 하기를 거부함으로써 하나님의 뜻에서 벗어날 위험에 처해 있는 것이다.

내 설교를 들어보면, 내가 당신과 하나님 사이의 논쟁을 언급하는 것을 꽤 자주 들을 것이다. 내가 그것을 말하는 것은, 그것이 '모든 그리스도인의 생애에서 일고 있는 가장 위대한 일'이라는 것을 인지하기 때문이다. 따라서 우리는 곤경에 처하여 우리와 주님 사이에 논쟁이 벌어지는 곳에 이르는데, 그것이 바로 욥기이다.

당신의 인생에서, 당신은 돈이 바닥나거나, 아프거나, 가족 중 누가 죽거나, 설교할 장소가 없거나, 시험에서 죽을 쑤거나 하여 하나님께 격심한 불쾌감을 느끼기 시작하는 곳들을 주시한다. 그런 곳들을 주의해서 지켜봐야 하는 이유는 그곳이 바로 주님께서 당신을 시험하는 곳이기 때문이다. "너는 이것을 '기꺼이' 받아들이겠느냐? 너는 '이것을' 기꺼이 견뎌 내겠느냐?"

"내가 너를 성경신학원에 다니도록 부른 후 네가 그 훈련을 끝마쳤는데, 너를 설교자로 부르지 않는다고 가정해 보라. 내가 생계를 위해 다른 일을 하라고 너를 부른다면, 너는 기꺼이 응하겠느냐?" 바로 그것이다! 나는 설교를 하지 못하게 되는 데에 결코 굴복하지 않는 사람들을 만났었다. 내가 펜사콜라성경신학원에서 가르쳤던 젊은이들 가운데는 설교를 하기로 마음을 단단히 굳히는 바람에 설교를 하지 못하게 되는 데에 굴복하지 않은 이들이 있었다. 나는 주님께서 한 부부를 사역에서 제외시키시는 것도 보았는데, 그들은 결코 굴복하지 않았다. 그러나 현재는 굴복하는 단계에 있다.

그런 것에 관해 말할 때는 내가 적격이다. 이렇게 말할 때면 스스로가 바보처럼 느껴지지만, 내 속을 내가 잘 알고 있기 때문에, 나는 내가 주님의 손 안에서 얼마나 융통성이 있는지를 알고 있다. 난 단지 다른 사람들에게 융통성이 없는 것처럼 보일 뿐이다.

내가 주님의 손 안에서의 융통성과 가변성과 유연성에 관해 얘기할 때, 나는 당신이 주님과 쟁점이 있을 때마다 굴복할 준비가 되어 있음을 말하는 것이다.

주님께 정직하라. 기꺼이 하고자 하는 마음이 들지 않으면, 주님께 그렇게 말씀드리되, 그것을 반항의 영으로는 하지 말라. 당신도 기꺼이 할 수 있도록 해주시라고 주님께 요청하라. 주님께서 당신의 마음을 변화시키시도록 기꺼이 마음의 문을 열고, 주님께서 행하실 때 주님께 굴복하라. 그러나 이미 마음을 단단히 굳히고 기꺼이 변화되려고 하지 않을 때는 곤경에 빠지게 된다.

8:13 이는 다른 사람들은 평안하게 하고 너희에게는 짐을 지우려는 것이 아니라

14 균등하게 하려는 것이니 지금은 너희의 풍족함으로 그들의 부족함을 보충함으로써 후에 그들의 풍족함으로 너희의 부족함을 보충하여 균등함이 있게 하려는 것이니

15 기록된 바 "많이 거둔 자도 남는 것이 없고 적게 거둔 자도 부

족함이 없었도다." 함과 같으니라.

이 문맥에서, 사도 바울은 고린도인들이 특별 헌금을 거둬 주기로 마음을 정하기 일 년 전에 자신이 예루살렘의 가난한 성도들 편에 서 있었음을 말하고 있다. 하지만 당시 그들은 줄 돈이 없었다. 그래서 그들은 자신들이 할 수 있는 것을 베풀고 나머지는 하나님께서 채우시도록 하는 대신, 베푸는 것을 아예 중단해 버렸다.

그러나 사도 바울은 주님께서 여분의 돈을 그들에게 주셨다고 기록했다(『**지금은 너희의 풍족함으로**』 - 14절). 그래서 바울은 그들이 전에는 없어서 베풀지 못했던 그 여분을 하나님께서 주셨으니 그것을 사용하라고 권유하고 있는 것이다.

자, 사도 바울은 예루살렘의 가난한 성도들의 열악한 처지를 개선하려고 노력하는 것이 아니다(13절). 그러나 그가 추구하는 것은 형제들 간의 『**균등함**』이다. 분명, 하나님께서는 궁핍에 처한 다른 이들을 도울 수 있도록 고린도인들에게 풍부하게 공급해 주셨다. 그들 역시 다른 그리스도인들의 도움을 필요로 할 때가 찾아올 것이고, 주님께서는 다른 교회에게 주시곤 하셨던 그 풍부함으로 그들의 필요를 공급해 주실 것이다.

『**균등함**』이라는 단어는 성경에서 오직 이 구절에서만 발견된다. 그것은 "공포 시대"와 나폴레옹 전쟁들을 야기한 프랑스 대혁명의 평등과 같지 않다("자유, 박애, 평등"). 그것은 "어떤 이들은 다른 이들보다 더 평등하다"는 칼 마르크스의 정치경제과학적 묵상과 아무런 관계가 없다. 그것은 셔우드 숲에서 부자들을 강탈해 가난한 이들에게 나누어 주는 로

빈 훗이 아니며, 분명 그것은 존슨 대통령의 "가난과의 전쟁"도 아니다.

그것은 궁핍에 처한 다른 그리스도인들을 도우라고 하나님께서 주신 그 풍요함을 일단의 그리스도인들이 사용하는 것이다. 그것은 하나님께서 당신을 다른 이들에 대한 축복으로 사용하시도록 자신을 주님께 내어드리는 것이다.

사도 바울은 출애굽기 16장의 만나 이야기를 자신이 말하고자 하는 핵심을 예증하는 데 사용한다(15절, 출 16:18 참조). 하나님께서는 이스라엘인들의 필요(needs)를 공급해 주셨지만, "탐욕"(greeds) 때문에 벌레가 생겼다. 만나는 『**각 사람이 자기의 식량에 따라**』(출 16:18) 하루를 기준으로 공급되었으며, 결과적으로 모든 이가 각자의 허기를 채우는 데 필요한 양을 정확하게 거두었던 것이다.

8:16 너희를 위하여 디도의 마음에 똑같은 간절함을 주신 하나님께 감사하노라.

17 실로 그가 권고를 받아들였고 더욱 열성을 내어 자원하여 너희에게로 나아갔느니라.

18 우리가 그와 함께 형제를 보내었으니 그는 모든 교회에서 복음으로 칭찬을 받는 자니라.

19 그뿐만 아니라 그는 또한 우리와 함께 이 은혜를 가지고 여행하도록 여러 교회에서 선정된 사람이니 우리가 맡아 일하는 이 은혜는 동일하신 주의 영광을 드러내고 너희의 준비된 마음을 나타내는 것이라.

디도는 사도 바울만큼 고린도인들을 사랑하기 위해 도착했다(16절). 바울이 도착하기 전에 미리 고린도에 가서 그들이 연보를 모으는 데 도움을 줄 사람이 필요했을 때, 디도가 자원한 것이다(17절).

본문 18절의 『**형제**』는 이름이 밝혀져 있지 않지만, 아마도 그건 실라일 것이다. 실라는 사도 바울이 고린도 전역에 선교 여행을 하는 데 조력자 역할을 했다(18절, 행 18:5 참조). 실라는 또한 바울과 함께 다닐 때 이방인들에게 예루살렘 공회의 명령을 전달하라고 예루살렘 교회에 의해 선정된 사람이기도 했다(19절, 행 15:25-27 참조).

8:20 이 일에 조심하는 것은 우리가 맡은 이 거액의 연보에 대하여 아무도 우리를 비난하지 못하게 하려 함이니

21 주 앞에서 뿐만 아니라 사람들 앞에서도 정직한 일들을 하려 함이니라.

사도 바울은 이 연보에서 거둬진 돈에 대해 매우 조심스러웠다. 그는 그 누구도 자신이나 디도가 그 돈을 도둑질하거나 착복했다고 손가락질하며 비난하는 것을 원치 않았다(20절). 그래서 디도를 실라와 같이 보내 서로를 감독하게 했고, 바울은 그들 모두에 대해 이중 감독관 역할을 했다.

모든 교회는 교회의 돈에 대해 이중, 삼중으로 감독해야 한다. 어느 한 사람이 돈을 통제해서는 안 되며, 수표는 한 사람 이상에 의해 서명되어야 한다. 음흉한 일이 벌어지지 않도록 늘 일을 그렇게 처리하라.

그러나 그토록 철저히 처리할 때조차도 어떤 음흉한 일이 진행되고 있을지 모른다.

이곳에 있는 몇몇 남침례교회들에서는, 집사회가 자기네 사람들을 재정위원회에 소속시켜서 그들을 이용해 교회의 자금을 통제한다. 그래서 때로는 그러한 혼잡을 바로잡기 위해 교회 헌법을 완전히 다시 써야 할 때도 있다.

나는 그들 가운데 있었던 적이 있다. 내가 어느 교회에서 처음으로 설교했던 첫 번째 주였음이 틀림없는데, 한 남자가 예배가 끝날 무렵 복도를 따라 나와 내 손을 잡고 악수를 하더니 5달러짜리 지폐를 쥐어 주는 것이었다.

내가 물었다. "이게 뭡니까?"

"당신께 드리는 겁니다."

"왜 헌금함에 넣지 않았습니까?"

"럭크만 형제님, 글쎄 내가 그것을 이 교회 헌금함에 넣으면, 그것이 당신께로 가지 않을까 해서 그랬습니다."

이에 나는 몹시 놀랐다. 네다섯 달 동안 그것이 믿어지지가 않았다. 그 후 나는 우연히 또 다른 경우를 경험했는데, 한 남자가 수표를 써서 내게 개인적으로 전달해 주는 것이었다. 그 교회 지도자가 내 이름을 수표 뒷면에 위조해 써서는 그것을 나도 모르는 사이에 현찰로 바꾸었기 때문이었다.

나는 집사들이 일 년에 8,000달러를 횡령해 그것을 교회장부에 없는 개별 재정에 넣어 놓는 교회에 있어 봤다. 그러니 그 재정이 존재한다는 것은 그것을 만들어 놓은 집사들 외에는 아무도 몰랐다. 나는 목사가 교회의 채권 프로그램에서 무기명 채권 13,000달러를 가지고 달아난 교회에 있어 봤다. 그 교회는 그 돈을 돌려받을 수 없었는데, 그 이유인즉, 무기명 채권은 그것이 누구의 수중에 있든지 누군가 그것을 제시하면 현찰로 바꿀 수 있었기 때문이었다.

나는 목사가 은행에 찾아가서 다른 누군가에게 줄 돈을 요구한 뒤, 쿠폰형 채권을 직접 뜯어내어 현찰로 바꾼 교회들에 있어 봤다. 내가 아는 한 목사는 교회를 세우는데 300,000달러를 빌렸지만, 실은 전 재산이 85,000달러의 가치도 안 되었다. 그는 표준 가격과 소유지 경계에 관해 거짓말을 했던 것인데, 그는 소유지가 실제보다 1에이커 더 되는 것처럼 대금업자를 속였던 것이다.

자, 그런 일들이 이 나라 전역의 기독교 사역에서 밤낮 없이 진행되고 있다. 만일 목사가 사역에 임하는 자신을 누구도 비난할 수 없다는 것을 보증하려 한다면, 그는 『**사람들 앞에서... 정직한 일들을**』 해야 할 것이다 (21절).

이곳 성경침례교회와 펜사콜라성경신학원에서, 우리는 공인회계사로 하여금 매년 금전대장들을 검토하게 한다. 그러니 옳게 행하기만 하라. 그러면 어떤 문제도 없을 것이다. 모든 일을 공명 솔직하게 하라. 그러면 어떤 문제도 없을 것이다.

8:22 또 우리는 그들과 함께 우리의 형제를 보내었으니 우리가 여러 번 많은 일로 그 사람이 성실함을 증명하였으며 또 내가 너희 안에 가지고 있는 큰 신뢰로 지금은 더욱더 성실하니라.

23 디도로 말하면 그는 나의 동반자요, 너희에게는 동역자이며 또 우리 형제들로 말하면 그들은 여러 교회의 사자들이요, 그리스도의 영광이니라.

24 그러므로 너희는 그들과 교회들 앞에 너희의 사랑과 너희를 위한 우리의 자랑의 증거를 보이라.

사도 바울은 그의 선교 동료들에게 큰 확신을 가지고 있었는데, 그들은 그리스도께서 하신 그 금언의 본보기들이었다. 『**지극히 작은 일에 신실한 사람은 큰 일에도 신실하며**』(눅 16:10). 바울은 첫 번째 형제에 관해 『**우리가 여러 번 많은 일로 그 사람이 성실함을 증명하였으며**』라고 말할 수 있었다(22절). 그가 더 작은 일들에 성실했기 때문에, 바울은 그가 고린도인들의 연보에 관해서도 성실할 것이라고 확신했다.

디도는 고린도인들의 참된 친구로 증명되었다. 사도 바울은 그에 대해서 『**그는 나의 동반자요, 너희에게는 동역자이며**』라고 말했다(23절). 그래서 바울은 아카야 지방의 교회들에게 권유하기를, 바울이 그들과 함께 있었을 때 그에게 했던 것처럼 디도와 그의 동료들에게도 『**너희의 사랑...의 증거**』를 보이라고, 즉 사랑을 실천하라고 권유한다. 그것이 바로 그가 그들에 관해 자랑했던 점이다(24절).

고린도후서 9장

이번 장은 "베푸는 것"에 관해서 성경의 가장 위대한 장들 중 하나이다. 우리는 베푸는 것을 실제적인 문제로 생각하는 경향이 있지만, 이번 장에서 사도 바울은 베푸는 것에 관한 위대한 교리적 진리들을 말해 주고 있다.

예를 들어, 본문 9절에 이르면, 베풂에 관한 신약의 교리가 드라이 크리너들의 신학과 어떻게 완전히 어긋나 있는지 보게 될 것이다. 우리는 지금까지 인쇄물에서 발견된 가장 위대한 약속을 발견할 것이며(8절), 베풂이 하나님의 사랑에 대해 갖는 직접적인 관계에 대해 배울 것이다.

그러므로 그러한 것들을 염두에 두고서 9장을 시작하도록 하자.

9:1 성도들을 섬기는 일에 대하여서도 내가 너희에게 쓸 필요가 없으니

2 이는 내가 너희 마음의 열성을 알기 때문이라. 내가 너희를 마케도니아 사람들에게 자랑하기를 "아카야에서는 지난 해부터 준비했노라."고 하였으니 너희의 열정이 많은 사람을 분발케 하였느니라.

3 그러나 내가 형제들을 보낸 것은 이 문제에 있어서 너희에 대한 우리의 자랑이 헛되지 않게 하려 함이요, 내가 말한 바와 같이 너희로 준비하게 하려 함이니라.

4 혹시 마케도니아 사람들이 나와 함께 갔다가 너희가 준비되지 아니한 것을 알면 우리가 (우리가 너희라고 말하지는 않지만) 이같이 자신 있게 자랑하는 일에 수치를 당하게 될까 함이라.

5 그러므로 나는 그 형제들에게 권하여 그들이 너희에게 먼저 가서 너희가 전에 알려 준 너희의 연보를 미리 준비하도록 하는 것이 필요하다고 생각하였노라. 이렇게 준비하는 것이 연보 같고 억지로 한 것 같지 아니하니라.

본문 1절의 "superfluous"(여분의, 과잉의)라는 단어는 "필요 이상의" 또는 "불필요한"의 뜻이다(〈한글킹제임스성경〉은 이것을 『**필요가 없으니**』라고 정확히 번역했다 - 역자 주). 바꿔 말하면, 『**성도들을 섬기는 일**』이 주제가 될 때에는, 그가 그것에 관해 필요 이상으로 말했기 때문에 다른 어떤 설명도 불필요할 것이라는 것이다.

『너희의 열정이 많은 사람을 분발케 하였느니라』(2절).

그리스도인들은 서로를 자극해서 선한 일들을 하게 해야 한다. 옳은 일을 하도록 서로를 분발시키는 것은 좋은 일이며, 그것은 어떤 모양으로든지 도움이 된다. 그러니 그 일 때문에 시기하거나 불쾌해지는 대신, 그 일에 대해 하나님께 감사하도록 하라.

당신이 분발하면, 당신은 다른 이들을 분발시킨다. 당신이 다른 이들을 분발시키면, 그들은 심지어 바르게 되지 않았을지라도 바르게 된 척이라도 한다. 나는 예나 지금이나 성경 문제로 자극되어 있는데, 그게 어찌나 강하던지 결국 펜사콜라의 그리스도인들은 바른 헬라어 성경을 지지해야만 했다.

자, 본문 1-5절에서 진행되는 내용은 다음과 같다. 사도 바울은 그들이 모은 연보를 가지러 마케도니아에 갔었다. 마케도니아인들은 아카야에서는 이전 년도부터 연보를 모았다는 바울의 말에 모두 흥분이 되었다. 그리하여 그들은 그렇게 할 여력은 없었지만, 그들도 바울에게 줄 연보를 충분히 모을 때까지 연보를 바치게 되었다(고후 8:1-6).

사도 바울은 고린도인들을 사랑하고 그들의 열성에 대해 자랑했지만, 그들이 애초에 시작했던 일을 끝까지 이루지 않았다는 의심을 남모르게 품고 있었다. 그래서 그는 고린도인들이 주기로 약속한 것을 모아 놓았는지를 확실히 해두기 위해 디도와 실라를 앞서 보낼 예정이었다(5절, 8:23과 8:16 참조).

물론, 사도 바울은 자신이 탐욕을 부려 그 돈에 손대는 것을 염려하지 않았다(**『억지로 한 것 같지 아니하니라』** - 5절). 오히려, 그는 예루살렘의 가난한 성도에게 줄 충분한 연보를 원했으며(『**이렇게 준비하는 것이 연보 같고**』 - 5절), 고린도인들의 평판이 방문객들 앞에서도 그대로 유지되기를 원했다.

사도 바울은 그가 그 연보를 받으려고 왔을 때, 몇몇 마케도니아인들이 그와 함께 와서 연보가 준비되지 않은 것을 알까봐 두려워했다. 바울은 고린도인들에게 떨어질 비난을 기꺼이 대신 받고자 했지만(4절), 실제로 그가 그들에게 바랐던 것은 그가 그들에 대해 말했던 그 선한 일들에 어울리는 삶을 살아 주는 것이었다.

9:6 그러나 내가 이것을 말하노니, 적게 심는 자는 적게 거두고, 넉넉하게 심는 자는 넉넉하게 거둔다는 것이라.

7 각 사람은 미리 마음속에 정한 대로 할 것이요, 인색함이나 억지로는 하지 말아야 하리니 이는 하나님께서는 기쁨으로 드리는 자를 사랑하심이니라.

8 하나님께서는 너희에게 모든 은혜를 넘치게 하실 수 있나니 모든 것을 언제나 너희가 필요한 대로 가질 수 있게 하심으로 모든 선한 일에 넘치게 하시려는 것이라.

9 (기록되기를 "그가 멀리 흩어서 가난한 자들에게 주었으니 그의 의가 영원히 남음이라." 함과 같으니

이것은 "베푸는 것"에 관한 신약적 기준을 제시하는 위대한 단락이다. 나 같으면 본문 6,8절을 확실히 외워 둘 것이다. 본문 6절은 "추수의 법칙"이라고 알려져 있으며, 그것은 갈라디아서 6:7-9과 비교해야 한다. 그에 대한 완전한 법칙은 아래와 같다.

1. 당신은 당신이 심는 것을 거둔다(갈 6:7,8). 만일 썩은 육신에 심으면 "썩은 것"을 거두지만, 생명의 영이신 성령에 심으면 "영생"을 거둘 것이다.

2. 당신은 언제나 심는 것보다 더 거둔다(요 12:24).

3. 당신은 당신이 어떻게 심느냐에 따라 거둔다(고후 9:6). 만일 적게 심는다면, 적은 수확을 거둘 것이나, 많이 심는다면 큰 수확을 거둘 것이다.

4. 당신은 미래에 거둘 것이다(갈 6:9). 어쩌면 그것은 이곳 지상이 아닐 수도 있다. 당신은 그리스도의 심판석에 가서야 추수한 것을 볼지도 모르지만, 어쨌든 당신은 거둘 것이다!

자, 이것은 "영적 법칙"(spiritual law)이다. 대학생선교회(CCC)는 "사영리"(Four Spiritual Laws)라 불리는 한 유명한 소책자를 사용하지만, 네 법칙 중 단 한 가지도 진짜 영적 법칙이 아니다. 그러나 본문 6절은 진짜 영적 법칙이다. 만일 당신이 적게 심으면 적게 거두는 것이고, 넉넉하게 심으면 넉넉하게 거두는 것이다.

그러나 그것은 당신이 심는 모든 씨가 좋은 열매를 맺을 거라는 얘기가 아니다. 까마귀들이 씨앗 몇 개를 먹어 버릴 수도 있고, 벌레들과 애벌레들이 작물 중 얼마를 먹어치울 수도 있으며, 가시나무들과 잡초들이 그것 중 얼마를 질식시킬 수도 있다. 그러나 많이 심을수록 많이 거둘 것이라는 이치에는 변함이 없다. 사업에서, 사람들이 부자가 되는 것은 돈을 투자해서 그런 것이지 그것을 남몰래 저장해 두어서 그런 것이 아니기 때문이다.

그리고 이제 그 기준은 본문 7절에 있다. 『**각 사람은 미리 마음속에 정한 대로 할 것이요**』.

기술적으로 말하면, 베푸는 데 있어 신약적 최소한도는 없다. 자, 내 말을 오해하지 말라. 나는 십일조를 믿는다. 나는 은혜 아래 있는 신약의 어떤 그리스도인도 율법 아래 있는 구약의 유대인이 하는 만큼 할 수 있어야 한다고 생각한다. 나는 하나님께서 율법 "이전에" 아브라함(창 14장)과 야곱(창 28장) 안에서 십일조의 예들을 보여 주셨다고 생각한다. 내가 구원받은 후 주님께서 재정적인 축복을 내려주기 시작하신 것은 십일조를 드린 후부터였다.

그러나 최종적으로 해석해 보면, 신약적 베풂은 당신과 주님 사이에 있다. 당신은 무엇을 할 것인지 주님과 함께 마음에 결정을 내려야 하며, 주님께서는 당신과 주님이 그 일을 어떻게 성취했는지에 따라 당신에게 보상해 주실 것이다. 내 생각에, 그 비결은 당신이 얼마나 많이 주고 그것에서 벗어날 수 있는지를 알아내는 것이다.

한번은 어려움에 처한 누군가를 도우려고 어떤 세금면제 혜택도 없이 백 달러를 써버린 적이 있었다. 그러나 일주일도 안 되어 이전에도 몰랐고 그 후로도 전해들은 적이 없는 한 남자로부터 우편으로 백 달러를 받았다. 또 한번은 돈 몇 푼을 덤으로 살짝 얹어놓은 후 그것에 관해 깨끗이 잊어버릴 생각이었는데, 어느 집회를 마치고 귀가하자마자 아내가 날 보고 대뜸 하는 소리가 "오늘 우편으로 이런저런 금액의 수표가 왔더라고요." 하는 것이었다. 그런데 그것은 내가 주었던 바로 그 금액이었다.

『**인색함이나 억지로는 하지 말아야 하리니**』(7절).

이 주석서를 읽는 목사 친구에게 내가 경험에서 나온 좋은 충고를 하나 해주겠다. 십일조를 내라고 사람들에게 강요하지 말라. 나는 한 교회에서 12년을 목사직을 맡았었고(브렌트침례교회), 현재(2002년) 또 다른 곳에서 30년 동안 사역을 하고 있지만(성경침례교회), 그들에게 십일조를 내라고 어떤 압력을 넣은 적이 없다. 결코 그럴 필요가 없었다. 한번은 누군가가 내게 이런 말을 했다. "양들을 먹이라, 그러면 그 양들이 당신을 먹일 것이다." 나는 그렇게 해오고 있고, 그들도 그렇게 해오고 있다!

자, 나는 그들에게 베푸는 것에 대해 가르쳤다. 나에게는 베풂에 대해 했던 설교가 두 편이 있는데, 아마도 지난 27년 동안 해마다 총 세 번은 설교했을 것이다. 나는 "여러분이 십일조를 하지 않으면 하나님 것을 도둑질하는 것입니다."라든가, "십일조를 하십시오. 그렇지 않으면 주님께서 여러분의 자녀들을 취해 가실 것입니다." 같은 것을 말한 적이 없다. 내가 참으로 믿는 것은, 때때로 어느 인색한 그리스도인에게 고난이 닥칠 때 하나님께서 주님의 십일조를 모으고 계신다는 것이며, 나는 바로 그렇게 설교했다. 그러나 나는 내 회중 가운데 십일조를 하지 않는 이들을 협박한 적은 없다.

나는 만일 당신이 영적인 것들을 설교하면 공공연한 명령보다 더 많은 손해를 줄 거라는 것을 깨달았다. 내가 브렌트침례교회에서 목사직을 맡은 12년 동안, 우리는 이전 목사가 남겨 놓은 총 325,000달러의 불량대부를 가까스로 청산했고, 내가 떠날 때, 그 교회는 전혀 빚이 없었으며, 교회 땅값도 완전히 지불되었다. 아까 말했듯이, 나는 어떤 교회 회원에게 돈을 내라고 강요하거나 협박할 필요가 전혀 없었다.

형제들이여, 주님께 당신의 "돈"을 맡길 수 없다면, 주님께 당신의 "혼"을 어떻게 맡길 수 있겠는가? 사실 우리는 우리의 혼보다 돈을 더 소중히 여긴다. 우리는 우리의 혼을 소중히 여긴다고 말하지만, "필요할 때에는" 돈을 보게 된다. 돈이 있어야 물건도 사고 세금도 내니, 돈을 보는 것 아니겠는가? 하지만 혼은 볼 수 없다.

한번은 한 친구가 이렇게 말했다. "만약 당신이 그리스도께 인도한 모든 혼에 대하여 각각 100달러가 제공된다면 어떻게 하시겠습니까?" 만일 그렇게 된다면, 당신은 하나님을 향한 열정으로 불탈 사람들이 있을 거라는 걸 모르는가! 나는 당신이 『**사람이 온 세상을 얻고도 자신의 혼을 잃는다면 무슨 유익이 있겠느냐?**』(막 8:36)는 말씀을 믿는다는 것을 안다. 당신은 그것을 믿고 있다. 당신은 그 혼이 어떤 것보다도 소중하다는 것을 믿는다. 그러나 당신이 그것을 저울 위에 올려놓고 혼 하나에 100달러라고 말할 때, 그것은 당신에게 더 많은 의미를 가질 것이다. 그렇지 않은가?

장담컨대, 당신네들은 직장을 그만두고서 전임 구령자들이 될 것이다. 당신들은 아침부터 밤까지 혼들을 찾아 사방으로 돌아다닐 것이며, 오전 7시에 시작해서 저녁 7시까지 그 일을 계속할 것이다. 그렇지만 혼들은 돈보다 더 가치가 있다. 그러나 우리는 늘 그런 식인 것이다.

내가 여러 교회들로 순회 설교를 다닐 때, 목사들이 십일조와 헌금에 대한 나의 가르침에 대해 물었다. 나는 내 회중에게 가르치기를, 그들이 그들의 십일조로 지원할 수 있는 훌륭한 성경대로 믿는 교회를 찾으라고 한다. 만일 그럴 수 없다면, 그들은 그들의 돈을 다른 어딘가에 따로 두는 것이 좋을 것이다. 나라면 결코 누구에게라도 그의 십일조가 특정 지역 교회로만 가야 된다고 말하지 않을 것이다. 만일 부흥시킬 만한 가치가 없는 교회들이 있는 지역에 산다면 어찌할 것인가? 그래도 그 교회에 돈을 갖다 줄 것인가?

미네소타의 뷰트라는 마을에는 교회가 셋 있는데, 북침례교와 영국 성공회와 몰몬교회이다. 당신은 어떻게 할 것인가? "너희는 모든 십일조를 창고에 들여오라"는 말씀(말 3:10)을 어떻게 적용하겠는가? 사려 판단력이 형편없지 않고서야 그런 일은 없을 것이다. 그러나 그 일에 대해 극단적으로 흐를 수도 있다.

나는 사람들에게 십일조를 걷고 거둔 그것을 교회에 두는 훌륭한 교회를 찾으라고 가르친다. 그들은 그 후에야 선교사들과 구령자들과 가난한 성도들과 다른 사역들을 그 헌금으로 지원하게 되는 것이다. 나는 십일조가 최소액이라고 늘 가르쳐왔지만, 그것은 창고에 십일조를 들이는 일보다 훨씬 모질다. 그러나 나는 하나님께서 감사의 표시로서의 10%에 대해 권리를 가지고 계시며, 그 후에 당신이 드리기 시작하는 것이라고 말한다.

사람들은 말한다. "글쎄, 당신은 돈이 많잖아요. 당신에게는 드릴만한 여유가 있다고요." 그렇다. 하지만 보다시피, 나도 당신처럼 없었던 때가 있었다.

내가 밥 존스 대학에 처음 출석했던 해의 구시월에는 십일조를 하지 않았다. 나는 너무 가난해서 십일조를 할 수가 없었다. 십일조를 할 수 있는 길이 전혀 없었고, 그런 나에게 각종 청구서만 날아들 뿐이었다. 화장실도 없는 베니어판 이동 주택에 살았기에, 공동 화장실을 이용해야 했으며, 콸콸 쏟아지는 뜨거운 물도, 시원한 냉장고도 없었고, 석유 난로가 고작이었다. 말하자면, 십일조는 아예 꿈도 꿀 수 없는 상황이었던 것이다.

그러다 마침내 일자리도 잃었다. 내게는 음식이 없었다. 따지고 보면, 가족들을 집으로 돌려보낸 것도 다 그들을 먹일 만한 음식이 없었기 때문이었다. 나는 3일 동안 음식을 구경도 하지 못했는데, 그 덕에 금식을 배웠지만, 자발적인 금식은 아니었다. 이동 주택 안에는 눈을 씻고 봐도 음식을 찾을 수 없었다!

셋째 날, 나는 팬케이크 믹스가 들어 있는 낡은 갈색 상자를 찬장 뒤쪽에서 발견했다. 이전에 살던 사람이 일 년 전에 남겨 놓은 것이었는데, 우유나 버터가 없었기 때문에 물로 반죽해서 요리해 먹었다. 그건 마치 접착용 풀을 먹는 듯한 맛이었다.

돈이 좀 들어왔다. 3달러였다. 하지만 도움이 되기에는 충분치 않았다. 돈이 들어오자, 나는 그 중 30센트를 취해 컵에 넣었고, 그 컵을 그 찬장 뒤에 넣어 두었다. 그리고 다음과 같이 혼자 중얼거렸다. "좋았어, 나도 십일조를 해볼 거야. 저것은 주님의 것이라구. 굶으면 굶었지, 저 30센트는 손대지 않을 거야." 다음 날 문밖을 나가니 통조림과 빵, 버터, 1리터짜리 우유가 내 이동 주택 앞에 놓여 있었다. 난 그렇게 해서 십일조를 시작했고, 이후 6개월간 모든 일이 순탄하게 진행되었다.

그 뒤 어느 집회에 가라는 부름을 받았지만, 돈이 충분치 않아서 거기까지 가는 데 필요한 기름을 넣을 수 없었다. 자가용에는 약 4갤런의 기름밖에 없었고, 집회지는 300마일이나 떨어져 있었다. 그리고 십일조 컵에 10달러가 있었다. 나는 혼자 중얼거렸다. "자, 이런 일은 전에도 겪었었다. 저 10달러를 그냥 컵에 두고 가기만 하면 돼. 만약 기름이 떨어지면, 애를 좀 먹겠지, 뭐."

그리하여 나는 차를 타고 집회를 향해 떠났다. 떠날 때 아이스박스에는 내 아이 다이애나와 데이비드에게 줄 우유가 없었다. 당시 그들은 어린아이들이었다. 다이애나는 일곱 살 정도, 데이비드는 한 살 반 정도밖에 안되었었다.

나는 그 집회를 향해 길을 따라 출발했다. 약 오십 마일을 달린 후, 히치하이커를 태웠다. 나는 그에게 주님을 증거했고, 그가 그리스도인이라는 것을 알았다. 우리는 길을 계속 달렸고, 4갤런의 기름을 다 써버렸다. 그러자 그 히치하이커가 내게 말했다. "나는 조금만 더 가면 되는데, 보아하니 기름이 다 되어 가는군요. 보십시오. 내가 기름을 가득 채워드리지요." 나는 기름 탱크를 집회에 도착하기에 충분한 기름으로 채울 수 있었다. 그리고 집회가 끝난 후, 이동 주택으로 서둘러 돌아와 봤더니, 우편으로 50달러가 도착해 있었다.

자, 당신이 그런 일을 얼마나 많이 겪었는지 모르지만, 난 그것이 당신과 주님 사이에 해결되어야 할 일이라는 것을 알고 있다. 그러나 그것을 어떻게 하는지 말해 주지 않을 것이다. 나는 내가 겪은 것이 무엇이고 그것을 어떻게 해결했는지 알고 있는데, 그 일은 하나님의 은혜로 해결되는 것이다.

본문 8절은 『**하나님께서는 너희에게 모든 은혜를 넘치게 하실 수 있나니**』라고 말씀한다. 나는, 하나님의 은혜로 인해, 언제나 본향으로 영광의 주님께 이를 때까지 십일조보다 더 드리려고 한다. 주님의 뜻이라면, 나는 드리는 것을 20% 또는 심지어 30%까지 하려고 한다.

『**이는 하나님께서는 기쁨으로 드리는 자를 사랑하심이니라**』(7절).

기쁨으로 드리는 것을 하나님께서는 기뻐하신다. 또한 하나님께서는 그런 자를 사랑하신다. 기쁨으로 드리는 자는 자기 돈을 아무렇게나 무식하게 던지지 않는다. 그는 드리고 남는 것이 얼마인가에 대한 걱정 없이 주님께 그것을 진정으로 드리는 것이다.

당신은 헌금함이 옆에 와서 주머니에 손을 넣어 보니 지폐 몇 장이 잡혔던 적이 있는가? 당신은 액면 금액이 얼마인지 모르는데, 하나님께서는 이렇게 말씀하신다. "나를 믿고 첫 번째로 나오는 것을 내는 것이 어떠냐?"

때때로 돈을 드리되, 그것을 장부에 올리거나 세금 면제를 받지 않고 드리는 일은 좋은 일이다. 그것을 드리기 전에, 주님께서 그것을 어디에 드리기 원하시는지 주님께 여쭈어 보라. 당신은 주님께서 원하시는 그것의 쓰임새에 관해 분명한 느낌을 가질 것이다. 그 후 그것에 관해 기록이 남든 안 남든 그것을 내어드리고, 주님께서 그것에 대해 당신을 축복하시는 것을 지켜보라.

『**이는 하나님께서는 기쁨으로 드리는 자를 사랑하심이니라.**』

자, 우리는 하나님께서 온 세상을 사랑하시지만(요 3:16), 하나님의 사랑에 정도가 있다는 것을 알고 있다. 주님은 열두 제자 중 주님의 "측근 그룹"으로 셋을 두셨고, 그들은 베드로, 야고보, 요한이었다. 또한 주님께는 『**예수께서 사랑하시던**』(요 13:23) 특별한 제자가 있었는데, 바로 요한이었다. 주님은 열둘 모두를 사랑하셨지만, 더 친밀한 특정 제자들이 주님과 가까이 지냈으며, 그들은 주님의 사랑을 더 많이 맛보았던 것이다.

당신은 하나님께서 당신을 특별하게 사랑해 주시기를 바라는가? 그렇다면 "돈을 건네 드리기" 시작하라. 당신이 두각을 나타낼 수 있는 기회가 여기 있는 것이다. 즉 30%를 드리기 시작하고 당신의 길을 지속하도록 하라!

당신이 기쁨으로 드릴 때 몇 가지 일이 일어난다.

1. 당신은 드린 것보다 더 돌려받는다(6절).

2. 당신은 당신이 베풀어 준 사람에게 개인적인 축복이 된다(12절).

3. 당신은 그들의 필요를 공급하고, 그들은 그것을 기도 응답으로 여긴다(11,14절). 그에 대한 보답으로, 그들은 당신을 위해 기도하고, 당신으로 인해 하나님께 감사를 드린다!

4. 응답된 기도로 인해 하나님께서 찬양을 받으신다(11,12,15절).

이만 하면 "배당금"으로 꽤 괜찮지 않은가?

나는 대만에 있는 틸만의 나환자들이 우리 교회 성도들로부터 기도 제목을 요구한 일에 대해 이미 얘기한 바 있는데, 그것은 양말을 준 것에 대한 응답이었다! 나는 그 일 때문에 사역을 그만둘 뻔했다. 그 나환자들 중 얼마가 교회까지 100에서 200미터의 거리를 절단된 다리를 질질 끌며 기어가는 것을 비디오로 보았기 때문이다.

플로리다 레이포드의 감옥에 수감된 한 종신 징역수로부터 편지를 받은 일이 기억난다(2000년). 그는 감옥에서 일하면서 매일 20센트를 벌었다. 그는 십일조를 저축하여 펜사콜라의 이곳 성경침례교회에 보내왔는데, 그는 "자기가 돈을 무척 많이 버니까"(일 년에 80달러였다.) 자기가 지원할 수 있는 선교사의 이름을 알려 달라고 했다.

기독교 유명 인사들이 2천만 달러의 건축 프로그램들을 운영하여 일년에 2억 달러의 수입을 거둬들이는 동안 그런 일들이 벌어지고 있다. 그들은 그리스도의 심판석에서 계산하려고 하는 건 아닐 것이다. 아마도 그리스도의 심판석에서 계산한다는 것도 믿지 않을 테니까 말이다.

이곳 펜사콜라에도 기독교 유명인사(전형적인, 배교한 근본주의자)가 있는데, 그는 어찌나 깔끔을 떠는지 그가 지나갈 때면 번쩍번쩍 광낸 구두에서 삐걱 소리가 난다. 나는 그의 아내가 고양이에게 간이 짭짤하게 된 땅콩을 줘서 우유 대신 물을 마시도록 해야 한다고 생각한다.

자, 우리는 전체 성경에서 가장 위대한 구절들 중 하나에 이르렀다. 이와 어깨를 겨루는 유일한 구절이 있다면, 그것은 로마서 8:28이다. 이 둘 사이의 차이점은 로마서 8:28은 무조건적이고, 고린도후서 9:8은 조건적이라는 것이다.

본문 8절은 언제든지 하고 싶을 때에 당신이 주님을 위해 하고 싶은 모든 것을 하라고 하는 것이며, 당신이 필요로 하는 모든 것을 주님께서 주실 것이라는 것을 말씀하고 있다(8절). 그러나 그 약속에 수반되는 어려움은 그것이 조건적이라는 것이다. 로마서 8:28은 모든 그리스도인에게 해당되고, 고린도후서 9:8은 넉넉하게 기쁨으로 드리는 그리스도인에게만 해당된다.

본문 9절에서, 사도 바울은 시편 112:9을 인용한다. 자, 구원에 관해 얘기하자면, 그리스도께서 친히 우리의 의가 되신다(롬 10:1-4). 그러나 그리스도인에게 "그리스도의 의와는 별도인 의로운 몸"이 있다는 사실에 베뢰아 사람들은 당혹스러움을 감추지 못할 텐데, 말하자면 그것이 그의 행위들에 근거한 의이기 때문이다. 본문 9절은 그것에 대한 최상의 예이다. 당신이 가난한 그리스도인이나 궁핍한 그리스도인을 도와줄 때마다, 주님께서는 그 행위를 당신의 의로 기록하시는 것이다(본 주석서의 고후 5:3에 관한 주석을 보라).

9:10 이제 씨 뿌리는 자에게 씨앗을 공급하시는 분이 너희의 양식으로 빵을 공급하시며 또한 너희가 뿌린 씨를 번성케 하시고 너희의 의의 열매를 증가시키시리라.)

11 모든 일에 부요하게 되어 관대한 연보를 함은 우리를 통하여 하나님께 감사드리게 하는 것이라.

12 이는 이 봉사의 직무가 성도들의 부족한 것을 충족시켜 줄 뿐만 아니라 하나님께 드리는 많은 감사로 인하여 넘쳐나기 때문이라.

13 이 직무의 증거를 통하여 그들은 너희가 고백한 그리스도의 복음에 순종함과 또 그들과 모든 사람에 대한 관대한 나눔으로 인하여 하나님께 영광을 돌리며

14 또 너희를 위하여 기도하며 너희에게 주신 하나님의 지극한 은혜로 인하여 너희를 사모하느니라.

15 이제 말로 표현할 수 없는 그분의 선물로 인하여 하나님께 감사를 드리노라.

본문 10절을 해석하는 데는 두 가지 방법이 있는데, 둘 다 옳은 것이다. 첫째는 문자적인 해석이다. 농부에게 심을 씨를 주시는 바로 그 하나님께서 그 씨를 자라게 하시고 빵이 되게 하신다. 그리고 그 빵을 신실하게 주님을 섬기는 이들에게 공급하시고, 그들이 땅에 심는 씨들을 번성케 하신다. 당신이 궁핍한 이들에게 베풀 때(9절), 주님은 『**너희의 의의 열매를 증가시키시리라.**』(10절)고 말씀한다. 따라서 하나님께서 당신에게 심을 씨를 주시는 것은 당신도 먹고 또 그것을 필요로 하는 가난한 사람들도 먹일 수 있게 하려는 것이며, 그 후 주님께서 당신에게 우선적으로 주신 것으로 당신이 옳게 행한 것에 대해 보상해 주시는 것이다.

그에 대한 영적인 적용은 훨씬 더 힘이 있다. 그 씨는 하나님의 말씀이며(막 4:14), 씨 뿌리는 자는 그리스도시다(마 13:37). 그러나 당신은 이 시대에 그리스도의 대사이기 때문에(고후 5:20), 그 씨 뿌리는 자는 당신을 통해 하나님의 말씀을 심으시는 그리스도시며, 그러기에 주님은 제시할 성경 말씀들을 당신에게 제공하신다. 역으로, 주님께서는 주님의 말씀들로 당신을 먹이신다(마 4:4 - 『**사람이 빵으로만 사는 것이 아니요 하나님의 입에서 나오는 모든 말씀으로 사느니라**』). 하나님께서는 당신이 제시하는 그 하나님의 말씀을 사용하시어 사람들을 그리스도께로 데려오시고, 다른 그리스도인들을 자극하여 선한 일들을 하게 하는 데 도움을 주시며, 열매를 맺는 의를 당신에게 주신다. (필자의 주석서 〈전도서〉의 11장을 보기 바란다.)

『**모든 일에 부요하게 되어**』(11절).

그리스도께서 다음과 같이 말씀하셨다. 『**주라, 그리하면 너희가 받으리니, 사람들이 후히 되어 꼭꼭 누르고 잘 흔들어서 넘치게 하여 너희**

품에 안겨 주리라. 이는 너희가 남에게 되어 주는 그 말로 너희가 되어 받게 될 것이기 때문이라』(눅 6:38).

자, 그 모든 것에 수반되는 문제는 은사주의자들이 그들만의 해석법으로 이 구절들을 왜곡하여 "건강과 부," "번영"의 복음을 증명한다는 것이다. 만일 얻기 위해서만 준다면, 그것은 기쁨으로 주는 것이 아니라, 몹시 탐내는 마음에서 탐욕스럽게 주는 것이다. 더구나, 본문 8절의 약속은 "모든 선한 일에 넘치게" 하시는 것이기에, "모든 일에 부요하게 되는 것"은 그리스도를 섬기는 데 쓸 것을 공급받는 것을 말하지, 개인적인 부나 번영을 의미하는 것이 아니다. 또 물론, 하나님께서 당신의 타임 스케줄에 대해 보상해 주셔야 한다는 생각은 완전히 난센스다. 그러나 당신이 무언가를 필요로 할 때, 주님께서 그것을 한 번에 조금씩 갚아 주실 수는 있다.

그리고 또, 주는 것의 결과들 중 하나는 『**하나님께 감사드리게 하는 것**』이다(11절). 당신의 선물을 받아든 가난한 성도들은 그들의 필요를 공급하시려고 당신을 사용하신 데 대해 하나님께 감사를 드린다. 하나님께서 주님께 드린 일에 대해 "당신에게 갚아 주실" 때, 당신 또한 하나님께 감사를 드린다(11절).

그리고 그것은 진정한 천국의 실체이다. 저 위 하늘나라에서, 성도들과 천사들이 하나님께 끊임없는 찬양을 드리고 있기 때문이다.

『**은혜의 보좌**』 앞에 설 때마다(히 4:16), 우리는 "주님, 저는 이것이 필요합니다. 저는 이것을 원합니다. 저에게 이것을 주세요, 저에게 저것을 주세요, 저에게 다른 것을 주세요."라고 간구를 드린다. 알다시피, 주님께서 우리 때문에 귀찮아하시지 않는다는 것은 하나의 기적이 아닐 수 없다. 다 아는 얘기지만, 주님은 매우 인내심이 많으신 것이다.

그러나 저 위에서는 그것이 이렇게 바뀐다. "하나님을 찬양하라! 하나님께 영광을! 어린 양께 할렐루야! 주님을 찬양하라!" 그때 갑자기 내가 모습을 나타낸다.

"저 바깥에 누군고?"

"피터 럭크만입니다."

"자, 그를 들여보내도록 하라! 형제여, 그대는 어떤 찬양들을 가지고 있느뇨?"

"글쎄요, 주님. 전 이것이 필요하고, 저것을 반드시 가져야 합니다. 하지만 만일 주님께서 이것을 해주지 아니하시면..."

자, 주님께서는 『**자비를 얻고 필요한 때에 도우시는 은혜**』를 발견하라고 당신에게 말씀하셨다(히 4:16). 또한 주님은 『**너희의 구하는 것들을... 하나님께 알려지게 하라.**』고 말씀하셨다(빌 4:6). 그럼에도, 마땅히 하나님을 찬양하고 있어야 할 때에 실로 많은 시간을 들여 뭔가를 요청한다는 것은 부끄러운 일이 아닌가?

모든 그리스도인은 어느 공터에 자가용을 주차시켜 놓고, 아무도 없는 그곳에서 홀로 차에서 내려(다른 누구도 주변에서 그를 들을 수 없도록 확실히 해 놓고서) 원을 그리고 돌기 시작하며 목이 쉴 때까지 하나님을 찬양하는 경험이 있어야 한다. 이만하면 훌륭한 침례교 교리로 합당하지 아니한가?

전체 요점은 당신 때문에 누군가가 하나님을 찬양해야 한다는 것과, 당신이 베풀어서 다른 누군가의 필요를 채울 때에 그런 일이 일어난다는 것이다.

자, 본문 13절에서, 고린도인들의 선물을 받는 사람들이 두 가지 사실로 인해 하나님께 영광을 돌려드리고 있다. 그들은 그들을 향한 고린도인들의 관대함을 기뻐했고, 그 관대함이 주님께 대한 고린도인들의 순종의 증거가 되기 때문에 기뻐했던 것이다.

그리스도인의 구원을 증명하는 뛰어난 증거들 중 하나는 그의 관대함(후함)이다. 그는 주는 법을 배우는 것이다.

나는 설교자들이 구원받은 자의 열매에 대해 늘 이렇게 얘기하는 것을 듣는다. "침례를 받지 않으면 구원받지 않은 것입니다. 이것을 하지 않으면 구원받지 않은 것입니다. 저것을 하지 않으면 구원받지 않은 것입니다." 그러나 이런 말 하는 사람에게 해 줄 말이 있다. 즉 그들이 구원받지 않았다는 가장 확실한 증거 중 하나는 인색한 구두쇠 같은 태도라는 것이다.

참으로 하나님께서 당신을 용서하셨고 당신이 그것을 알고 있다면, 당신은 다른 사람들에게 더 관대해지려고 하고, 구원받기 전보다 사람들을 좀 더 너그럽게 대하려고 한다. 만일 당신이 구원받고 하나님께 순종한다면, 당신은 주는 일에 관대해지는 법을 배우게 되는데, 말하자면 당신은 예전처럼 움켜쥔 걸 놓지 않으려는 구두쇠가 아닌 것이다.

나는 어떤 사업가에게 찾아가 500달러를 기부해 줄 것을 요청한 한 선교사에 관해 들었다. 그 사업가는 잠시 생각에 잠기더니 500달러짜리 수표를 썼다. 그는 선교사에게 그것을 주는 듯싶더니, 갑자기 홱 잡아당겨 쫙쫙 찢어버렸다. 이를 본 선교사의 마음은 무너졌지만, 약 5분 후 그 사업가는 선교사에게 5,000달러짜리 새 수표를 건네주었다. 그러자 선교사가 물었다. "왜 그러셨죠?"

그 사업가의 답변은 이러했다. "글쎄, 나는 지금처럼 관대한 적이 한 번도 없었습니다. 구원받기 전에는 아주 인색한 자린고비였죠. 그러나 구원받은 후로는 이타적인 사람이 되어 베풀려고 노력해 오고 있는 중인데, 마귀가 그런 나를 아주 못살게 굴고 있습니다. 그래서 주님과 계약을 했습니다. 마귀가, 선물을 더 주려고 하는 나를 힘들게 할 때마다 그를 꼼짝 못하게 해주시라고 말입니다."

『**너희가 고백한 그리스도의 복음에 순종함**』(13절).

만일 어떤 사람이 주님께 순종하면, 주님께서 그의 돈지갑을 관리하신다.

당신이 베풀 때, 당신은 당신의 선물을 받는 이들로 하여금 당신을 위해 기도하게 한다(14절). 나는 그 점에 관해 욕심이 많은 사람이다. 내가 하이티에 있는 한 고아원에 돈을 기부한 것은 오직 그곳의 아이들로 나를 위해 기도하게 하려는 이유 때문이었다. 나는 하나님께서 몇몇 미국인들에게 귀를 기울이시기 이전에, 먼저 그들의 기도에 귀를 기울이셔야 한다고 생각한다.

자, 우리의 모든 베풂은 하나님께서 우리에게 베푸시는 것에 바탕을 두고 있다(15절). 그 선물은 당신이 그것에 관해 얘기할 수 없다는 의미가 아니라, 말로 그것을 적절하게 묘사할 방법이 없다는 점에서 『**말로 표현할 수 없**』는 것이다. 『**하나님의 선물은 예수 그리스도 우리 주로 말미암은 영원한 생명이기 때문이라**』(롬 6:23).

고린도후서 10장

10:1 너희 가운데서 대면하면 비천하고 너희에게서 떠나 있으면 담대한
나 바울이 이제 그리스도의 온유함과 공손함으로 너희에게 권고하
노라.
2 그러나 우리가 육신에 따라 행한다고 생각하는 어떤 사람들에 대
하여 내가 담대하다고 생각하는 그 자신감으로 너희와 함께 있을
때에 담대하게 되지 않기를 간구하노라.
3 이는 우리가 육신 안에서 행하지만 육신을 따라 싸우지는 아니함
이니
4 (우리의 전쟁 무기는 육신적인 것이 아니요, 오직 하나님을 통하
여 견고한 요새들을 무너뜨리는 능력이라.)
5 여러 가지 구상과 하나님을 아는 지식을 거역하여 스스로 추켜세

운 모든 높은 것들을 무너뜨리며 모든 생각을 사로잡아서 그리스도께 복종케 하니

6 너희의 복종이 이루어지면 모든 불복종을 응징하려는 준비를 갖추고 있느니라.

10장에 이르기까지, 사도 바울은 그의 첫 번째 편지에서와는 달리, 고린도인들에게 꽤 부드러웠다. 그는 그들이 고린도전서 5장의 문제에 순종한 것을 칭찬했고, 그들의 베푸는 일을 고무했던 것이다. 그러나 10-13장에서는 분위기가 반전된다.

사도 바울이 이 장들에서 다루는 주된 문제는 거짓 교사들을 용인한 일이다. 『**또 다른 예수**』와 『**또 다른 영**』(고후 11:4), 그리고 『**사탄... 사탄의 종들**』(고후 11:14,15)을 주목하라. 네 장 전체에 걸쳐, 바울은 자신의 사역을 그들의 것과 대조하고 있다.

본문 1절에서, 사도 바울은 비꼬는 투로 얘기하고 있지만, 실은 고린도인들의 말을 인용하고 있는 것이다(10절 참조). 그들은 바울이 직접 대할 때는 비천하고(1절) 약하다고(10절) 생각했다. 그들은 그들과 대면할 필요가 없는 편지에서 바울이 "허풍을 떨고 있을" 뿐이라고 생각했던 것이다.

자, 그들을 "거칠게" 다루는 것은 사도 바울의 뜻이 아니었다. 본문 2절에서, 그는 평범한 말로 그들에게 간청하고 있는데, 이는 그들이 미리 바로잡혀서, 그가 도착했을 때에는 수많은 하나님의 대적들에게 했던 것처럼 그들을 다룰 필요가 없도록 하려는 것이다.

본문 2,3절에는 그리스도인의 육신과 관련하여 세 가지 상태가 나온다.

1. 우리는 『**육신에 따라 행한다**』(2절).

2. 우리는 『**육신 안에서 행**』한다(3절).

3. 우리는 『**육신을 따라 싸우지... 아니**』한다(3절).

물리적으로 봤을 때, 모든 그리스도인은 『**육신 안에**』 있다(롬 8:8). 그것이 바로 사도 바울이 『**우리가 육신 안에서 행하지만**』이라고 말한 이유인데, 이는 물리적으로, 모든 그리스도인이 죽음과 휴거 이전에 육신의 몸 안에서 살기 때문이다.

그러나 영적으로 봤을 때, 어떤 그리스도인도 『**육신 안에**』 있지 않다(롬 8:9). 고린도후서 5:17의 그 『**새로운 피조물**』은 주님께 합하게 되고(고전 6:17), 『**천상에**』 앉혀져 있으니(엡 2:6), 그는 육신으로부터 자유로워지는 것이다(골 2:11,12).

자, 그리스도인이 육신의 옛 사람을 어떻게 여기고(롬 6:11), 또 그가 자신을 어떤 성품에 내어주느냐에 따라(롬 6:13), 그는 새롭게 행하든지(엡 4:17), 본문 2절의 『**육신에 따라 행한다**』는 말씀에 맞게 육신을 따라 살 것이다(롬 8:13).

고린도인들은 사도 바울이 그들을 거칠게 다룰 때 그가 육신적이라고 생각했다. 그러나 바울은 비록 그가 매일 육신 안에 산다 할지라도, 고린도인들을 바로잡는 일에 있어서 "육신적으로" 되지 않을 거라고 말하고 있다. 『**육신을 따라 싸우지는 아니함이니**』(3절).

사도 바울이 고린도인들의 죄들(특히 다음 장에 나오는 거짓 교사들)과 전쟁을 벌이는 일에 대해 얘기할 때, 모든 것이 엄격하게 영적인 수

준에서 다뤄지는 것이었다.

본문 4,5절은 그리스도인이 고린도 서신서들에서 반드시 외워야 할 구절들에 속한다.

모든 그리스도인은 군사이며, 모든 그리스도인은 전쟁 중이다(딤후 2:3,4, 엡 6:10-12). 따라서 고린도후서 10:4은 모든 그리스도인에게 적용되는 것이다.

『**우리의 전쟁 무기는 육신적인 것이 아니요**』(4절).

그리스도인으로서, 우리는 곤봉과 총, 칼, 수류탄, 창, 화살, 총알로 싸우지 않는다. 그리스도인의 무기들은 영적이기 때문이다. 그것들은 하나님의 말씀(엡 6:17)과 기도(엡 6:18)이며, 그 무기들은 『**하나님을 통하여 견고한 요새들을 무너뜨리는 능력**』이다.

또한, 그 『**견고한 요새들**』은 성이나 요새, 포병 진지, 자동화기 진지들이 아니다. 그렇다면 그것들은 무엇일까? 본문 5절에 『**구상**』(imaginations)이 있다. 당신은 무언가를 당신 속에 넣어서 불결한 구상을 제거해야 할 필요가 있다. 이는 예수께서 『**아버지의 진리로 그들을 거룩하게 하여 주옵소서.**』라고 하셨고(요 17:17), 『**이제 너희는 내가 너희에게 일러준 말을 통하여 깨끗해졌느니라.**』고 하셨기 때문이며(요 15:3), 또 시편 기자도 『**청년이 무엇으로 자기 길을 정결케 하리이까? 주의 말씀을 따라 조심할 것이니이다.**』라고 했기 때문이다(시 119:9).

본문 5절의 또 다른 『**견고한 요새들**』은 『**하나님을 아는 지식을 거역하여 스스로 추켜세운 모든 높은 것들**』이다. 이 세상에서 고안된 어떤 것이나 당신이 하나님을 더 잘 알지 못하도록 막는 게 있다면, 그것이 무엇이 되었든지 기도와 하나님의 말씀으로 싸울 수 있다.

그 『**견고한 요새들**』을 "무너뜨린" 후에 취하는 마지막 조치는 『**모든 생각을 사로잡아서 그리스도께 복종케**』 하는 것이다. 당신이 그 일을 할 수만 있다면, 그것은 죄 없는 완벽함이다. 만일 당신이 끊임없이 기도하고, 또 그리스도께 대한 복종심에서 모든 것(곧, 하루 스물네 시간에 일어나는 모든 생각들)을 하나님께 맡긴다면(다시 말해, 당신의 그 죄의 몸을 죽은 것으로 여기고 그리스도께서 그 몸을 전적으로 관리하신다면), 그것은 당신이 최대한으로 취할 수 있는 "죄 없는" 상태인 것이다. 당신은 여전히 당신 안에 죄를 가지고 있고, 당신 안에 여전히 옛 성품을 가지고 있을 테지만, 죄에 대해 승리를 거두고 죄를 정복하는 한은 그것이 당신이 취할 수 있는 죄 없는 상태인 것이다.

나는 사도 바울이 다른 누구에게도 뒤지지 않는다고 생각한다. 내가 글로 읽었던 이들 가운데서, 사도 바울과 요한 웨슬리가 그것을 달성한 것 같다. 그러나 그런 이들이 많은 것은 아니다.

솔로몬은 『**너의 일들을 주께 맡기라. 그리하면 너의 생각들이 바로 서리라.**』고 했다(잠 16:3). 만일 당신이 술 안 마시고, 담배 안 피우고, 춤 안 추고, 씹는담배를 씹지 않고, 또 "그렇게 행하는 이들과 어울리지 않는" 그리스도인이라면, 당신은 당신이 겪고 있는 어려움이 당신 머릿속에 있다는 것을 알고 있다. 걱정은 당신의 생각 속에 있는 것이며, 불결한 생각은 죄로 이어진다. 만일 내 머리를 잘라내 버릴 수 있다면, 나는 내 문제들을 제거하게 될 것이다.

그러나 만일 당신이 그리스도를 위해 살고자 한다면, 당신은 하나님의 말씀으로 그릇된 생각과 싸워야 한다. 그 일에는 다른 방도가 없다. 기도 생활을 하지 않거나 성경 말씀을 알고 그것을 실행하지 않고서는 어떤 그리스도인도 승리의 삶을 살 수가 없는 것이다.

나는 여름철에 집회들에 가서 다양한 문제들에 관해 젊은이들을 다룬다. 내가 그들에게 충고하는 것은, 그들의 문제를 다루는 성경 말씀을 배워서 시험을 받을 때면 그것을 사용하라는 것이다. 그러나 이듬해에 또 가보면, 그들 가운데 많은 이들이 여전히 그들의 죄에 패배한 모습으로 다가오기 일쑤다.

"형제는 내가 형제에게 준 그 구절들을 배웠습니까?" 나는 이렇게 묻는다. 그러면 그들은 내 얼굴을 쳐다보며 말한다. "무슨 구절들 말씀입니까?"

그들은 그들의 문제들과 관련된 어떤 구절도 제시하지 못한다. 왜냐하면 그것들 중 단 한 가지도 배우지 않았기 때문이다. 그들은 내가 하라고 한 것을 하지 않았던 것이다.

내가 한 친구에게 "귀가하면 성경에 몰두하시오. 성경을 배우시오. 무장하시오, 방비를 굳히시오, 탄약을 챙기시오, 성경에 몰두하시오!"라고 말하면, 성경은 몇 개월이고 무시된 채 방치된다. 마귀가 공격하면, 그 젊은이는 방어력이 없기 때문에 패배할 것이고, 이듬해에 나는 똑같은 대화를 또다시 반복해야 할 것이다.

수년 전, 마법에서 벗어나 구원받았다고 주장하는 존 토드라는 젊은이가 있었다. 주변인들을 떠들썩하게 할 만한 그의 간증 때문에, 일단의 은사주의 교회들이 순회 전도 여행에 그를 참가시켜서 간증을 하게 했다. 그 친구는 상황이 좋지 않았다. 그에게는 영적으로 성장하거나 삶에서 어떤 승리를 거둘 시간이 주어지지 않았고, 대신에 준비되지 않은 사역에 곧바로 밀어 넣어졌던 것이다.

어느 날 나는 앨라배마의 헌츠빌에 있는 그에게서 한 통의 전화를 받았다. "잭 칙이 저에 관해 목사님께 전화했었나요?"

"그렇소." 내가 말했다.

그는 계속 말을 이었다. "글쎄, 잭 칙이 목사님께 전화하면 목사님이 저를 도와주실 거라고 하더군요."

"문제가 무엇입니까?" 내가 물었다.

그러자 그가 말했다. "저는 마법을 하며 다녔습니다. 구원받은 지는 현재 5년째고, 설교를 하려고 노력 중입니다. 그런데 제가 설교하려고 일어서면, 사람들은 절 보고 웃기만 하지 제 말에 주의를 기울이지 않습니다. 제 사역에 뭔가 문제가 있는 것입니다. 그리고 또한 저는 로스앤젤레스에서 벗어나야 했습니다. 마법을 하는 이들이 저를 청부 살인하려고 했기 때문입니다. 그러나 이곳 앨라배마의 한 농장에 머물고 있는 지금은 괴롭히지 않습니다. 저에게는 앞으로 일어날 일들을 기록해 둔 캘린더가 있는데, 그것들은 돈과 때에 관한 문제를 신통하게 잘 맞춥니다. 저는 어딘가에 저에 관한 캘린더가 있고, 그들이 여전히 캘리포니아에서 제게 주문을 걸어놓았다는 것을 알고 있습니다."

내가 말했다. "성경을 좀 배워 본 적이 있습니까?"

"아마 목사님께서 배우신 만큼은 아닐 겁니다," 그가 말했다. "잭 칙이 그러던데, 아마 목사님이 배운 만큼은 배울 수 없을 거라고 하더군요."

"그런데 조금이라도 배웠습니까?" 내가 물었다. "공부하고 있는 구절을 하나 말해 줄 수 있습니까?"

"글쎄요, 아니, 못하겠습니다." 그가 대답했다. "하지만 이 구절들은 압니다..." 그리고 그는 드루이드 승려들과 마법사들, 일루미나티 등등이 아마도 이런저런 계획들을 가지고 있을 것이라며 계속해서 주절대었다.

"당신은 주님의 보혈을 주장하는 법을 알고 있습니까?" 내가 물었다.

그가 말했다. "저는 어느 전도회에 있었습니다. 샌 안토니오의 한 목사님이 저를 그리스도께로 인도하셨고, 이 전도회는 순복음친교회였습니다."

나는 말했다. "당신은 주님의 보혈을 어떻게 주장합니까?"

"글쎄요, 저는 저의 죄들을 위해 그리스도의 피를 주장하는 법을 알고 있습니다." 그가 말했다. "하지만 순복음친교회는 뭔가가 잘못되어 있고, 때문에 저는 완전히 망가졌습니다. 그래서 옳지 않은 사람들을 피해 거기서 빠져 나와야 했습니다."

"당신은 그들이 왜 옳지 않은지 알고 있습니까?" 내가 말했다.

그가 말했다. "글쎄요, 아니, 전 그들이 왜 옳지 않은지 모릅니다."

내가 말했다. "그것이 당신의 문제입니다. 당신은 당신의 그 성경을 모르는 것입니다. 이곳에 와서 얼마 동안 성경을 공부해 보는 것이 어떻습니까?"

"떠나는 게 두렵습니다." 그가 말했다. "제가 하는 일이 정확히 무엇인지 알지 못한다면 그 어떤 일도 하고 싶지 않습니다. 저는 실수를 무척 많이 저질렀고, 두 번이나 저격당했고, 그들이 저를 뒤쫓고 있다는 것을 알고 있습니다. 저는 확신이 서지 않는 것은 하기가 싫습니다."

내가 말했다. "만일 절대적으로 확신이 설 때까지 기다린다면, 당신은 믿음으로 살 수 없습니다. 의인은 믿음으로 사는 것입니다."

나는 잠시 그와 전화상으로 기도한 후 수화기를 내려놓았다. 조니 토드는 여기나 다른 어떤 곳에서도 결코 성경을 배우지 않았다. 결국 그는 몇몇 교회들과 그의 사역과 그의 인생을 망치고 말았다.

그가 할 수도 있었던 최선의 일들 중 하나는 그 캘린더를 가져다가 불에 태워 버리는 것이었을 것이다. 만일 당신이 그런 것을 알아보고 다니기 시작하면, 마귀는 충분히 많은 일들을 실현시켜서 당신을 덫에 걸리게 할 것이다. 그리고 당신은 불확실한 것에 의지하여 살아가고 있을 것이고, 당신이 그것에 근거하여 결정을 내리기 시작할 때쯤, 사탄은 당신을 덫으로 덥석 물어서 당신을 파멸시킬 것이다. 그 부분에 관해 성경은 이렇게 말씀하고 있다. 『**그러므로 내일을 위하여 염려하지 말라. 내일 일은 내일 염려할 것이요, 그 날의 재앙은 그 날로 충분하니라**』(마 6:34).

그리스도인으로서, 당신은 옛날의 상상들과 생각들이 일어날 때 이렇게 말하는 법을 배워야 한다. "주 예수여, 이 생각을 내 마음에서 가져가 주시어 그것을 그리스도의 보혈로 씻어 주소서. 그것을 그리스도의 보혈에 담가 주소서. 그것을 가져다가 그리스도의 보혈에 잠기게 하소서. 나의 머리를 그리스도의 보혈로 채우소서. 내 혼과 영을 그리스도의 보혈로 씻으소서. 저는 예수 그리스도의 보혈에 잠기고 싶습니다." 만일 그렇게 한다면, 당신은 그런 생각들이 시들어 죽는 것을 지켜보게 될 것이다. 이런, 당신은 레이저빔과 심리 치료로 어떻게 해보려고 하는 것인가! 그저 그것이 당신에게서 나가는 것을 지켜보기만 하라.

당신은 말한다. "글쎄요, 그것을 시도해 봤는데, 효과가 없는 것 같아요." 당신은 그것을 매우 열심히 또는 아주 오랫동안 시도하지 않았다.

당신은 죄에 굴복할 준비가 되어 있는 곳에 들어간 후, 그것을 혼자 막아 보려고 한다. 아니면 더 심하게는, 그것을 가지고 노는 곳에 들어가서 이렇게 말한다. "조금만 더 가지고 놀아야지," "그만 가지고 놀 건지 말 건지 좀더 생각해 봐야겠어."

물론 옳게 행한다고 다 되는 것은 아니다. 옳게 행하고 있는 당신은 지금껏 잘못해 온 것을 교정할 준비가 되어 있어야 하며, 그것이 자기 자신에게 "응징하는" 것이다(6절). 옛날의 감리교도들은 그것을 당신의 죄에 대한 배상이라고 불렀다. 사도 바울은 그것을 에베소서 4:24-32에서 더 상세히 논의한다.

10:7 너희는 모든 것을 외모로만 보느냐? 만일 어떤 사람이 자기가 그리스도에게 속한 줄로 믿는다면 그가 그리스도에게 속한 것같이 우리도 그리스도에게 속해 있음을 그 자신이 다시 한 번 생각해야 하리라.

8 주께서 우리에게 주신 권위는 너희를 세우려는 것이지 무너뜨리려는 것이 아니니 내가 우리의 권위에 관하여 좀더 자랑한다 할지라도 결코 부끄럽지 않을 것이라.

나는 이미 고린도후서 5:16에서 "모든 것을 외모로만 보는 것"(7절)에 대해 논의했다(그곳 주석을 보라). 고린도인들이 했던 일은 바울의 외모를 보고서 "아니, 어떻게 저런 사람이 사도가 될 수 있지, 저렇게 생긴 사람이 어떻게 구원을 받을 수 있지?"라고 말하는 것이었다.

그러나 사도 바울은 그들에게 스스로를 들여다보라고 촉구한다. 만일 그들이 예수 그리스도께 속해 있다고 믿는다면, 그들이 믿고 있는 그것을 바울과 그의 동료들도 똑같이 믿고 있는 것이다. 따라서 만일 고린도인들이 자신들의 구원을 확신한다면, 그들은 바울과 그의 동료들의 구원도 인정해야 한다.

그 문제는 구원 이상의 문제이기도 했다. 그것은 사도로서의 그의 권위에 관한 문제였던 것이다. 사도 바울은 이후 몇몇 장들에서 자신의 사도직을 옹호할 준비를 갖추고 있다. 물론 당신이 당신의 사역을 옹호하거나 사역의 성공 사례들을 보고할 때마다, 당신의 대적들은 당신이 자랑하거나 우쭐거린다고 비난할 것이다. 그래서 바울은 "나는 하나님께서 나에게 주신 권위에 대해 자랑할 것이고, 그 일을 부끄러워하지 않을 것이다."라고 말한다. 하나님께서는 『**그리스도의 몸을 세우게**』 하려고 사도들을 주셨지만(엡 4:11,12, 본문 8절 참조), 고린도인들은 바울이 고린도에 있는 교회를 혼란케 하는 데에만 뜻을 두고 있다는 얘기를 들어왔던 것이다.

10:9 이는 내가 마치 편지들로 너희를 놀라게 하는 것처럼 보이지 아니하려는 것이라.

10 그들이 말하기를 "그의 편지들은 무게가 있고 힘이 있지만, 직접 대할 때는 약하고 그 언변도 하찮다."고 하기 때문이라.

11 그러한 사람은 이것을 생각해야 하리니 즉 우리가 함께 있지 않을 때 편지로 말하는 것이 함께 있을 때 행동으로 하는 것과 같

다는 것이라.

고린도인들이 안고 있던 문제는 사도 바울을 좋아하지 않는 일단의 사람들이 그들에게 영향력을 행사하고 있다는 것이었다. 그리하여 그들은 바울을 고린도인들에게 깎아 내리고는 그 여세를 몰아 자기들이 얼마나 훌륭한지를 얘기했다. 고린도인들은 그들에게 귀를 기울여 그들을 사도로 여기는 사이, 그들을 그리스도께로 인도해 준 이에 대한 믿음을 잃고 있었다. 바울이 다음 두 장을 그의 사역을 "자랑하는 데" 할애한 것은 바로 그런 이유 때문이었다.

고린도후서 10:17을 보라. 『**자랑하는 자는 주를 자랑하라.**』 고린도후서 12:1-5을 보라. 그는 자기 자신을 자랑하고 있다. 11:30을 보라. 11:10을 보라. 11:18을 보라. 사도 바울은 그의 사역을 자랑할 수밖에 없지만, 그 자랑을 다음과 같이 말함으로 완화시킨다. 『**나를 어리석은 자로 받아들여서 내가 조금만 자랑하게 하라**』(고후 11:16). 그가 실제로 하고 있는 일은 오로지 그의 신용증명서들을 제시한 후에, 그를 중상하는 자들의 신용증명서와 자신의 것을 비교하는 것이다.

자, 사도 바울의 대적들은 그에 대해 딱 한 가지만을 대적한다. 그들의 공격은 10:10과 11:6에 나오는데, 바울의 대적들은 그가 말하는 방식을 좋아하지 않았던 것이다. 그들은 그의 언변이 하찮다는 것을 알았고(10:10), 또 서툴다고 생각했다(11:6). 바울의 설교는 서툴고 노골적이었다. 만일 믿지 못하겠으면, 사도행전 26:27을 보라. 거기서 그는 왕의 말을 끊고서 그에게 질문을 던진 후에 왕의 허락도 없이 왕이 하지 않은 말을 한 것처럼 이야기한다. 그것은 사실상 "결례"인 것이다.

당신은 품위 있게 말하는 사람을 영적으로 여기는 시대에 살고 있다. 그렇다고 버릇없고, 무례하고, 추잡하게 말하라고 부추기는 것은 아니다. 만일 천성적으로 그렇지 않다면, 우쭐거리며 뭐나 되는 척하지 말라. 하지만 당신이 기억해야 할 것은 이것이니, 진짜 문제를 일으키는 자들과 교회를 분열시키는 자들과 거짓 교리를 퍼뜨리는 자들은 언제나 "순진한 사람들의 마음을 미혹하기 위해 정중한 말과 그럴듯한 언변을 사용한다"는 것이다(롬 16:17,18). 따라서 사도 바울의 언변이 비록 서툴고 하찮다 해도 그가 옳고, 『**정중한 말과 그럴듯한 언변**』을 사용하는 자들이 틀린 것이다.

아마도 나는 다른 무엇보다도 내 상스러운 말과 속어 때문에 사역에서 받지 않아도 될 비난을 받고 있는 듯하다. 그러나 나는 그런 종류의 언어를 의도적으로 사용하며, 그 일을 고의적으로 한다. 나는 어떤 사람을 메스껍게 하여 그를 다른 방향으로 돌려놓기 위해 그 일을 한다. 나는 어떤 사람을 진리로부터 멀어지게 하여 그것을 내버려 두고 지옥에 가게 하든지, 진리가 제시된 방법에 상관없이 하나님의 말씀을 받아들이도록 하기 위해 그 일을 한다.

당신은 당신의 감정이나 당신의 기호를 바탕으로 진리를 받아들여서는 안 된다. 만일 나를 좋아해서 진리를 받아들이고 나를 좋아하지 않아서 진리를 거절한다면, 당신은 진리가 필요치 않고, 그것과 아무런 관계도 없는 사람이다. 따라서 나는 진리를 진정으로 원하지 않고 단지 그것을 정치적으로 악용하여 자신의 이름을 내고 사람을 사귀려고 하는 자를 골라내어, 그가 구원받지 않았다면 지옥 속으로, 그가 구원받았다면 로마카톨릭 속으로 드롭킥(공을 땅에 떨어뜨려 튀어 오르는 순간에 차기 - 역자 주)해서 차 넣어 버리려고 내 방식대로 글을 쓰는 것이다.

그것이 내 사역이다. 나는 그것이 당신의 사역이라고 하지 않았다. 당신은 하나님께서 당신에게 원하시는 것을 하라. 나는 하나님께서 내게 원하시는 것을 할 것이며, 그것이 바로 하나님께서 내게 원하시는 일이다. 하나님께서 내게 원하시는 것은 단지 "빵과 생선"을 얻어먹으려고 그리스도를 따르는 자들을 제거하는 것이다(요 6:66-69). 주님은 내가 힘껏 발길질하고 침을 힘껏 뱉어 버리기를 원하시기 때문에, 만일 어떤 사람이 진리 이외의 다른 동기를 가지고 진리에 접근한다면, 그는 그것을 견딜 수 없게 된다. 그것이 바로 주님께서 내게 원하시는 일인 것이다.

사도 바울의 직접 대할 때(10절)의 모습에 대한 주석은 고린도후서 1:14과 6:5에 대한 주석을 보도록 하라.

자, 사도 바울의 편지들이 힘이 있다는 데는 의심의 여지가 없다(10절). 그것들이 어찌나 힘이 있던지, 바울은 그가 쓴 글이 고린도인들을 놀라게 하지 않을까 염려했다(9절). 그러나 바울의 대적들은 바울이 도착하면 그의 "무게가 있고 힘이 있는" 편지들과, 그의 허약한 몸과 하찮은 언변 사이의 차이점을 보게 될 것이라고 고린도인들에게 이야기했다.

하지만 바울은 본문 11절에서 그들에게 확실히 해둔다. 그들이 원하는 것이 바로 그것이라면, 편지에서 그랬던 것처럼 직접 대할 때에도 그들을 거칠게 다룰 것이라고 말이다. 그는 편지를 쓸 때와 조금도 다르지 않게 말할 것이다.

10:12 우리는 우리 자신을 감히 자기를 칭찬하는 어떤 사람들과 같은 부류로 나누거나 비교하지 않으나 그들은 자기들 가운데서 스스로를 측정하고 자기들끼리 비교하니 현명하지 못한 것이라.
13 그러나 우리는 정도를 넘어서 자랑하지 아니하고 다만 하나님께서 우리에게 나누어 주신 규범의 정도에 따라 자랑하노라. 그 정도는 너희에게도 미친 것이라.
14 우리가 마치 너희에게 미치지 못한 것처럼 과도하게 우리 자신을 과장하는 것이 아니니 우리는 그리스도의 복음을 전파함으로 너희에게까지 왔노라.
15 우리는 다른 사람들의 수고한 것으로 우리의 정도를 넘어서 자랑하지 아니하나 다만 우리가 희망을 가짐은 너희 믿음이 자라나서 우리의 규범에 따라 너희 가운데서 우리의 영역이 크게 확장되리라는 것이니

본문 12절은 전 신약성경에 있는 가장 위대한 구절들 중 하나로 반드시 암기해야 한다. 만약 주변의 그리스도인들과 자신을 비교한다면, 당신은 바보이며 시력이 너무 낮은 것이다.

다른 그리스도인을 따르는 데는 아무런 잘못이 없다. 사도 바울도 『**내가 그리스도를 따르는 것처럼, 너희는 나를 따르는 자가 되라.**』(고전 11:1)고 했다. 어떤 그리스도인의 훌륭한 점들과 선행을 본받는 것은 좋은 일인데, 이는 다른 그리스도인들을 본보기 삼아, 그들을 연구하고 그들로부터 배울 수 있기 때문이다. 그러나 자신을 다른 그리스도인들과 비교한다면 자신만의 가치를 결코 얻을 수 없을 것이다.

사람들이 곧잘 하는 것은 스스로를 정당화하기 위해서 자신보다 어떤 면이 열등한 다른 그리스도인을 골라내는 일이다. 그들은 그들만큼 훌륭하지 않은 그리스도인을 찾아내어 비교하는데, 그러면 스스로가 더 나아 보이고, 그렇게 하면 기분 또한 좋아진다.

평생을 다른 그리스도인들의 배경을 파헤쳐 어떤 더러운 것을 파내는 데만 쓰고, 그렇게 하여 스스로 만족을 얻으려고 하는 그리스도인들이 있지만, 그것은 무모한 추태이며, 내 머리로는 절대로 그것을 이해할 수 없다. 우선 더러운 것을 파내는 일에 관심이 가질 않았는데, 이는 인간 본성을 파들어 갈수록, 타락 속으로 더 깊이 파들어 가는 것이기 때문이다. 당신은 세상에서 가장 훌륭한 사람을 조사할 수 있지만, 만일 파들어 간다면, 곧바로 부식토가 모습을 드러낼 것이다. 당신은 쓰레기를 발견할 터인데, 이는 그들이 바로 그러한 존재들이기 때문이다. 만일 당신이 그 일을 하고 있다면, 살아 있는 가장 딱한 그리스도인들 중 하나가 될 줄 알라. 마침내 자신을 무가치하게 만드는 죄에 대한 알리바이가 있다면, 그 그리스도인은 무언가에 약점이 잡혀 있는 것이다.

자, 만일 자신을 누군가와 비교하고 싶다면, 내가 그 방법을 알려 주겠다. 〈월간 요한 웨슬리, The Journal of John Wesley〉를 사서 그것을 끝까지 읽고, 그 뒤 당신의 사역을 그의 것과 비교하라. 그 다음엔 마틴 루터에 관한 쓸 만한 전기를 구입하여 그것을 끝까지 읽으라. 그리고 당신의 사역을 그의 것과 비교하라. 그리스도인이 교회사를 배워야 하는 이유가 바로 거기에 있다. 교회사는 성경공부 이외에 현존하는 가장 가치 있는 일인데, 그 이유는 교회사를 공부하면서 과거에 가장 훌륭했던 몇몇 그리스도인들과 자신을 비교하게 되기 때문이다.

자신을 남태평양 뉴 헤브라이즈 군도의 선교사 존 패튼 같은 이와 비교하라. 그의 아내는 해외에서 죽었고, 그는 두 자녀를 땅에 묻어야 했다. 그 후 그는 선교 본부와 가지고 있던 모든 서류를 상실했고, 그의 성경이 불태워졌다. 그럼에도 그는 선교 현장에 그대로 남아 있었다. 그리고 거기서 사역을 마쳤을 때에 그 섬의 모든 성인이 신앙을 고백하는 그리스도인이 되어 있었다. 만일 자신을 비교하고 싶다면, 한번 그렇게 해보라. 자신을 거물과 비교해 보란 말이다.

당신네 여인들은 수잔나 웨슬리 같은 이를 비교대상으로 삼으라. 그녀는 일곱 자녀를 키웠고, 그리스어와 헬라어를 독학했다. 그녀는 아이들이 집 주변에서 큰 소리로 떠드는 것을 허락하지 않았다. 거물, 곧 그에게 이르기 위해 정말로 애써 나아가야 하는 이와 당신을 비교하라. 나 같으면 어떤 다른 방식으로는 그 일을 하지 않을 것이다.

내가 성경교사로서의 목표를 잡는다면, 도날드 그레이 반하우스나 클라렌스 라킨 같은 이들을 좇을 것이다. FM 라디오에 나오는 어떤 '현대' 성경"교사"에게 귀를 기울이느라 내 시간을 낭비하지는 않을 것이다.

어느 유명한 화가가 한번은 이렇게 말했다. "나는 서툰 그림에 시선을 오래 두지 않습니다. 내 예술성을 해치고 싶지 않거든요." 만일 당신이 음악가라면, 훌륭한 음악을 들어야 당신의 예술성이 향상될 것이고, 서툰 음악을 들으면 당신의 예술성이 떨어지게 될 것이다.

자, 본문 12절과 관련하여, 당신은 당신의 영적인 눈을 예수 그리스도께 고정시키는 게 좋을 것이나(히 12:2), 그것은 당신의 그리스도인 일생의 의무 사항 중 가장 힘든 일일 것이다. 곤경에 처하고 싶다면, 자신을 다른 이들과 비교하여 자신의 부족함을 정당화하라. 그러면 잠언 30:12에 딱 들어맞는 사람이 될 것이다. 그러나 이것을 기억할지니, 언젠가 당신은 하나님 앞에 홀로 서 있을 것이다(롬 14:12). 그 날이 오면, 당신의 이웃이 어떻게 했는지에 관해 걱정하지 않을 것이다. 주님께서는 당신이 주님의 아들이 아닌 다른 누군가에게 비교되는 일에 조금도 개의치 않을 것이다. 그러니 당신이 자기 자신에 관해 어떻게 생각하느냐보다는 하나님께서 당신을 어떻게 생각하시느냐를 염려하는 것이 좋을 것이다(고후 10:18).

하나님께서는 우리 각자에게 그리스도인으로서 해야 할 일을 주셨다. 더욱이 하나님께서는 그 일에 대한 규범도 세워 놓으셨다. 주님은 당신이 그것으로 무엇을 할 수 있는지 알고 계시고, 당신이 그것으로 할 수 없는 것도 알고 계신다. 사도 바울은 『**다만 하나님께서 우리에게 나누어 주신 규범의 정도에 따라 자랑하노라. 그 정도는 너희에게도 미친 것이라.**』(13절)고 했다. 따라서 그리스도인들은 하나님께서 바울에게 하라고 주셨던 일에 대해서 하나님의 규범 안에 있는 것이다(14절).

사도 바울은 하나님께서 명하지 아니하신 것에 대해 자랑하려는 것이 아니었다. 본문 16절은 하나님께서 당신에게 『**규범**』으로 행하라고 주신 것의 경계선을 언급하는 것이다. 나의 규범은 그것이 이르러야 할 특정 목적지가 있기에, 나는 나의 규범 안에 머물러 있어야 하며, 다른 이의 규범에 신경 쓰지 않는다. 이에 대해 바울은 갈라디아서 6:4에서 『**각 사람은 자신의 일을 살피라. 그리하면 자기 혼자에게만 자랑할 것이 있게 되고 다른 사람에게는 없으리라.**』고 했다.

당신의 규범은 당신이 "알 수 있는" 것과 당신이 "할 수 있는" 것과 당신이 "기꺼이 하려는" 것에 의해 제한될 것이다. 그러나 당신이 그

경계선을 따라 내려가기 시작할 때, 하나님께서 하라고 주신 그 일의 규범은 한껏 뻗어나갈 것이다.

그것이 고린도인들에게 이르렀을 때, 그들에 대한 사도 바울의 사역은 하나님의 규범의 경계 안에 있었다(14절). 그는 그들에게 복음을 전해 주고 거기서 교회를 시작한 장본인이었다.

『**우리는 다른 사람들의 수고한 것으로 우리의 정도를 넘어서 자랑하지 아니하나**』(15절).

사역 중인 설교자는 공로를 인정할 만한 곳에 공로를 돌릴 때 주의해야 한다. 나는 뉴욕 로체스터의 한 집회에 간 적이 있는데, 당시 짐 몰디쉬 형제가 그곳에서 목회를 하고 있었다. 우리는 그 집회에서 157명의 회심자를 보았지만, 그것은 내 한 차례의 설교 때문만은 아니었다. 그중 3명이 금요일 밤에 구원을 받았고, 25명이 주일 아침에 구원을 받았다. 몰디쉬 형제는 다른 건물에서 설교를 하여 45명이 구원받는 것을 보았다. 90명은 다른 네 건물에서 구원을 받았는데, 말하자면 그것은 그 건물들에서 사역한 다른 사람들의 수고였던 것이다.

내가 그와 같은 집회에 참여하여 주님께서 그와 같은 수확을 주시면, 나는 그 일에 대해 주님을 찬양한다. 하지만 그 교회 사람들은 그 집회가 있기 수개월 전부터 문들을 두드려가며 전도지를 나눠 주고, 안내장을 건네주고, 로체스터 간선도로들을 힘차게 걸어 다녔다. 다시 말해, 그것이 모두 나 때문만은 아니었던 것이다.

몰디쉬 목사는 한 의사를 멈춰 세워 놓고 그 집회에 초청했다. 그 의사는 이렇게 되받아쳤다. “좀 비켜 주시겠소?”

그러자 몰디쉬가 말했다. "글쎄요, 나는 난생 처음으로 선생에게 말을 걸어봤습니다."

"잘 들으시오." 그 의사가 말했다. "지금까지 그 교회 회원 중 열네 명이 내 곁을 지나가며 나를 그 집회에 초대했소이다."

그 사람들은 일을 하고 있었고, 그것은 그들의 수고였다. 인간적으로 말해서, 나에게 돌려지는 그 157명의 회심자들에 대한 공로가 그들에게도 동일하게 돌려지는 것이다.

존 R. 라이스는 그 일에 관해 못된 생각을 가지고 있었다. 그의 말을 듣고 그의 글을 읽다 보면, 하일스와 배티머, 팔웰, 빅의 교회 같은 근본주의 침례교의 큰 사역들이 그의 설교와 〈주의 칼〉이 낳은 결과라는 생각이 들 것이다. 나는 그가 그의 전도지와 〈주의 칼〉로 많은 이들에게 동기를 부여하여 그들로 주님의 사역에 뛰어들도록 할 수 있었다는 것을 의심하지 않는다. 그러나 그 큰 교회들은 교회버스 운전사들과 매주 전화로 연락해서 아이들을 교회로 데려오는 개인 사역자들에 의해 세워졌다. 그것은 어떤 사나이가 "이 메시지들이 10,000명을 변화시켰습니다!"라고 소리치며 자신의 신문과 서적들과 테이프들을 팔고 다녀서 된 일이 아니었던 것이다.

내가 그것이 무엇인지 말해 주겠다. 그것은 요한복음 4:38의 『**너희는 그들의 수고에 참여하였느니라.**』이다. 주님은 당신이 거두게 하실 때도 있고, 당신이 심게 하실 때도 있다. 그러나 당신 곁에서 수고하는 다른 이들이 있는 것이다(고전 3:8).

『**다만 우리가 희망을 가짐은 너희 믿음이 자라나서 우리의 규범에 따**

라 너희 가운데서 우리의 영역이 크게 확장되리라는 것이니』(15절).

사도 바울의 희망은, 그가 사도로서 행한 것과 그의 계획이 무엇인지를 그들에게 말함으로써 그들의 믿음이 자라나고, 그가 그들 이외의 다른 사람들에게 복음을 전할 때에 그들이 도움이 되어 주는 것이었다.

10:16 너희의 영역을 넘어서 복음을 전하려는 것이지 다른 사람의 규범 안에서 이미 이룩해 놓은 것으로 자랑하려는 것은 아니니라.
17 그러나 자랑하는 자는 주를 자랑하라.
18 이는 스스로 칭찬하는 사람이 인정을 받는 것이 아니요, 주께서 칭찬하시는 사람이 인정을 받기 때문이라.

본문 16절은 15절에서 했던 생각의 연속이다. 고린도인들이 옳게 살아가기 때문에, 사도 바울은 그 사실로 인해 복음을 로마에 전하고, 또 이후 스페인에 전하는 일에 마음껏 집중하게 될 것이다.

수년 전, 로체스터의 몰디쉬의 교회는 어떤 일이든 척척 해내는 유일하게 큰 교회였다. 그곳을 떠나 서부로 가기 전, 그는 로체스터에서 30마일 반경 내에 두 개의 교회를 더 세웠다. 오늘날에는 버팔로(록포트) 근처에 성경대로 믿는 교회가 있고, 뉴욕과 롱아일랜드에 네 교회가 더 있다.

몰디쉬는 바로 그런 식이다. 그는 일을 시작하면 그것을 이루는 것이다. 그 후 그는 몇몇 형제들을 훈련시켜 한 번에 한 명씩 다른 도시들로 파송하여 주변 지역에 교회들을 세우게 한다. 그는 잭 하일스와 같이 될 생각은 없다. 단지 수백 마일 떨어진 곳에서 일꾼들을 불러들여 그들을 통해 아주 큰 사역을 이루려 하는 것이다. 당신도 몇 가지 사역을 넓게 펼쳐라. 그 일은 바로 그렇게 하는 것이다. 즉 그것을 계속 뻗어나가게 하라는 말이다.

『**다른 사람의 규범 안에서... 자랑하려는 것은 아니니라**』(16절).

사도 바울이 하려 하지 않은 것은(16절) 다른 이의 사역에 개입하여 그가 이미 자기 자신을 위해 모든 것을 준비해 놓은 그 사역을 바울의 것이라고 주장하는 일이었다. 내가 복음과 성경 협의회 사역에서 발견한 것은 내가 도착하기 전에 이미 많은 일이 이루어져 있었다는 것이다. 만일 이루어진 일이 그리 많지 않을 경우에는 그 모임에서 그리 많은 일들이 일어나지 않을 것이다. 부흥을 당신의 뒷주머니에 넣고 다니면 그 일을 이룰 수 없는 것이다.

『**그러나 자랑하는 자는 주를 자랑하라**』(17절).

참된 사역은 어떤 식으로든 하나님에 의해 이루어진다. 따라서 당신은 무엇보다도 주님께 먼저 공로를 돌려드리는 데에 신중을 기하는 편이 좋을 것이다. 말하자면, 그것은 "'주님께서' 나에게 그 혼들을 주셨습니다, '주님께서' 그 일을 하셨습니다, '주님께서' 이것이나 저것을 하셨습니다."가 되어야 할 것이다.

존 R. 라이스는 "이 설교들이 10,000명을 변화시켰습니다."라며 우쭐대지만, 누가 말하든 그렇게 말하는 것은 멍청한 짓이다. 어떤 사람이 행한 설교가 어떤 이의 인생을 변화시키는 일은 없기 때문이다.

만일 내 사역을 따르는 이들 가운데 내 설교나 내 수업을 듣고 인생이 변화된 이들이 있다면, '누가' 그리고 '무엇'이 그 일을 했는지 말해 주겠다. 그 일을 행한 것은 주님과 성경이었으며, 그분들이 그 일을 하지 않았다면 그 일은 이루어질 수 없었다. 나는 여러 곳에서 동일한 메시지를 설교해 왔다. 그러나 어떤 곳에서는 사람들이 구원받고 바로잡히는 반면, 다른 곳에서는 단 한 명도 꿈적하지 않는 것이었다.

주님께서 어떤 메시지를 사용하실 수는 있지만, 그 메시지가 사람들을 변화시키는 것이 아니다. 바로 '주님께서' 변화시키시는 것이다. 사람들은 연장을 목수로 오인하지만, 당신만은 절대로 그리하지 말라.

『이는 스스로 칭찬하는 사람이 인정을 받는 것이 아니요, 주께서 칭찬하시는 사람이 인정을 받기 때문이라』(18절).

본문 18절은 고린도 서신서들에서 반드시 외워야 할 위대한 구절들 가운데 하나이다. 당신은 스스로를 격려하며 마음껏 자화자찬할 수도 있지만, 주님께서 당신을 중히 여기시지 않는다면 당신은 아무것도 아니다. 만일 주님께서 어떤 일을 하라고 당신을 부르신다면, 주님께서 당신을 친히 칭찬해 주실 것이다. 주님께서 당신을 칭찬하시면, 당신을 포함한 다른 모든 이가 뭐라 하든지 그것은 조금도 중요하지 않은 것이다.

C. W. 버포는 아나운서의 다음과 같은 소개를 받으며 라디오에 등장하곤 했다. "이제 우리는 하나님의 사랑에 관한, 이 두려움을 모르는 메시지를 우리의 전국 방송망을 통해 청취자 여러분께 선사해 드리는, 이 위대한 하나님의 사람을 소개합니다. (하나님의 사랑에 관한 이 '두려움을 모르는' 메시지라고? 아니, 그 누가 '사랑'에 관해 얘기하기를 두려워

한단 말인가?) 자, 버포 박사님이십니다."

"고맙습니다, 조지. 우선, 난 형제, 자매님들께 하나님께서 여러분을 사랑하시고, 나 또한 여러분을 사랑한다고 말하고 싶군요. (그는 언제나 '나 또한 여러분을'을 과장되이 힘주어 또렷하게 말하곤 했다.)"

이런, 얼간이들 같으니라구! 그에게 혀를 내두르며 야유를 보내라. '두려움을 모르는 십자군 양반, 참 대단하시구려!' 나는 어떤 남자가 자기 소개에 대한 답례로 어떻게 그렇게 말할 수 있었는지 이해가 되지 않는다. 아무도 당신에 관해 그런 식으로 글을 쓰지 못하게 하라.

"자, 하나님께서 이 마지막 때에 쓰시려고 강력하게 일으켜 세우신 사람이 여기에 있습니다. 이 시간을 위해 메시지를 들고 찾아온, 이 시간을 위한 하나님의 사람..." 당신은 삼위일체 하나님 중 한 분이 걸어 들어오시는 줄 알고 두리번거리기 시작한다. 그것은 인간이 만들어낸 한 다발의 실언에 불과할 뿐이다. 하나님께서 당신을 칭찬하시게 하라.

고린도후서 11장

11:1 나는 너희가 좀 어리석은 나를 용납해 주기 바라노라. 부디 나를
용납하라.
2 이는 내가 경건한 질투로 너희에게 질투를 느낌이라. 내가 너희
를 한 남편에게 정혼시켰나니 이는 한 순결한 처녀로 너희를 그
리스도께 바치려는 것이라.
3 나는 뱀이 그의 간계로 이브를 속인 것같이 너희의 마음도 어떤
방법으로든 그리스도 안에 있는 단순함에서 떠나 부패할까 두려
워하노라.
4 만일 누가 와서 우리가 전파하지 아니한 또 다른 예수를 전파하거
나 너희가 받아들이지 않은 또 다른 영을 받거나 너희가 영접하
지 않은 또 다른 복음을 전파하면 너희가 그를 잘 용납하는도다.

본문 1절의 『**어리석은**』이라는 말은 사도 바울이 10:8에서처럼 자기 자신에 대해 자랑하는 것이다. 바울은 자신에 대해 자랑할 때 『**내가 어리석은 자같이 말하지만**』(23절)이라고 말하곤 했는데, 이는 그가 보기에 오직 바보만이 자랑하는 것이기 때문이었다.

사도 바울은 그의 지위와 사역에 관해 자랑할 준비가 돼 가고 있는 중이다. 고린도인들이 바울의 대적들에 의해 잘못된 길에 들어서고 있었기 때문에, 바울의 입장에서는 그의 사도적 권위를 그들에게 확인시켜 줄 수밖에 없었던 것이다.

10:2을 보라. 『**그러나 우리가 육신에 따라 행한다고 생각하는 어떤 사람들에 대하여 내가 담대하다고 생각하는 그 자신감으로 너희와 함께 있을 때에 담대하게 되지 않기를 간구하노라.**』 그 구절에서, 이 사도 바울의 대적들이 그를 육신적인 삶을 살고 있다고 비난하고 있는 것에 주목하라. 10:10에서, 그들은 그가 육신적으로는 약하고 그의 언변이 하찮다고 비난했다.

그래서 사도 바울은 그의 사도적 권위를 방어하기로 마음먹고서(10:8), 자신을 고린도인들에게 중상하던 이 무리들에게 경고한다. 즉 그들을 편지에서처럼 직접 대할 때에도 강하게 다룰 것이라고 말이다(10:11).

사도 바울은 그가 해서는 안 된다고 말한 것을 이제 막 하려고 한다(10:18). 그는 스스로를 칭찬하려고 하는 것이다 그는 그 일이 어리석은 짓(『**어리석은**』)이라는 것을 알면서도, 그가 편지에서나 직접 대할 때나 동일하다는 것을 고린도인들에게 보여 주고 싶어하는 것이다.

모든 사역자는 그것에 주목해야 한다. 늘 한결같아라. 강단 안에서 다르고 강단 밖에서 다른 이중적인 모습을 보이지 말라. 당신은 강단에 있든, 침실이나 욕실, 거실, 식당, 주방에 있든 동일한 인물이다. 당신은 교회에 있든, 야구장이나 정원, 직장에 있든 동일한 인물이니, 늘 한결 같아라. 세상은 전문직업인을 견디지 못하는 것이다.

한번은 텍사스의 한 친구가 나에게 편지로 이렇게 말했다. "목사님은 여기서 허풍쟁이로 통합니다." 나는 그 친구에게 답장을 보내 이렇게 말했다. "아들아, 오늘 나는 모닝사이드 침례교회에 가 있을 것이다. 나는 매일 그곳에서 예배를 두 번 인도할 것인데, 시간은 오전 10시와 저녁 7시이다. 그곳에 가면 너를 만나보마. 네 성경을 가져오라. 그러면 정말로 누가 허풍을 떨고 있고 누가 그렇지 않은지 알게 될 것이다." 당신은 그가 나타났다고 생각하는가? 물론, 그 하찮고 쓸모없는 자는 결코 얼굴을 들이밀지 못했다. 그는 신장이 2미터에 달했지만, 배짱은 눈꼽만큼도 없었던 것이다. 만일 있었다면, 정녕 그곳에 나타났을 것이다!

나는 늘 그런 말을 듣고 산다. 내게 편지를 썼던 북부 지방의 어떤 사내는 이렇게 말했다. "당신은 내 절친한 친구 로버트 테일러를 공격했습니다. 사교의 지도자가 된 기분이 어떻습니까? 당신은 사이비 종교를 만들었더군요. 당신에게는 당신을 따르는 숭배자들이 있는데, 당신은 몰랐습니까? 그 헬라어가 뜻하는 것은..." 나는 구령하러 다닐 때면 그런 자 옆을 바짝 스쳐지나가곤 한다. '동성애에서 여자 노릇을 하는 자' 외에는 아무도 그런 편지를 쓰지 않는다. 참으로 사내다운 남자라면 그런 편지를 쓰느라 낭비할 시간이 없는 것이다.

본문 2절로 넘어가기 전에, 당신은 한 가지 사실에 주목해야 한다. 사도 바울이 곧 자랑하려 하는 자랑은 자기 미화를 목적으로 하는 게 아니다. 그는 고린도인들의 승인을 얻기 위해서 자신을 칭찬하고 있는 것이 아니라, 대적들이 그의 회심자들을 훔쳐 가는 것을 막기 위해서 말해야 할 것을 말하고 있는 것이다. 12절을 보라. 『**내가 하고 있는 일을 계속하리니 이는 기회를 찾는 자들에게서 그 기회를 끊어 버림으로써**』. 바울을 중상하는 이 자들이 하려는 것은 단지 그의 회심자들을 훔쳐서 그들에게 거짓 교리를 주입시키려는 것이었다. 그래서 바울은 고린도인들이 이 사람들의 실체를 알고 있다면야 자신이 바보로 비쳐지는 데 대해 얼마든지 용납할 수 있는 것이다(13절).

나에게 겨냥된 가장 신랄한 비난들 중 하나는 내가 "선하고 경건한 사람들"의 사례를 들어가며 그들에게 온갖 추잡한 이름들을 갖다 붙이고 그들을 전혀 존중하지 않는다는 것이다. 나는 그들이 성경을 훼방하기 전에는 그 누구에게든 그 어떤 것도 말하지 않는다. 그들이 성경을 훔쳐서 변개하거나 왜곡하려고 들 때, 그때가 바로 내가 "그들을 해치우는" 때인 것이다. 그 외에는, 그들이 뭘 하든 나는 그냥 내버려 둘 뿐이다.

『**이는 내가 경건한 질투로 너희에게 질투를 느낌이라**』(2절).

7장과 9,10장에서 두 종류의 슬픔이 있는 것처럼, 질투에도 두 종류가 있다. 본문 2절에서 언급된 것은 경건하고 옳은 것이며, 성경은 다음과 같이 말씀한다. 『**이는 나 주 너의 하나님은 질투하는 하나님이니**』(출 20:5). 『**그 이름이 질투인 주는 질투하는 하나님임이니라**』(출 34:14). 야고보는 『**우리 안에 거하는 영이 시기할 만큼 갈망한다.**』고 말했다(약 4:5). 『**경건한 질투**』는 솔로몬의 노래에서 말하는 그것이다. 그것은 하나님의 백성이 거짓 신들을 따르지 않도록 하기 위해 주님께서 그들에 대해 가지고 계시는 관심인 것이다.

한 남자가 아내를 사랑한다면, 그는 때때로 질투를 느낄 것이다. 그는 그녀가 다른 남자의 품에 안겨 있는 것을 보고 싶어하지 않는다. 당신은 일주일에 두 밤만 당신과 살고, 나머지 닷새는 다른 누군가와 보내는 것에만 동의하는 여자와 결혼하려 하지 않을 것이다.

다른 종류의 질투는 세속적이며 전혀 유익하지 않다. 그것은 과도하게 질투하는 것이다. 만약 결혼 생활에 신뢰가 없다면, 뭔가가 잘못돼 있는 것이며, 그릇된 특성을 지닌 질투는 "인간적인 분노"에 불과한 것이다(잠 6:34).

사도 바울이 질투하는 이유는 그가 고린도 교회와 그 지역 교회의 구원받은 성도들을 『**한 남편**』, 곧 예수 그리스도께 정혼시켰기 때문이다. 여기서 그려지는 교회의 모습은 『**한 남편**』에게 『**정혼**』한 『**한 순결한 처녀**』이다. 그리스도의 신부는 요한계시록에 나오는 어린 양의 신부인데, 그녀는 에베소서 5장에서는 "아내"로 불리고, 고린도후서 11장에서 『**한 순결한 처녀**』로 불린다. 그녀는 결코 여인이라고 불리지 않기 때문에, 따라서 마태복음 13:33의 그 여인은 교회가 아니다.

표면에 떠오르는 문제는 교회가 어떻게 해서 (순수하고, 때 묻지 않고, 그 누구도 손대지 않은) 『**한 순결한 처녀**』임과 동시에 주님의 뼈 중의 뼈요 살 중의 살이 될 수 있는가이다. 사도 바울은 그것을 『**위대한 신비**』라고 부른다(엡 5:32).

그것에 관해 생각해 보면, 어쨌거나 그 모든 것이 꽤나 신비스럽다. 그 『**순결한 처녀**』 안에 있는 사람들 가운데는 여성이 아닌 이들도 있기 때문이다. 그리스도의 신부는 남성과 여성 모두로 이루어지는 것이다.

자, 당신이 가진 것은 그리스도의 신부에 대한 두 가지 서로 다른 그림이다. 그 『**순결한 처녀**』는 시간의 순서에 따른 연대기적 그림으로써, 거기서는 그 신부가 이곳 지상에서 약혼하여 저 위 하늘에서 그리스도와 혼인한다. 그 혼인은 요한계시록 19:7-9에서 일어난다.

그 두 번째 그림은 에베소서 5장에 등장하며, 그리스도의 몸의 현 상태에 대한 그림이다. 바로 이 순간, 그리스도는 당신 안에 살고 계시고(골 1:27), 당신은 그리스도 안에 살고 있다(고전 12:13, 고후 5:17). 『**주와 합하는 자는 한 영이니라**』(고전 6:17). 『**이는 우리가 그의 몸과 그의 살과 그의 뼈의 지체임이라**』(엡 5:30). 그러므로 그런 의미에서, 그 혼인은 이미 완료된 것이다.

교회는 그 어떤 것도 서로 융화될 수 없는 다양한 그림들을 가지고 있다. 각 그리스도인은 한 사람의 몸의 일부분으로 그려진다(엡 4:16). 당신은 이곳 지상에서 하나님이 당신의 하늘 아버지로 계신 한 가족 속에 태어난 아들이다. 더욱이 당신은 『**온전한 사람이 되어 그리스도의 충만하심의 장성한 분량에까지**』 이를 것이기에(엡 4:13), 당신은 성숙한 사람으로 그려진다. 말하자면, 그것들이 바로 그 그림들인 것이다.

영적으로 말해, 당신은 현재 결혼한 상태이며, 당신의 영은 주님의 영의 일부분이다. 영적으로, 당신은 주님의 뼈 중의 뼈요 살 중의 살인 것이다. 물리적으로, 당신은 아직 구원받지 못했다. 당신의 몸은 이곳 아래에 있고, 그것은 늙어가며 흐트러지고 있다. 또 그것은 그것이 구원받는 날까지 썩어 있을 땅 속의 한 구멍을 향해 가고 있다. 그런 의미에서, 당신은 그 순결한 처녀와 같으며, 혼인을 기다리고 있는 것이다.

그러나 물리적으로는 이러한 교회의 그림들을 이해할 방법이 없다. 어떻게 해서 수백만 명이 동일한 한 사람과 사랑에 빠진단 말인가? 그것을 아무리 이해하려 해도, 당신은 그것을 깨닫지 못할 것이다. 그것은 신비이며, 내가 당신에게 해줄 수 있는 말은 그것뿐이다. 만일 그것보다 조금이라도 더 나은 것을 말할 수 있다면, 당신만의 주석서를 쓰라. 그러면 내가 그것을 읽을 것이다.

『**그리스도 안에 있는 단순함**』(3절).

이것은 위대한 말씀이다. 『**그리스도 안에 있는 단순함**』은 너무나 단순해서 그것이 믿기지 않을 것이다. “하나님의 단순한 구원 계획”이라는 유명한 전도지가 있는데, 복음을 설교하는 이들은 그것이 너무도 단순하기 때문에 사람들이 그것을 믿지 않는다는 것을 알고 있다.

누군가가 『**내가 구원을 받으려면 어떻게 해야 하나이까?**』(행 16:30)라고 물으면, 당신은 그들에게 『**주 예수 그리스도를 믿으라. 그리하면 너와 네 집안이 구원을 받으리라.**』(행 16:31)고 할 것이다. 이것은 한 사람에게 해 줄 수 있는 참으로 놀라운 말이 아닌가! 그것은 철학도, 예술도, 과학도, 명상도, 선행도, 황금률도, 성사도, 교회회원도, 침례도, 느낌도, 방언도, 체험도, 기름부음도 아니다. 『**주 예수 그리스도를 믿으라. 그리하면 너와 네 집안이 구원을 받으리라.**』 그것은 그토록 단순한 것이다.

『**그리스도 안에 있는 단순함**』은 다음과 같이 단순하다. 즉 그리스도께서 당신의 모든 죄값을 치러 주셨다는 것이다. 주님께서 그것들의 대가를 영원히 치러 주셨으니, 그것들 모두가 제거되었다. 당신은 주님을 신뢰하고, 장차 하늘나라에 갈 것이다. 이것은 이와 같이 아주 단순한 것이다.

마귀는 당신을 설득하여 그것을 믿지 못하게 할 것이고, 당신에게 그것을 반박하는 성경 구절들을 인용할 것이며, 또 당신의 혼을 저주하려고 성경에서 가장 복잡하고 잘못 이해되는 구절들을 당신이 반드시 찾아내도록 할 것이다. 그것은 마귀가 당신의 마음을 부패시켜서 『**그리스도 안에 있는 단순함**』에서 떠나게 하려고 하는 일이다.

본문 4절에서 "다른 이들"을 주목하라. 당신은 『**또 다른 예수**』, 『**또 다른 영**』 그리고 『**또 다른 복음**』을 본다. 본문 13-15절에서는 다른 사도들과 다른 천사들, 다른 사역자들이 나오는데, 이것들은 진품에 대한 사탄의 모조품들이다. 따라서 진짜 교회가 새 예루살렘이고, 그것이 그리스도의 신부인 것과 같이, 사탄의 신부인 또 다른 도성, 곧 또 다른 교회가 있다는 것은 전혀 놀랍지 않다(계 17장). 그런가 하면, 『**주의 그리스도**』 외에 또 다른 "그리스도"(눅 2:26, 행 4:26, 겔 28:14을 참조하라)와 또 다른 "하나님"(고후 4:4)이 있으며, 사탄은 자신만의 "믿음의 치유자들"(계 16:14)과 사도적 표적들(살후 2:9)을 가지고 있다. 사탄은 『**지극히 높으신 분같이**』 되기 위해서(사 14:14), 자신만의 성경과, 교사들, 교회회원들, 성사들, 음악, 기도들, 경배, 제자들, 구령의 노력, 거룩한 날들, 거룩한 장소들을 가져야 했을 것이다. 그런데 만일 그 모조품들을 이해하려면, 진품들을 먼저 아는 것이 좋을 것이다.

우선, 『**또 다른 예수**』를 보자. 은사주의자들에게는 '플레이보이 연인' 같은 어떤 예수가 있다. 그들은 주님의 인간 이름을 지나치게 강조한다.

이따금 그들은 "예수는 주시다!"(Jesus is Lord)를 공언함으로써 자신들이 정통임을 증명하려 할 것이다. 그러나 그것은 마귀의 고백이다! 언젠가 『**땅 아래 있는 것**』을 포함하여, 『**모든 무릎**』이 그것에 무릎을 꿇고 『**모든 혀**』가 그것을 시인해야 한다(빌 2:10,11). 만일 당신이 말할 수 있는 것이 "예수가 주라는 것을 잊지 말라"는 것뿐이라면, 당신은 지옥을 향해 가고 있는 구원받지 못한 죄인임에 틀림없다. 그리스도인의 고백은 "예수님은 그 주(The Lord)시다"이다(고전 12:3). 은사주의자들은 그 평범한 영어도 읽지 못하기에, 자신들이 "성령에 의하여" 말하고, 고린도전서 12장의 성령의 은사들을 사용하고 있는 줄로 착각하고 있다(고전 12:3). 그들은 성경의 세 자로 된 사소한 단어 하나(the)를 무시함으로써 평생에 보기 드문 가장 큰 혼란을 빚어낸 것이다.

자, 세상에는 팔려고 내놓은 온갖 종류의 "예수들"이 있다. 예술가들은 빨강머리 예수나 갈색머리 예수 또는 금발의 예수를 좋아한다. 그들은 『**그의 머리타래는 많아 까마귀처럼**』 검은 머리의(솔 5:11) 예수만 아니라면 뭐든 좋아한다. 그런가 하면, "지저스 크라이스트, 슈퍼스타"라는 머리 복잡한 십대 예수, 백화점 문을 부수고 다니며 TV 세트를 훔쳐내는, 해방신학의 혁명적인 예수, 루시퍼와 영으로서 친구하다가 이곳 지상에서 서너 명의 아내와 결혼한 몰몬교 예수, 그의 모친을 통하지 않고는 다가갈 수 없는 카톨릭 예수, 길고 헐렁한 가운을 입고 버터를 입에 가득 문 채 산상설교의 팔복만을 인용하며 휘휘 자가용을 몰고 다니는 자유주의적이고 현대적인 예수가 있다. 흑인들에게는 심지어 그들만의 검은 예수, 즉 트럼프 에이스에 그려진 스페이드만큼이나 검은 예수가 있다. 문제는 당신이 예수께 경배하거나 주님을 따르느냐가 아니다. 정말로 중요한 것은 당신이 "성경의" 그 예수님을 당신의 구주로 "영접했느냐"이다.

그리고 또한 『**또 다른 영**』이 있다. 저 불쌍한 브라운스빌의 은사주의들이 바로 이것에 들려 있는데, 브라운스빌 출신의 이 광대들은 자신들을 닭처럼 춤추며 돌아다니게 하고, 동물 울음소리를 내게 하고, 또 사람들을 좌석 통로에 쓰러지게 하려고 그들 앞에서 배꼽춤을 추게 하고, 기절하여 실신케 하고, 통제할 수 없이 경련을 일으키게 하는 어떤 영을 "더, 더, 더" 받아먹기 위해 어떤 천상의 물꼭지 밑에 가서 입을 갖다 대려 하고 있다. (이것은 욕실에 가는 경우를 두고 하는 말이 아니다.) 그리고 그런 영을 받은 후, 그들은 여전히 자신들이 구원받았는지도 확신하지 못한 채, '구원받기 위해 좌석 통로를 계속해서 기어'다닌다. [필자의 〈은사주의자들의 광란, The Clownsville Carnival〉(말씀보존학회)을 보도록 하라.] 다시 말해, 그것은 로마서 8:16의 성령이 아닌 것이다.

나는 내가 아는 방법대로 아주 평범하게 당신에게 말해 줄 것이다. 즉 당신이 구원받은 후에 구원받을 때 받은 성령 외에 어떤 다른 영을 받았다면, 당신은 마귀의 영을 받은 것이다. 성경은 『**주는 그 영**』이시고(고후 3:17), 『**누구든지 그리스도의 영이 없으면 그의 사람이 아니니**』라고(롬 8:9) 말씀한다.

당신이 구원받았을 때, 당신이 알든 모르든, 성령께서 당신 속으로 들어오셔서 당신을 그리스도 안으로 넣으셨다(고전 12:13). 만일 그 후에 어떤 다른 영을 받았다면, 그것은 다른 무엇이지 성령이 아니다. 왜냐하면 성령은 당신이 "구원받을 때" 당신 안으로 들어오시기 때문이다.

플로리다 밀턴에 소재한 한 은사주의 교회에서 다음과 같이 쓰인 표지판을 세워놓았다. “구원을 받을 때 나는 방언으로 말했습니다! 당신에게는 어떤 일이 일어났습니까?” 우리 신학생 중 한 명이 그곳에 가서 펠트로 된 마커를 붙여 그것을 덮어 버리고 이렇게 써 놓았다. “구원받을 때 나는 예수 그리스도를 영접했습니다! 당신에게는 어떤 일이 일어났습니까?” 참으로 차이점이 분명한 것이다!

내 말은 모든 은사주의자들이 잃어버린 죄인들이라는 게 아니다. 그들 중 몇은 단지 속고 있을 뿐이고, 그들 중 상당수가 마귀 들려 있다는 것이다.

그리스도인은 마귀 들릴 수 없다고 그들이 계속 주장하는 것은 바로 그런 이유 때문이다. 그들은 그리스도인이 마귀 강박관념에 사로잡히고 마귀에게 억눌릴 수는 있어도 결코 마귀 들릴 수 없다는 어느 설교자의 설교 요점을 계속해서 반복하고 있는 것이다.

그럼에도 은사주의자들은 마귀 들림과 ‘용서받을 수 없는 죄’에 대해 늘 염려한다. 그들은 양심이 불량한 것이다. 그들은 자신이 구원을 받았는지, 또 앞으로도 구원받은 상태를 계속 유지할 것인지 확신하지 못한다. 그러던 어느 날 잘못된 줄 뻔히 알고 있는 것을 행하는데, 그들은 어떤 성경도 알지 못하기 때문에, 그것이 그들 안에 역사하는 ‘악령’일까봐, 아니면 (그들이 저지른 일 때문에) ‘용서받을 수 없는 죄’를 지었을까봐 두려워한다. 그런데 만약 그것들 중 어떤 것도 생각하고 있지 않다면, 다음과 같이 스스로를 정당화시키느라 바쁘다. “그것은 ‘실수’였어요. 그것은 ‘과실’이었어요. ‘고의로’ 지은 죄가 아니에요.”

성경은 에베소서 1:12,13에서 이렇게 말씀한다. 『**이는 먼저 그리스도**

를 믿었던 우리로 그의 영광의 찬양이 되게 하려 하심이니라. 그분 안에서 너희도 진리의 말씀, 곧 너희 구원의 복음을 듣고서 그분을 신뢰하였으니 또 너희가 그분을 믿고서 약속의 그 성령으로 인침을 받은 것이니라.』 그것이 당신이 믿을 때 일어나는 일이다. 구원에 관해서는 이후로 당신에게 일어나는 일이 없는 것이다.

당신은 오랄 로버츠가 자신이 어떻게 구원받았는가에 대해 말하는 것을 들어 본 적이 있는가? 나는 지미 스웨거트의 설교를 수십 번 들었어도 그가 어떻게 구원받았는지는 결코 들어 보지 못했다. 이상하지 않은가?

사역을 그토록 오래 했는데도 아무도 그가 어떻게 구원받았는지를 모르다니 이상하지 않느냐는 말이다. 그들은 자기가 어떻게 방언을 받았고 어떻게 치유 능력을 받았는지 말해 줄 것이다. 그들은 언제 구원받았는지까지는 말해 줄 수 있어도, 어떻게 구원받았는지에 대해서는 일언반구도 하지 않는다. 당신은 어떤가? 당신에게는 어떤 일이 일어났는가? 당신은 어떻게 구원받았는가?

믿음과 흘리신 보혈에 대해서는 아예 언급이 없다. '완성된 속죄'나 그리스도를 구주로 신뢰함으로써 얻는 중생에 관해서 결코, 단 한마디도 하지 않는다. 나는 그 친구들의 설교를 20년 동안 간헐적으로 들어 보았지만, 그들 중 아무도 자신들이 '어떻게' 구원받았는지를 그 누구에게 말해 준 적이 없었다. 아마도 그들은 진정으로 결코 구원받지 않았을 것이다.

다시 본문 4절로 돌아가면, 『**또 다른 예수**』와 『**또 다른 영**』은 물론, 『**또 다른 복음**』도 있다. 사도 바울은 이것에 대해 갈라디아인들에게 편지를 썼는데(갈 1:6), 그것은 왜곡된 복음이고(갈 1:7), 그것을 전하는 자들은 저주를 받는다(갈 1:8).

『너희가 영접하지 않은 또 다른 복음을 전파하면 너희가 그를 잘 용납하는도다』(4절).

사도 바울은 여기서 비꼬아 말하고 있는데, 그의 생각은 이렇다. "여기 이 자들은 너희에게 영적인 쓰레기를 먹이고 있는데도, 너희는 불평도 없이 그것을 잘도 용납하는도다. 만일 너희가 그럴 수 있다면, 분명 나(바울)도 용납해 줄 수 있으리라."

11:5 나는 내가 지극히 위대한 사도들에게 뒤진 것이 없다고 생각하노라.

6 비록 언변에 있어서는 서툴지만 지식에 있어서는 그렇지 아니하노라. 오히려 우리는 모든 일에 있어서 너희 가운데서 온전히 나타내 보였느니라.

7 혹 내가 너희를 높이려고 나 자신을 낮추어 하나님의 복음을 값없이 전하였다고 해서 너희에게 죄를 진 것이냐?

8 내가 너희에게 봉사하기 위하여 다른 교회들에게 삯을 받은 것이 그들에게서 탈취한 셈이니라.

9 내가 너희와 함께 있을 때 부족한 것이 있었으나 아무에게도 부담을 지우지 아니하였으니 이는 마케도니아에서 온 형제들이 나의 부족한 것을 충분하게 채워 주었음이니라. 그리하여 내가 모

든 일에 너희에게 부담이 되지 않으려고 주의했으며 또 앞으로도 그렇게 하겠노라.

10 그리스도의 진리가 내 안에 있으니 아카야 지방에서는 아무도 나의 이 자랑을 막지 못할 것이라.

11 어떠한 연고냐? 내가 너희를 사랑하지 아니함이냐? 하나님은 아시느니라.

12 내가 하고 있는 일을 계속하리니 이는 기회를 찾는 자들에게서 그 기회를 끊어 버림으로써 그들이 자랑하는 그 일에 대하여 그들이 우리와 동등하게 보이게 하려 함이라.

본문 5절에서, 사도 바울은 그의 사도직에 대한 방어를 시작한다. 과거에 바울은 보통 이런 식으로 말하지 않았다. 그의 간증은 대개 디모데전서 1:12-16과 같지만, 고린도인들이 이 이교도들의 『**또 다른 예수**』와 『**또 다른 영**』, 『**또 다른 복음**』에 대한 설교에 귀를 기울이고 있었기 때문에, '하나님께서 부르신 사도'와 일단의 '종교적 고행자들' 사이의 차이점을 보여 줄 예정이었다.

자, 고린도인들은 사도 바울이 어떤 모습이었는지를 알고 있었다. 그는 그의 대적들이 『**하찮다**』(고후 10:10)고 묘사한 그 "서툰 언변"으로 잘 알려진 게 분명했는데, 말하자면 사도 베드로와 야고보, 요한처럼 『**배우지 못한 무식한**』(행 4:13) 사람으로 보였던 것이다. 그가 『**정중한 말과 그럴듯한 언변**』에 대해 경고한(롬 16:18) 이유는, 그러한 언변이 그것에 주의를 기울이는 자들을 속이고, 그릇 인도하고, 파멸시키려고 계획된 것이기 때문이다(잠 26:25; 20:19; 29:5).

사도 바울은 고린도인들에게 복음을 전할 때, 그 사역에 드는 합법적인 비용을 지불하려고 모금을 하지 않았다(7절). 그는 이에 대해 다음과 같이 비꼬아 말한다. 『**내가 너희에게 봉사하기 위하여 다른 교회들에게 삯을 받은 것이 그들에게서 탈취한 셈이니라**』(8절). 분명 그는 "부수고 들어가 금고를 털거나," 헌금위원들을 "덮쳐서" 헌금함에서 돈을 강탈하지 않았다. 그는 다른 교회들에서 거둔 헌금의 신세를 진 것이다.

사도 바울은 다음과 같이 말한다. 『**내가 너희와 함께 있을 때 부족한 것이 있었으나 아무에게도 부담을 지우지 아니하였으니**』(9절). 그는 구걸하지도, 빌리지도, 어느 인심 좋은 고린도인에게 신세를 지지도 않았다. 그는 고린도에 처음 갔을 때 '일했으며,' 천막을 만드는 아퀼라와 프리스킬라와 함께 생계를 벌어들였다(행 18:2,3). 두 번째 갔을 때에는 마케도니아인들이 그에게 선물을 가져왔고, 그는 그것으로 먹고살았다(9절). 바울이 실제로 자랑했던 것은 그가 어떤 식으로든 고린도인들에게 금전적으로 부담이 되지 않겠다는 것이었다(9,10절).

자, 사도 바울은 자신의 유익을 위하거나 고린도인들을 당황케 하려고 자랑하고 있는 게 아니었다. 하나님께서는 그가 그 어떤 것도 아닌 '고린도인들을 사랑하는 마음'에서 이런 것들을 말하고 있음을 아셨다(11절). 바울은 그의 자랑을 통해 고린도인들의 주의를 끌어서, 그들에게서 이득을 취하고(벧후 2:3) 그들을 사랑하지 않는 이 거짓 교사들의 문제와 위험성을 알아차리도록 하여, 그들을 쫓아 버리려는 의도를 가지고 있었던 것이다.

〈성경대로 믿는 사람들의 게시판, Bible Believers' Bulletin〉에서, 때때로 나는 교도소 순회 설교나 특별 집회, 어느 외국의 목회자 회의 기간 동안에 구원받은 혼들에 관해 보고서를 올린다. 확신컨대, 내 대적들은 내 사역에 대한 그런 "자랑"을 곰곰이 생각해 볼 것이다(물론, 그들이 그것을 그들의 출판물에 게재한다면, 그것은 "보고서"에 지나지 않는다). 그러나 내가 그 일을 하는 이유 중 하나는 자화자찬하려는 것이 아니라, 성경에 대한 믿음이 구령에 대해 떠들기만 하고 '그 일을 결코 하지 않는' 죽은 정통주의보다 더 많은 열매를 맺는다는 것을 보여 주려는 것이다. 성경의 대적들은 "〈킹제임스성경〉에 대한 믿음이 당신을 지나치게 '신학적이게' 만들 뿐 어지간한 '실용성'도 주지 못한다"고 늘 떠벌리고 다닌다. 그러나 그것이 사실이 아니기에, 때때로 나는 여기서 무슨 일이 일어나고 있는지 사람들에게 알려 주곤 한다. 그리고 또 나를 비판하는 자들은 하나님께서 '사역할 자격이 없고 내 방식처럼 말하는, 즉 나처럼 난폭한 자'를 여전히 사용하신다는 사실을 못 견뎌 한다.

따라서 사도 바울이 여기서 자랑하는 것은, 거짓 교사들이 하는 그 자랑의 토대를 무너뜨리려는 것이다(12절). 그는 그들이 진짜 사도와 필적할 수 없다는 것을 보여 줄 것이다.

11:13 그러한 자들은 거짓 사도들이요, 기만하는 일꾼들이요, 자신들을 그리스도의 사도들로 가장하는 자들이라.

14 이것은 놀랄 일이 아니니 이는 사탄도 자신을 빛의 천사로 가장하기 때문이라.

15 그러므로 사탄의 종들이 의의 종으로 가장한다 하더라도 큰 일

이 아니니라. 그들의 종말은 그들의 행위대로 될 것이니라.

『**그러한 자들은 거짓 사도들이요**』(13절).

참으로 직격탄이며, '부정적인 말'이다. 그 말에는 선한 것이 전혀 없다. 그는 그들의 종교를 대적하여 설교하고 있는 것이다.

요한계시록 2:2에서, 그리스도께서는 그들을 거짓말쟁이라고 부르신다. 그들은 사도적 표적들을 지니고 있다고 주장하지만(고후 12:12), 실은 그렇지가 않다. 그들은 마태복음 16장으로부터 사도적 계승권을 가진다고 주장하지만, 실은 그렇지가 않은 것이다.

그들이 실제로는 『**기만하는 일꾼들**』이면서도 『**자신들을 그리스도의 사도들로**』 탈바꿈시킨 것에 주목하라. 따라서 그들은 위선자들이다. 그들은 실제로는 그렇지 않으면서 뭔가 대단한 사람들인 것처럼 행세하고 있는 것이다.

『**사탄도 자신을 빛의 천사로 가장하기 때문이라**』(14절).

우선 사탄이 주 예수 그리스도를 어떻게 '모방하는지'를 주목하라. 예수 그리스도는 『**세상의 빛**』(요 9:5)이시고, 『**하나님의 천사**』(행 27:23, 갈 4:14)이시다. 사탄은 한 신(god)이고(고후 4:4), 예수께서는 하나님(God)이시다(딤전 3:16). 사탄은 사자(lion)이고(벧전 5:8), 예수 그리스도도 사자(Lion)이시다(계 5:5). 둘 다 성경을 인용하고(마 4장, 눅 4장), 둘 다 기름부음을 받았고(겔 28:14, 히 1:9), 둘 다 통치자이며(요 14:30, 사 9:6), 둘 다 도성인 '신부'를 가지고 있고(계 17,21장), 둘 다 '뱀'이다(창 3:1, 요 3:14).

다시 본문 14절을 보라. 아주 먼 옛날부터 사탄은 천사로 그려져 왔지만, 그는 천사가 아니었다. 몇몇 세계 최고의 주석가들은 마귀를 타락한 천사로 묘사하지만, 그는 결코 천사였던 적이 없으며, 지금도 그들 중 하나가 아니다.

사탄이 타락했을 때, 그는 '그룹'이었다(겔 28장). 그는 현재는 '용'이고(계 12장), 먹잇감을 찾는 『**울부짖는 사자**』처럼 지구를 돌아다닌다(벧전 5:8). 그러나 마귀가 사람들에게 모습을 나타낼 때는 자기 자신을 『**빛의 천사**』로 변형시킨다(14절).

성경의 모든 천사는 날개 없는 서른세 살의 남성이다. 모세가 사탄의 정체가 뱀이라는 걸 알아서 그를 뱀으로 묘사했을지라도, 십중팔구 사탄은 이브에게 서른세 살의 남성의 모습으로 나타났을 것이다.

이번 장에서, 지금까지 우리는 잘못된 예수, 잘못된 영, 잘못된 복음 그리고 잘못된 사도들과 마주쳤다. 이제 본문 15절에서는 잘못된 '사역자들'을 만난다. 마귀에게는 주님이 가지신 모든 것에 대한 모조품이 있는데, 본문 15절에서는 모조 사역자들을 가지고 있다.

현대의 그리스도인들은 어떤 "사역자"가 마귀에게 속할 수 있다는 것을 감히 믿으려 하지 않는다. 현대 기독교는, 사탄이 성경 개정위원회에 들어가 있다든지, 자기 자신의 교회를 갖고 있다든지 하는 것을 믿지 못한다. 현대 기독교는 "바보들의 낙원"이 되어 있는 것이다.

11:16 내가 다시 말하노니 아무도 나를 어리석은 자로 여기지 말라.

만일 그렇게 못하겠거든 나를 어리석은 자로 받아들여서 내가 조금만 자랑하게 하라.

17 **내가 하는 말은 주를 따라 하는 말이 아니요, 어리석은 것처럼 이렇듯 자신 있게 자랑하는 것이라.**

18 **많은 사람이 육신을 따라 자랑하기에 나 역시 자랑하노라.**

19 **너희는 현명하다고 하면서도 어리석은 자들을 기꺼이 용납하는구나.**

20 **누가 너희를 종으로 삼거나 삼키거나 착취하거나 스스로 높이거나 얼굴을 쳐도 너희는 용납하는구나.**

사도 바울은 그의 사역에 대해 한 번 더 자랑하려 하고 있으며(16절), 그는 이것을 어리석은 자의 표시로 여긴다(21,23절). 그는 어리석은 자가 아니지만(『**아무도 나를 어리석은 자로 여기지 말라**』, 16절), 그들이 그를 그렇게 여긴다 할지라도 전혀 개의치 아니한다(『**나를 어리석은 자로 받아들여서**』).

본문 17절에서, 사도 바울은 그가 말하려는 것이 『**주를 따라 하는**』 것이 아니라는 것을 인정한다. 자랑하는 자가 어리석은 자라는 것을 바울도 인식하고 있는 것이다. 그러나 바울이 말하려고 하는 것을 무시하지 말지니, 이는 그것이 여전히 영감받은 성경이기 때문이다. 주님은 바울의 "어리석음"을 사용하시어 예수 그리스도의 진짜 사역자와 『**의의 종으로 가장한**』 자들(15절)의 차이점을 보여 주실 것이다.

자, 사도 바울이 하려고 하는 것은 그를 예수 그리스도의 적격한 사도와 사역자로 만들어 주는, 그의 몸으로 겪은 그 일들을 당신에게 말해 주는 것이다. 그는 자신이 '가말리엘 밑에서 받은 훈련'을 결코 언급하지 않으며, 바나바가 그를 받아들여서 다른 사도들에게 데려가는 일에 대해서도 아무것도 언급하지 않는다. 그는 심지어 사도행전 13장에서 부르심을 받은 일도 언급하지 않는 것이다. 그것은 전적으로 부정적인 관점에서 『**육신을 따라**』 하는 자랑이 될 것이고, 정말로 『**육신을 따라**』 행한 일에 근거하여 자신을 추천하는 것이 될 것이다.

사도 바울은 고린도인들이 일단의 진짜 어리석은 자들을 참아 주기 때문에, 그들이 그의 어리석음을 잠시 참아주는 일을 개의치 않으리라 생각한다(19절). 말하자면, 본문 19절은 비꼬는 것 그 자체인 것이다. 바울은 고린도인들이 현명하다고 생각하지 않으며, 그들이 속고 있다는 그의 생각을 이미 표명한 바 있다(1-11절).

『**종**』(20절)은 갈라디아서 5:1의 『**종**』과 같다. 그것은 구원이나 구원을 유지하는 데에 규칙들과 규정들을 첨가하는 것을 말한다. 그들은 자신들에게 그런 일을 행하는 그 "사역자들"을 참고 견뎠다. 그들은 그들의 돈과 재산을 가져가는 사람들을 참고 견뎠고, 그들은 누가 자기의 사역을 자랑해도 그를 참고 견뎠다. 그 뒤 바울은 그들이 얼굴을 치는 자까지도 참고 견디곤 했다고 비꼰다. 『**누가 너희를 종으로 삼거나 삼키거나 착취하거나 스스로 높이거나 얼굴을 쳐도 너희는 용납하는구나**』(20절).

물론 그 정도까지 가지는 않았겠지만, 그들은 그들을 강탈해서 영적으로, 육적으로 눈멀게 만드는 일단의 사람들을 참고 견디고 있었던 것이다.

11:21 우리가 약했던 것처럼 내가 부끄러운 것에 관해 말하노라. 그러
나 누가 어떤 일을 자랑한다면 (내가 어리석게 말하노라.) 나도
자랑하노라.
22 그들이 히브리인이냐? 나도 그러하다. 그들이 이스라엘인이냐?
나도 그러하다. 그들이 아브라함의 자손이냐? 나도 그러하다.
23 그들이 그리스도의 종이냐? (내가 어리석은 자같이 말하지만) 나
는 더욱 그러하다. 내가 더 많이 수고하였고 매도 헤아릴 수 없
이 맞았고 더 빈번히 감옥에 갇혔고 죽을 고비를 여러 번 당하
였으니
24 유대인들로부터 사십에 하나 뺀 매를 다섯 번이나 맞았고
25 세 번 몽둥이로 맞았으며 한 번은 돌로 맞았고 세 번 파선을 당
하였는데 하루 밤과 낮을 깊은 바다에서 보냈으며
26 여러 번 여행하는 중에 강의 위험과 강도의 위험과 동족으로부
터의 위험과 이방인들로부터의 위험과 성읍에서의 위험과 광야
에서의 위험과 바다에서의 위험과 거짓 형제들 가운데서의 위
험을 당하였으며
27 수고하고 애쓰며 자주 깨어 있고 배고프며 목마르고 자주 금식
하며 춥고 헐벗었노라.
28 그 외부의 일들 외에도 날마다 나에게 밀려드는 것은 모든 교회
에 관한 염려라.
29 누가 약하면 나는 약하지 아니하며 누가 실족하면 내가 애타하
지 아니하더냐?
30 만일 내가 꼭 자랑해야 한다면 나는 나의 약한 것을 자랑하리

라.

31 영원 무궁토록 찬양받으실 하나님, 곧 우리 주 예수 그리스도의 아버지께서는 내가 거짓말하지 않음을 아시느니라.

32 다마스커스에서 아레타 왕의 총독이 나를 잡고자 하여 다마스커스인들의 성읍을 한 수비대로 지켰을 때

33 내가 광주리를 타고 창문을 통해 성벽을 따라 내려가 그의 손에서 피하였느니라.

만일 사도 바울이 지금까지 존재했던 가장 위대한 사역자요(나는 그렇게 믿는다), 그리스도인의 본이었다면(성경은 그가 그렇다고 말씀한다), 이 단락은 사역을 위한 자질들을 기술하고 있는 것이다. 그것들은 당신이 보는 주요 기독교 정기간행물들과 신문들에 실리는 내용들과 같지 않다. 그 이유는 거기에 침례, 버스, 결속 프로그램, 2천만 장의 전도지, 기록적인 출석률, "20세기의 가장 위대한 작가" 또는 다른 어떤 자기선전용 허풍도 들어 있지 않기 때문이다.

진짜 기독교 사역은 본문 21절에서 한 단어, 즉 『**부끄러운 것**』으로 요약된다. 주님을 위해 일을 할수록 더 많은 호된 공격을 받게 되는데, 『**그러므로 우리도 그**[예수]**의 수치를 짊어지고 진영 밖에 있는 그에게로 나아가자.**』(히 13:13)는 명령을 받는 것은 바로 그런 이유 때문이다.

『**우리가 약했던 것처럼**』(21절).

그가 열거하려고 하는 것들, 그가 겪은 부끄러운 일들이 그의 사역을 약화시켰을 거라고 생각될지도 모르지만, 사도 바울은 오히려 그러한 것들에 대해 『**자랑**』한다. 그는 또한 다음 장에서 『**내가 약할 때 곧 내가 강하기 때문이라**』고 이야기할 것이다.

자, 당신은 사도 바울이 21절에서 말한 것을 말할 때에 조심해야 한다. 그는 그가 『**어리석게**』 얘기하고 있다고 했지만, 실제로는 "나를 보라. 나는 그리스도의 수치를 감당할 수 있고, 나는 그것에 대해 자랑한다."고 말하고 있는 것이다. 바울이 그것을 할 수 있었던 것은 그가 그 수치를 겪고 승리했기 때문이었다. 그는 거짓 사역자들로부터 그의 회심자들을 구해내기 위해 그것을 말했지만, 만일 바울이 어렵지 않게 행하고 말한 그것을 당신도 행한다면, 마귀는 하나님의 보좌 앞에 서서 이렇게 말할 것이다. "이봐요! 주님, 그거 들으셨습니까? 그가 그것을 감당할 수 있다고 말했습니다. 그러니 그에게 그것을 증명할 기회를 주셔야 하지 않겠습니까?" 그러니 입을 열어 어리석은 자처럼 말하기 전에 주의하도록 하라.

그 첫 번째는 『**그들이 히브리인이냐?... 그들이 이스라엘인이냐?... 그들이 아브라함의 자손이냐? 나도 그러하다.**』이다(22절). 사도 바울은 자신이 속한 지파의 이름을 댈 수 있었다(빌 3:5). 거짓 교사들은 구약과 관련하여 바울을 비난할 거리가 없었던 것이다.

『**그들이 그리스도의 종이냐? (내가 어리석은 자같이 말하지만) 나는 더욱 그러하다**』(23절). 그는 자신이 다른 무리들보다 더 나은 사역자라고 말하고 있다. 자, 그는 사역자들인 그들을 이미 사탄과 관련시켰다(14,15절). 따라서 『**(내가 어리석은 자같이 말하지만) 나는 더욱 그러하다.**』고 말할 때, 그는 자신이 그리스도의 사역자로서 그들보다 더 많이 고통당했다고 어리석게 말하고 있는 것이다. [그러나 누군가가 이렇게 말할 때는 조심하는 것이 좋을 것이다. 당신은 자신만의 고난은 참고 견딜 수 있을지 모르지만, 다른 누군가의 고난을 맛본다면 그것도 견딜 수 있을 것 같은가?]

그러나 사도 바울은 그 거짓 사역자들보다 더 열심히 일했다는 것을 '성령의 승인을 받아' 합법적으로 말할 수 있었다(『**내가 더 많이 수고하였고**』). 그는 매를 과도하게 맞았고(『**매도 헤아릴 수 없이 맞았고**』), 더 많이 투옥되었다. 죽음 직전까지 갔던 적도 한두 번이 아니다.

그는 유대인들에게 다섯 번이나 맞았는데(24절), 각각의 경우 서른아홉 대의 『**매**』를 맞았으니, 총 195대의 채찍질을 당한 셈이다. 그는 전신이 매 자국투성이였다. 그는 머리부터 발끝까지 흉터로 덮여 있었던 것이다.

수많은 채찍질뿐만 아니라, (기다란 죽봉이나 억센 빗자루 손잡이 같은) 막대기로 세 번 이상을 맞았다(25절). 한 번은 돌로 맞았다고 말하는데, 아마도 그것은 사도행전 14:19의 루스트라에서 돌로 맞은 일을 언급하는 듯하다. 이것은 다음 장에서 다시 한 번 언급된다.

그는 세 번 파선당했다. 그 파선들 중 하나를 겪는 동안, 그는 24시간을 바다에 떠다녔다(25절).

그는 여행을 더 많이 했으며(『**여러 번 여행하는 중에**』, 26절), 배로 여행하든(『**강의 위험**』) 육로로 여행하든(『**강도의 위험**』) 위험에 처했다. 그는 유대인들과 이방인들은 물론, 신앙을 고백하는 그리스도인들에게까지도 끈질기게 괴롭힘을 당했다(26절). 성읍이든 나라든 바다에 있든 늘 위험이 그를 쫓아다니는 것으로만 보였다(26절).

그야말로 "기진맥진했고"(27절), 고통이 끊이지 않았다. 잠을 이루지 못했고, 굶주리고 목말랐다. 가진 게 없었기에 굶기를 밥 먹듯이 했을 뿐만 아니라, 스스로 먹지 않고 지낸 적도 있었다(『**금식**』). 그리고 몸을 따듯하게 해줄 만한 쓸 만한 옷 한 벌도 없었다(27절).

사역자로 일하는 당신은 그런 일들 중 얼마를 겪을 것이다. 레스터 롤로프와 리차드 움브란트 같은 이들은 주님을 위해서 교도소에 갔다왔는데, 그것으로 보면 그들이 우리 모두보다 더 나은 사역자인 듯하다.

당신은 아직까지는 돌에 맞거나 두들겨 맞지 않았을지 모르지만, 주님을 위해 수고할 수 있다. 당신은 노력을 기울일 수 있고, 주님을 위해 열심히 일할 수 있다. 만일 하나님께서 당신을 두시는 그 작은 도시에 살아 숨 쉬는 모든 것에게 주님을 증거했다면, 당신은 또 다른 도시에 가서 거기서도 증거할 수 있다. 그곳에는 당신에 대해 거짓말하고, 당신을 배반하고, 당신을 속이는 『**거짓 형제들**』이 있을 것이다. 기도에 대한 응답을 얻기 위해서 어떤 문제를 두고 금식해야 할 때들도 있을 것이다. 그리고 확언컨대, 당신은 그 사역을 하다가 지치게 될 것이다. 심지어는 그 사역에 싫증이 날지도 모르지만, 사도 바울은 『**선을 행하다가 낙심하지 말지니, 쓰러지지 아니하면 때가 되어 거두리라.**』고 당신을 격려한다(갈 6:9).

나는 모든 목사가 모세의 삶을 공부해야 한다고 생각한다. 나에게 모세는 성경에서 가장 위대한 "목사"였다. 그는 "주일학교"에서 200만 명을 통솔했으며, 지금 여기에 있다면 〈주의 칼〉 무리들을 해고시켰을 것이다. 그는 마귀가 함께하는 "집회"(이집트)에서 200만 명을 끌어내어 그를 따르게 하기도 했다.

더욱이 그는 같은 회중을 40년 동안 데리고 목회했다.

뿐만 아니라 그의 누이가 그에게 화를 냈고, 그의 형이 그에게 화를 냈다. 전 회중이 그에 관해 불평을 늘어놓았으며, 그들 중 어떤 무리는 "그 목사를 내쫓기 위해" 위원회를 조성한다.

그는 자신의 성질을 못 이기고 돌판을 내동댕이쳐서 온 십계명을 한 번에 깨뜨려 버린다. 그러나 그것은 그 사역의 한 단면에 지나지 않는다.

모세는 사역을 하다가 지쳤고, 사역에 대해 싫증이 났다. 도대체 그가 얼마나 지쳤는지 알고 싶다면, 민수기 11:10-15을 읽으라. 또한 그런 순간들이 이를 때면, 주님께서 그 옆에 다가오시어 그를 격려하시고 그에게서 압박을 어느 정도 제거하셨다. 그러면 모세는 자리에서 벌떡 일어나 다시 사역을 수행하곤 했다.

하나님께서 이 주석서를 읽는 이들 중 몇몇을 사역으로 부르실 것인데, 그렇게 되면 당신이 "사역의 영광"에 대해 가지고 있던 그 모든 착각이 그 자리서 산산조각 나 버릴 것이다. 당신이 첫 번째로 안게 될 문제는 '부동산'이다. 당신은 어떤 부동산도 얻을 수 없을 것이다. 그런데 만약 그것을 얻는다면, 그 소유지를 당신에게 판 그 사람이 그것에 대한 확실한 부동산 권리 증서를 가지고 있지 않다는 것을 알게 될 것이다. 그것에 대한 확실한 권리 증서를 손에 넣을 때에는, 채굴권에 대한 "함정"이 있든지, "습지대"를 두고 어떤 분쟁이 일어날 것이다. 만일 그 일이 바로잡히면, '교회재정담당자'가 교회를 떠나 헌금의 절반을 가지고 잠적할 것인데, 그 후 교회가 분열되고, 헌금액이 줄어들 것이며, 당신은 더 이상 '부동산세를 납부할' 수 없을 것이다.

그런가 하면, 회중적 차원의 파멸이 있다. '집사 회장'이 순복음 사업가 친교회와 돌아다니다가 방언으로 말하기 시작한다. 당신이 일어나 설교를 하면, 누군가가 감정이 상한다. 당신이 사람들을 그리스도께로 이겨오면 교회가 성장하기 시작하지만, 그 뒤 교회 핵심 멤버 중 둘이 교회를 떠난다. 그 이유는 그들이 교회 내에서 원하는 것이 그들과 그들의 친구들을 위한 작은 사교 클럽뿐이기 때문이다. 그 후 당신의 교회에서 헌금을 가장 많이 내는 이의 십대 딸이 이세벨처럼 차려입고 교회에 오고, 그리하여 청년회의 모든 여자들이 그녀처럼 차려입고 싶어 한다.

그 무렵, 당신은 건강이 늘 좋지만은 않을 것이다. 당신은 때때로 두통, 치통, 요통, 신장결석을 앓으며 설교할 것이다. 한번은 사랑니 한 개를 뽑아낸 후 여섯 시간을 설교한 적이 있었는데, 그때 난 설교단 전면에 피를 내뱉고 있었고, 설교를 하는 동안 손수건으로 입을 틀어막고 있어야 했다. 아마 당신에게도 그와 같은 때들이 있을 것이다!

그러한 때가 찾아오면, 사람들을 피해 혼자 있는 것도 좋은 생각이다. 어떤 이들은 그 점에 대해 나와 동의하지 않을 테지만, 나는 내 경험을 바탕으로 이야기하는 중이다. 집 밖으로 나가 정원에서 일을 하라. 골프채 세트를 구해 외출한 후 골프 코스에서 골프를 쳐라. 낚시를 가라! 사람들 외에 다른 무언가에 대해서만 생각하라. 그들은 당신을 궁지에 빠뜨리고, 당신을 골탕 먹일 것이니 말이다.

『그 외부의 일들 외에도 날마다 나에게 밀려드는 것은 모든 교회에 관한 염려라』(28절).

사도 바울은 그가 본문 23-27절에서 열거한 그 모든 일과 구원받지 못한 사람들(『**외부의**』, 고전 5:12 참조)을 참고 견뎌야 할 뿐만 아니라, 자신이 세운 교회들에 대한 부담을 끊임없이 안고 있는 중이다. 바울의 선교여행 절반은 이전에 세워 놓은 교회들의 상태를 점검하는 것이었다. 그는 그들에 대해 걱정했고, 그들에 대해 기도했으며, 그들을 위해 모금을 했다. 그는 그들의 문제들을 다루는 편지들을 써 보냈는데, 비록 두 여인이 서로 티격태격하는 싸움이라 할지라도 그것을 위해 편지를 썼다(빌 4:2). 다시 말해, 사도직은 현실적인 일이었던 것이다.

자, 사도 바울은 본문 29절에서 "자랑"을 멈춘다. 만일 그가 자랑하고 있다면, 그것은 그가 가진 문제를 자랑하고 있는 것이다. 그 다음 구절을 보라. 『**만일 내가 꼭 자랑해야 한다면 나는 나의 약한 것을 자랑하리라.**』 더욱이, 그는 그 어떤 것도 꾸며 말하고 있는 것이 아니다(31절). 그는 여타 모든 그리스도인들과 같기에(29절), 그만의 허약함을 가지고 있으며, 남들처럼 감정이 상하기도 하고, 고린도인들처럼 유혹 받고 시련을 당하는 것이다.

따라서 그 모든 것으로 볼 때(29-31절), 사도 바울은 그의 사역이 어떻게 시작되었는지에 대해 한 예를 제시하고 있는 것이다. 그것은 그 거짓 사도들이 그들의 "사역들"에 대해 주장하는 것처럼 웅대하지도 영광스럽지도 않았다. 그것은 법망을 피해 도망다니고, 체포되지 않으려고 빨래통 속에 몸을 숨기는 일이었다. 본문 32,33절의 그 사건은 사도행전 9:22-25에서 볼 수 있는데, 거기서 『**아레타 왕의 총독**』이 누구였든 간에, 그는 그 성읍 유대 지도자들의 사주를 받고서 바울을 붙잡아 죽이려고 했었다.

고린도후서 12장

12:1 정녕 자랑하는 것이 나에게 유익하지 못하나 내가 주의 환상들과
계시들을 말하리라.
2 내가 십사 년 전에 그리스도 안에서 한 사람을 알았는데 (그가 몸
안에 있었는지 나는 말할 수 없고 몸 밖에 있었는지 나는 말할
수 없지만 하나님께서는 아시느니라.) 그 사람이 셋째 하늘로 끌
려 올라갔느니라.
3 내가 이런 사람을 아노라. (그가 몸 안에 있었는지 몸 밖에 있었
는지 나는 말할 수 없지만 하나님께서는 아시느니라.)
4 그가 낙원으로 끌려 올라가서 말로 다 설명할 수 없는 말을 들
었는데 그것은 사람들에게 말하도록 허락되지 않은 것이로다.
5 내가 이런 사람에 관해서는 자랑하겠으나 나에 관해서는 약하다

는 것 외에는 자랑하지 아니하리라.

본문 1절에서, 사도 바울은 계속 자랑하는 것이 좋지 않다는 판단에 그것을 중단한다. 그는 『**육신 안에서**』(10:3을 보라) 겪은 경험들에 관해 말하는 것을 멈추고, 하나님께서 그에게 보여 주신 것들(『**주의 환상들과 계시들**』)로 옮겨간다.

나는 이미 사도행전 주석서에서 본문 2-5절에 관해 주석을 달아 놓았다(행 14:19,20의 주석을 보라). 『**내가 십사 년 전에 그리스도 안에서 한 사람을 알았는데**』(2절). 아마도 그 사건은 루스트라에서 돌에 맞은 사건일 것이다. 그곳에서 사도 바울은 죽은 것으로 간주되어 성읍 밖에 내버려졌고, 그는 실제로 죽어서 하늘나라에 갔었지만(4절), 되돌려 보내졌다.

『**몸 안에 있었는지... 몸 밖에 있었는지 나는 말할 수 없지만**』(2절).

지옥에 있는 부자처럼(눅 16장), 사도 바울은 눈, 귀, 입, 혀 등을 가지고 있었다. 그는 완전한 몸을 가지고 있었지만, 그것은 '혼적인 몸'이었다. 그것은 이곳 지상에 있는 물리적 몸을 채우는 '보이지 않는 형상'이기 때문에, 바울은 그것이 거기에 있었을지라도 그것을 볼 수 없었다. 만약 그것에 하얀 천을 덮을 수만 있다면, '꼬마 유령 캐스퍼' 같을지 모르겠다. 이 주제에 관한 더 심도 있는 논의를 위해 두 권의 책, 곧 〈몸, 혼, 영〉과 〈죄인은 죽어서 어디로 가는가?〉를 추천한다(이 책들은 말씀보존학회에서 출간해 시판하고 있다 - 역자 주).

본문 2절에서 사도 바울의 상황은 선불교와 마약에서 모방하는 어떤 상태이다. 선불교에는 '아스트랄 프로젝션'(astral projection; 유체이탈의 일종)이라 불리는 의식이 있는데, 그 의식에서 명상에 들어간 당신은 자신의 일부를 체외의 또 다른 지역으로 보내고, 그 후 그것을 되가져온다.

아프리카에서는 주술의(呪術醫)들이 그것을 행한다. 주술의가 어느 선교사에게 그가 어디서 왔는지 말할 수 있다고 했던 특정 사례가 떠오른다. 그 선교사는 그것을 믿지 않았지만, 그 주술의는 그것을 증명했다. 그는 의식으로 치르는 춤과 동작을 거행한 후 무아지경에 빠졌다가, 다시 의식이 들자 그 선교사가 이전에 펜실베이니아에서 살았던 집을 자세히 묘사했다. 그는 그것을 보았지만, 그의 몸은 아프리카를 결코 떠나지 않았던 것이다.

마약도 동일한 효과를 나타낸다. 누군가가 마약을 먹고 "여행을 하고" 있다고 말하는 것은 바로 그런 이유에서이다. 나는 팔이나 손, 발이 떨어져 나가 몸에서 달아나는 기분을 느껴 보려고 마약으로 어리석은 짓을 해온 사람들의 간증을 들은 적이 있다. 대개는 달아나는 신체의 일부를 손을 뻗어 다시 붙잡아온다. 그 모든 일들은 본문 2절에서 사도 바울에게 일어난 일의 "모조품들"인 것이다.

한번은 레이몬드 무디라는 친구가 "가사"(假死) 경험에 관해 〈사후의 생, Life After Life〉이라는 책을 썼다. 그 얼간이가 안고 있는 문제는 그가 '긍정적인' 경험들만을 진단했다는 것이었고, 결국 그는 모든 사람이 어떤 형태의 천국에 갈 것이라고 결론을 내렸다. 그러나 고린도후서 12장에서 사도 바울을 낙원에 데려가신 바로 그 하나님께서 누가복음 16장에서는 한 부자를 지옥으로 보내셨다는 사실을 잊지 말라. "인생

이후의 인생”이 긍정적인 것만은 아니란 말이다.

만일 이 사후 인생 경험들에 관한 기독교적 관점을 갖고자 한다면, 모리스 롤링즈(Maurice Rawlings)라는 의사가 쓴 〈죽음의 문턱을 넘어서, Beyond Death's Door〉라는 제목의 책을 구입하기 바란다. 롤링 박사는 심장 마사지를 멈출 때마다, 죽어 지옥에 가기 때문에 그 작업을 중단하지 말아달라고 간청하는 한 남자를 소생시키는 작업을 하다가 구원을 받았다. 롤링 박사가 그를 소생시킬 때마다, 그 친구는 ‘지옥에 갔다 왔기 때문에’ 비명을 지르며 깨어났다. 그 박사는 그 남자가 어찌나 두려워하던지, 그 모습에 소름이 끼쳐 결국 구원을 받게 되었다. 그 박사는 당신에게 사후 인생의 양면성을 알려 줄 것이다.

본문 말씀을 마치기 전에, 사도 바울이 “끌려 올라갔다”는 점에 주목하라(그리고 4절도 보라). 정상적으로 보면 그 구절에 뭔가 특별한 것이 없을 테지만, 지난 30년 동안 근본주의자들은 아인슈타인을 따르며, “올라간다”는 말이 “상대적인” 용어라고 가르치기 시작했다. 그러나 그들 사이에 정말로 특별나게 똑똑한 자가 없는 500명의 대학교수들의 주장에도 불구하고, 당신은 “위쪽”을 찾을 수 있으며, 그것은 “북쪽”으로 알파 드라코니스 성좌를 향하고 있다(사 14:13, 시 75:6,7).

또한 모슬렘 신화의 “일곱 하늘들”이 아닌 세 하늘들이 있다는 점에 주목하라(그 주석에 관해 설명해 놓은 창세기 1:1-6의 주석을 보라). 『**낙원**』을 포함하고 있는 곳은 셋째 하늘이다(4절).

『**그가**』(4절).

사도 바울은 그의 경험을 다른 누군가에게 일어난 것처럼 ‘3인칭’으로 묘사하는데, 선불교에서도 실제로 그렇게 얘기한다. 당신이 반야(般若)를 달성하고(깨달음; 열반 또는 힌두교의 사마디) 그 여행에서 돌아왔을 때, "그것이 나였다"는 식으로 말할 수 없으면서도 그렇게 말하는 것은, 당신이 '또 다른 사람'을 관찰하고 있는 것처럼 보이기 때문이다. 그것은 바울의 경험에 대한 이교도적 모조품인 셈이다.

현재 『**낙원**』(4절)이 "위에"(『**올라가서**』) 있다는 것에 주목하라. 그것은 누가복음 23:43에서 마지막으로 언급된 후 위치를 바꿨다. 거기서 낙원은 '아래에' 있었으나(엡 4:9,10), 현재 낙원은 '하늘'에 있는 것이다(계 2:7).

『**말로 다 설명할 수 없는 말을 들었는데 그것은 사람들에게 말하도록 허락되지 않은 것이로다**』(4절).

따라서 사도 바울은 하나님께서 기록하거나 말하는 것을 허락하시지 않은, 하늘나라에 있는 것들을 보고 들은 것이다. 틀림없이 그것은 그에게 '시험'이었을 것이고, 그가 그의 입을 꾹 다물고 있는 데에는 분명 많은 은혜가 필요했을 것이다.

하지만 주님은 그를 격려하기 위해서 그런 것들을 보여 주신 것이었다. 사도 바울이 고린도전서 11장에서 겪은 모든 일을 당신이 겪었다면, 당신에게도 "기운을 북돋워 주는 것"이 필요할 것이다. 그는 그곳에 올라갔고, 주님은 이렇게 말씀하셨다. "저 아래가 험악하다는 것을 나도 알고 있다. 하지만 이곳을 보라. 이것이 너를 기다리고 있다. 그러니 이제 저 아래로 다시 내려가 하던 일을 완수하거라. 하지만 네가 이곳 위에서 본 것에 관해서는 그 어떤 것도 말하지 않도록 하라. 그것은 비밀이니라." 나는 바울이 마치 꼭 죽으려고 하는 사람처럼 행동한 이유가 바로 그 때문이라고 생각한다. 그는 저 위로 다시 올라가기 위해 늘 돌에 맞거나 살해당하려 하고 있었던 것이다. 사도행전 14장을 다시 보라. 그는 자신을 덮고 있는 돌무더기를 헤치고 일어나 먼지를 탈탈 털어 낸 후, 방금 전 자신에게 돌을 던진 그 성읍으로 곧바로 당당하게 되돌아간다. 그는 하늘에 다시 돌아가기로 마음을 굳힌 것이다!

후에 요한은 사도 바울이 본 것에 관해 기록한다. 따라서 바울이 『**그것은 사람들에게 말하도록 허락되지 않은 것이로다.**』라고 말할 때, 그는 본문 2절의 그 사람을 언급하고 있는 것인데, 바로 그 자신이다. 하나님께서는 그것을 바울이나 다니엘에게는 금하신 반면(단 12:9), 요한에게는 허락하신다.

『**내가 이런 사람에 관해서는 자랑하겠으나 나에 관해서는 약하다는 것 외에는 자랑하지 아니하리라**』(5절).

자, 사도 바울은 정말로 자랑하려고 할 경우 하늘나라에 갔던 그 사람에 대해 자랑하고 싶어한다. 그 『**사람**』은 어떤 면에서는 그리스도인 개개인에게 해당되는데, 이는 각각의 그리스도인이 이미 그리스도와 함께 천상에 앉혀져 있기 때문이다(엡 2:6). 그러나 "지상에 있는" 바울과 관련해서는, 그것의 고난들만을 자랑하려고 한다.

12:6 내가 설령 자랑하려고 해도 어리석은 자가 되지 않으리니 이는 내가 진실을 말하기 때문이라. 그러나 나는 어떤 사람이 나를 보는

것과 나에 관하여 들은 것 이상으로 나를 생각하지 않을까 해서 삼가노라.

7 지극히 위대한 계시들의 풍성함으로 인하여 내가 자고하지 않도록 육체에 한 가시, 즉 사탄의 사자를 내게 주셨으니 그가 나를 쳐서 자고하지 못하게 하려 함이라.

8 이를 위하여 세 번이나 그것을 내게서 제거해 달라고 주께 간구하였는데

9 주께서 내게 말씀하시기를 "내 은혜가 네게 충분하도다. 이는 내 능력이 약한 데서 온전하게 됨이니라."고 하셨느니라. 그러므로 내가 오히려 매우 기쁘게 나의 약한 것을 자랑하리니 이는 그리스도의 능력이 내게 거하게 하려 함이라.

사도 바울은 하나님께서 하늘나라에서 보여 주신 것에 관해 자랑하고 싶었지만(『**내가 설령 자랑하려고 해도**』), 어리석은 자처럼 행동하지 않으려고 했다. 그것은 『**진실**』이었을 테지만, 바울은 고린도인들을 위해 그만둘 작정이었다. 그는 그들이 그에 관해 잘못된 생각을 품는 것을 원치 않았고, 그를 실제보다 더 나은 이로 여기는 것을 원하지 않았다. 바울은 자신의 어디가 부족하고 어디가 그렇지 않은지를 알고 있었던 것이다.

사람들은 당신을 너무 높이 추켜세우든지 너무 지나치게 헐뜯을 것이다. 만일 당신이 내 사역을 따른다면, 그 형제들은 당신을 "럭크만파"라고 부르며 사람을 따르는 자라고 비난할 것이다. "아, 당신은 정말로 그가 주님이라고 생각하는군요. 그가 말하는 거라면 다 믿고, 그가 잘못을 저지를 수 있다고 생각하지 않아요." 그들이 그런 말들을 하는 것은 당신이 그들을 따르려 하지 않기 때문이다. 그러니 그것 때문에 괴로워하지 말라.

뿐만 아니라, 만일 나에 대해 필요 이상으로 몹시 과장된 생각을 가지고 있다면, 당신은 그것을 나에게서 받은 것이 아니라, 다른 누군가가 그것을 꾸며 낸 것이다. 나는 내가 인간이고 죄인이라는 것을 분명히 하려고 늘 학생들을 가르치는 데 있어 매우 신중을 기해 오고 있다. 나라고 모든 답변을 다 가지고 있는 것은 아니다. 내게는 전혀 모르는 것들도 많고, 단지 과감하게 추측해 보는 부분들이 성경에 여전히 많이 있는 것이다. 나는 우리 신학원에서 가르치는 모든 것에 대해 매우 투명하며, 내 학생들이나 다른 누구라도 나에 관해 어떤 과장된 생각을 가지는 것을 원치 않는다.

나는 그런 일이 다른 기독교계들에서 벌어지는 것을 보았다. 존 R. 라이스의 "신문조각을 붙여 만든 책들" 가운데 하나를 보면 빌 하베이가 쓴 어떤 시가 게재되어 있는데, 라이스 밑에서 일하는 어떤 이는 자기가 그런 "위대한 하나님의 사람"의 글을 싣게 되어 얼마나 행운아인지를 거기서 떠벌리고 있다. 나라면 내가 죽기 전이든 후든 그런 일을 중단시킬 수 있다면 그런 내용이 출판되는 걸 허락하지 않을 것이다.

〈주의 칼, Sword of the Lord〉의 현 편집장은 자기 신문에 자기 사진을 매 호마다 여섯 내지 열 번을 싣는다. 그 친구는 거기에 실린 자기 얼굴을 볼 때마다 틀림없이 그 사진에다 입맞출 것이다. 우리 서점의 경영인 론 포트가 한번은 내게 야비한 장난을 쳤는데, 그는 가짜 (월간)〈성경대로 믿는 사람들의 게시판, Bible Believer's Bulletin〉지를 찍어낸 후 거기에 내 사진을 열네 번 실어 놓았던 것이다. 나는 그것이 〈성경대로 믿는 사람들의 게시판〉에서 일어날 수 있는 가장 끔찍한 일들 중 하나라고 생각했다!

당신은 또한 다른 이들이 당신을 지나치게 높이 평가하지 않도록 해야 한다. 당신은 다른 이들이 당신을 존경할 때 그것을 경계해야 한다. 그럴 때에는 그냥 가서 그들 앞에서 어떤 멍청한 짓을 하도록 하라. 그래도 그들은 모든 것을 예전처럼 볼 것이지만, 그 후에는 당신을 지나치게 높이 평가하지 않을 것이다.

자, 하나님께서는 그 하늘나라의 환상에서 사도 바울에게 꽤 많은 것을 보여 주셨다(『**지극히 위대한 계시들의 풍성함**』, 7절). 그리고 그 일에 관한 자만으로 우쭐대지 못하도록, 주님께서 마귀를 바울에게 풀어 놓아 그를 잠시 때려눕히게 하셨는데(『**사탄의 사자를 내게 주셨으니 그가 나를 쳐서**』), 하나님께서 이 일을 하시는 것은 바울을 겸손하게 하려는 데 그 목적이 있다.

나는 하나님께서 들어 쓰셨던 몇몇 유명한 목사들에 대해 생각한다. 그들은 개개인이 뭔가 잘못된 것을 지니고 있었다. 존 롤링즈는 신경쇠약증 같은 것을 가지고 있어서 위궤양을 앓았다. 헤롤드 헤니거는 어떤 위대한 사역을 펼치다가 마침내 세 번의 심장마비를 일으켰다. 그는 수술을 받았고 사역의 속도를 늦출 수밖에 없었다. 달라스 빌링턴은 세 번의 심장마비를 겪었고, 네 번째에 숨을 거두고 말았다. 프랭크 노리스는 지금까지 살았던 가장 위대한 설교자들 중 하나였지만, 인생 후반부에 어떤 엄청난 소용돌이에 휘말렸고, 그 중 많은 부분이 그의 잘못이었다.

『**육체에 한 가시**』에 대한 더 심도 있는 주석을 원한다면, 필자의 주석서 〈갈라디아서〉의 4:14,15에 대한 주석을 보라.

이곳 플로리다에는, 모래 박차(sand spur)라고 불리는 작은 가시풀이 있는데, 그것이 그 『**육체에 한 가시**』에 대한 한 완벽한 예이다. 그것은 생긴 것은 작지만, 피부에 박히기라도 하는 날엔 "뱃속에 불이라도 난 것처럼" 정신 못 차리게 아플 것이다.

그것은 팔이나 다리를 잃어버린 것처럼 큰 일은 아니지만, 주님께서 우리에게 보내시는 그런 "가시들" 대부분이 다 그런 식이다. 그것들 대부분이 약한 것이라는 사실에 대해 하나님께 감사를 드려라. 주님은 우리 대부분이 큰 것을 감당할 수 없다는 것을 알고 계신 것이다. 그러나 우리를 지치게 하는 것은 바로 그 작은 자극들이며, 때로는 작은 것보다 큰 것을 이겨내기가 더 쉬운 법이다. 두통을 예로 들어보자. 하루 종일 욱신거리는 단순한 두통보다 마음이 어지럽고 신경을 건드리는 것은 세상에서 거의 찾아볼 수 없다. 열도 없고 피도 안 나고 뼈도 성하지만, 두통은 계속될 뿐이다. 그 때문에 당신은 반 미칠 지경이 될 것이다. 밤낮없이 이틀 동안 계속되는 두통이면, 당신은 정신병원에 갈 지경이 될 것이다. 당신의 콧대를 꺾어 놓을 것은 바로 그와 같이 작은 것들인 것이다.

자, 사도 바울은 그것을 제거해 주시라고 하나님께 세 번 기도했다. 그는 믿음의 기도로 죽은 자를 살릴 수 있었던 사람이었지만, 그의 기도에도 불구하고 주님께서는 그로부터 그것을 제거하려 하지 않으셨다.

그 대신, 주님은 그에게 다음과 같이 말씀하셨다. 『**내 은혜가 네게 충분하도다**』(9절). 주님은 사도 바울 안에 그것을 그대로 박아 두신 후 그것을 견딜 수 있는 은혜를 그에게 주셨던 것이다. 맘씨 좋은 시골 사람들은 "글쎄, 주님께서는 당신이 견딜 수 있는 것 이상으로는 더 이상 당신에게 지우시지 않을 거예요."라고 한다. 성경은 그것을 말씀하지 않지만, 그들이 그런 생각을 가지게 되는 것은 바로 이 9절 때문이다.

이에 대한 성경의 설명은 『**내 능력이 약한 데서 온전하게 됨이니라.**』이다. 즉 당신의 생명 안에 있는 하나님의 능력이 당신의 약함에서 온전해진다는 것이다. 당신은 그것을 깨닫지 못하겠지만, 누가 뭐래도 그것은 축복이다. 밥 존스 시니어는 "자신의 걸려 넘어지게 하는 돌들로 디딤돌을 만들 줄 아는 자는 복이 있다."고 했다. 이 말에는 당신의 성격에 주님을 섬기는 데 방해가 되는 결점이나 약함이 있다 해도, 주님께서 그것을 거기에 그대로 놔두실 수도 있다는 생각이 깔려 있다. 그렇게 되면, 당신이 평생을 그것과 싸움으로써 주님의 능력이 당신 안에서 온전해지고, 승리를 거두는 이가 당신이 아니라 주님이라는 것을 다른 이들에게 분명히 보여 주게 된다. 또한 그 일이 이루어지면, 그들은 그것이 당신의 인생에 역사하시는 하나님이시라는 것을 인정할 것이고, 그러면 승리가 주님의 것이 되는 것이다.

따라서 사도 바울이 자신의 약한 것을 자랑하고 뽐내는 이유는 이렇다. 즉, 약한 것이 많으면 많을수록, 그 약한 것을 극복하고 하나님께서 맡기신 사역을 성취하라고 그리스도로부터 더 많은 능력을 받을 것이기 때문이다.

사도 바울이 『**약한 것**』(infirmities)이라고 말한 점에 주목하라. 그것은 병에 쓰는 단어이다. 바울은 평생 동안 몸이 아팠을 뿐만 아니라, 갖가지 질병을 앓고 있었다. 나는 오랄 로버츠가 한번은 그 구절에 관해 설교하는 것을 들었다. 그는 물살을 거슬러 상류로 헤엄쳐 올라가는 연어처럼 그 구절과 싸우고 있었는데, 그는 그 『**육체에 한 가시**』를 "박해"라고 했다. 그러나 바울이 그 점을 언급하는 것은 본문 10절에서이다. 그 후 그는 그것을 "뭔가를 할 수 없는 무능력"으로 바꿨지만, 성경은 『**약한 것**』(infirmities)이라고 말씀할 뿐이다.

이 『**약한 것**』은 사도 바울에게 치욕적인 것이었음에 틀림없다. 그는 손수건과 앞치마로 사람들을 치유할 수 있었지만, 정작 자기 자신은 치유할 수 없었다. 그는 의사인 누가를 가는 곳마다 데리고 다녔고(골 4:14), 죽을 때가 이르렀을 때에도, 『**누가만 나와 함께 있느니라.**』고 말했다(딤후 4:11). 사역이 다 끝나갈 무렵, 바울은 디모데(딤전 5:23)와 트로피모(딤후 4:20)를 치유할 수 없었다. 말하자면, 사도행전이 "끝난" 것이다. 당신은 아주사에서 브라운스빌에 이르는 전체 은사주의 운동을 두 번 생각할 것도 없이 취소시킬 수 있는 것이다[필자의 〈은사주의자들의 광란〉(말씀보존학회)을 읽어 보라].

12:10 그러므로 내가 그리스도를 위하여 약한 것들과 모욕과 궁핍과 박해와 곤경을 기뻐하노니 이는 내가 약할 때 곧 내가 강하기 때문이라.

11 나는 자랑하는 어리석은 자가 되었나니 너희가 억지로 시킨 것이라. 나는 너희에게 마땅히 칭찬을 받았어야 하느니라. 이는 내가 아무것도 아닐지라도 지극히 위대한 사도들보다 아무것도 뒤질 것이 없기 때문이라.

12 정녕 사도의 표적들이 너희 가운데서 모든 인내와 표적들과 이적들과 능력 행함으로 판명되었거니와

사도 바울은 그가 본문 10절에서 열거하는 모든 것, 즉 『**약한 것들**』과 『**모욕**』, 『**궁핍**』, 『**박해**』, 『**곤경**』에 대한 자랑을 11장에서 끝내 놓았다. 그는 그가 육신적으로 약할 때 영적으로 강하기 때문에 그러한 것들을 기뻐하고 있다.

그것은 내가 인정하고 싶지 않은 위대한 진리이다. 나는 그것을 읽는 걸 좋아하지 않으며, 그것이 그 성경에 있다는 사실에 감사하지 않는다. 나는 차라리 그것이 거기에 없었으면 하지만, 그것은 여전히 거기에 있다.

사도 베드로는 『**육체로 고난을 받은 자는 죄로부터 단절**』되었다고 했다(벧전 4:1). 만일 그것을 시험하고 싶다면, 한 사흘간 금식을 해보고, 그때 당신이 주님과 함께하는 내면생활, 곧 영적 생활에 어떤 변화가 일어나는지 주목해 보라. 3일쯤 되면, 당신은 행주처럼 축 처져 기력이 없을 것이다. 그리고 세상과 육신이 당신에게 행사하는 위력이 당신이 금식을 처음 시작한 날에 비해 얼마나 형편없게 되었는지 지켜보게 될 것이다.

나는, 당신이 당신의 금식 능력에 대해 자만해질 수도 있기 때문에, 금식하면 영적인 사람이 될 거라고 말하지 않을 것이다. 당신은 이리저리 돌아다니면서 “나는 7일 낮과 밤을 금식했습니다.”라고 말할지도 모르는데, 글쎄, 그렇게 되면 마귀가 어떤 식으로든 당신을 점유한 것이다. 그러나 사실상 내가 말하고 싶은 것은, 단지 그것을 한번 실행해 보고, 육체적으로 약해지게 될 때 주님께서 당신을 격려하고 지탱해 주신다는 것을 깨달으라는 것이다. 만일 누구든지 정말로 끙끙 앓아누웠었거나 어떤 심각한 문제들을 겪어왔다면, 그 사람은 그 구절이 무엇을 의미하는지를 알고 있다. 또한 나이가 들어갈수록, 그 구절이 무엇을 의미하는지 참으로 알게 될 것이다.

『**나는 자랑하는 어리석은 자가 되었나니**』(11절).

자, 사도 바울은 마지막 두 장을 자랑하는 데 썼기 때문에 스스로 어리석은 자가 되었다. 그가 다른 누구도 자랑하려 하지 않았을 것들에 대해 자랑한 것은 사실이다. 그럼에도 그는 지금껏 자랑을 한 것이고, 그는 그것을 어리석은 자의 표시로 여겼다.

게다가, 그는 고린도인들을 비난한다(『**너희가 억지로 시킨 것이라.**』). 간접적으로 봤을 때, 그것은 사실이었다. 그들은 그들을 잘못된 길로 인도하고 있던 저 거짓 무리에 관해 계속 자랑을 했고, 그래서 그는 그들이 보는 앞에서 그 거짓 무리에게 뒤지지 않으려고 자랑할 수밖에 없었던 것이다.

자, 그들은 그를 칭찬했어야 했고, 그에 관해 자랑하는 자들이 되었어야 했다. 이는 무엇보다도 그가 사도였으며, 그리스도와 가장 가까웠던 그 세 사도들, 곧 베드로, 야고보, 요한에 비해 결코 뒤지지 않았기 때문이다.

추신: 『**내가 아무것도 아닐지라도**』. 그는 그들이 그에 대해 잘못된 생각을 가지는 걸 원치 않았다.

그럼에도, 사도 바울은 참으로 사도의 표적들을 모두 가지고 있었고,

고린도인들 앞에서 그것들을 『**모든 인내와 표적들과 이적들과 능력 행함으로**』(12절) 실행해 보였다. 따라서 그 표적들은 사도들의 것이었으며, 사도들 가운데 마지막 사도가 죽음으로써 그것들도 사라진 것이다.

12:13 내 자신이 너희에게 짐이 되지 않았던 것 외에 너희를 다른 교회들보다 못하게 대한 것이 무엇이냐? 나의 공평치 못한 이 점을 용서하라.

14 보라, 내가 세 번째 너희에게 가려고 준비하였으나 너희에게 짐이 되지 않으려 하노라. 내가 구하는 것은 너희의 물질이 아니라 너희니라. 이는 자녀가 부모를 위하여 저축하는 것이 아니라 부모가 자녀를 위하여 하는 것이기 때문이라.

15 내가 너희를 더 많이 사랑할수록 나는 사랑을 덜 받지만 나는 너희를 위하여 아주 기꺼이 쓰고 내 자신마저도 쓰리라.

본문 13절에서, 사도 바울은 다시 비꼬고 있다. 『**내 자신이 너희에게 짐이 되지 않았던 것 외에 너희를 다른 교회들보다 못하게 대한 것이 무엇이냐? 나의 공평치 못한 이 점을 용서하라.**』 달리 말해, 사도 바울은 다음과 같이 말하고 있는 것이다. "내가 너희를 다루는 방식을 기분 나빠하는 이유가 무엇이냐? 내가 너희로 나를 후원하지 못하게 해서 그러는 것이냐? 내 스스로 생계를 벌고 다른 교회들의 지원을 받아서 그런 것이냐? 글쎄, 그렇다면, 그런 나를 용서하라. 내가 나 자신을 위해서 너희의 돈을 받을 걸 그랬구나." 그것은 완전히 비꼬아 말하는 것이다.

만일 본문 13절이 비꼬는 것이라는 것에 의심이 생긴다면, 다음 구절을 보도록 하라. 『**보라, 내가 세 번째 너희에게 가려고 준비하였으나 너희에게 짐이 되지 않으려 하노라.**』 그는 처음 두 번 방문했을 때와 정확히 똑같이 하려고 한다. 스스로 생계를 벌고 다른 교회들로부터 지원을 받는 것 말이다.

그는 그들의 돈을 원하지 않았으며, 그들의 재정적 지원도 구하지 않았다. 그는 그 무엇도 아닌, 바로 그들을 원했던 것이다! 『**내가 구하는 것은 너희의 물질이 아니라 너희니라.**』 만일 주님께서 당신을 얻으시면, 주님은 당신과 함께 당신의 돈도 얻으실 것이다.

당신은 교회에서 일어나는 모든 문제가 사랑 문제라는 것을 아는가? 당신은 사람들이 왜 후하게 주지 않는지 아는가? 그것은 그들이 주님을 사랑하지 않기 때문이다. 그들이 증거하지 않는 것은 주님을 사랑하지 않기 때문이다. 그들이 예배에 참석하지 않는 것은 설교를 사랑하지 않기 때문이다. 그들이 성경을 공부하지 않는 것은 그 성경을 사랑하지 않기 때문이다. 만일 그 사랑 문제를 고친다면, 그 골치 아픈 일들의 나머지도 바로잡힐 것이다.

다윗은 이렇게 말했다. 『**이는 주의 뜰에서의 하루가 천 날보다 더 나으며, 악의 장막들에 거하는 것보다 내 하나님 집에서 문지기가 되는 편이 더 나음이니이다**』(시 84:10). 한번은 샘 존스가 그 구절을 설교하면서 이렇게 말했다. "인간은 '차라리' 더 하고 싶은 것을 늘 하기 마련입니다." 내가 당신의 그 "차라리"라는 말을 고칠 수만 있다면, 아마도 나는 당신 자체를 뜯어고칠 것이다.

만일 어떤 친구가 TV를 보느니 "차라리" 예배를 드리러 가고자 한다면, 그는 갈 것이다. 만일 어떤 친구가 지옥에 가느니 "차라리" 구원받으려고 한다면, 그는 구원을 받을 것이다. 만일 어떤 친구가 신문보다는 "차라리" 성경을 읽고자 한다면, 그는 성경을 읽을 것이다. 문제는 "차라리"인 것이다.

『**이는 자녀가 부모를 위하여 저축하는 것이 아니라 부모가 자녀를 위하여 하는 것이기 때문이라**』(14절).

이것은 자녀를 돌보는 부모를 그리고 있다. 사도 바울이 그들을 주님께로 인도했기 때문에, 그는 그들의 영적 아버지인 것이다. 그러므로 그는 그들로 그를 돌보게 하는 대신, 그가 그들을 돌보고 있는 것이다.

형제들 가운데는 이 문제들에 정말로 극단적인 자들이 있다. 어떤 이들은 마태복음 6:34을 근거로 하여 믿음으로 산다. (『**그러므로 내일을 위하여 염려하지 말라. 내일 일은 내일 염려할 것이요, 그 날의 재앙은 그 날로 충분하니라.**』) 그들은 어떤 것에 대해 전혀 아무런 대비도 하지 않고, 모든 것을 주님과 운과 마귀에게 맡겨 두지만, 그것은 결코 옳은 일이 아니다. 사도 바울은 『**만일 누군가가 자기 친족, 특히 자기 가족을 돌보지 않는다면 그는 믿음을 부인한 자요, 불신자보다 더 나쁜 자니라.**』(딤전 5:8)고 했다. 따라서 사람은 자신의 자녀들을 위해 얼마를 저축해 놓아야 하는데, 문제는 그것이 "얼마만큼인가?"이다.

그것은 극단주의자들의 또 다른 면모이다. 그들은 다른 방향, 즉 세상을 향하여 극단적인데, 그들은 의료보험, 생명보험, 자동차세, 대학 기금 등의 노예인 것이다. 샘 존스는 다음과 같이 말했다. "아이에게 많은 돈을 남겨 줘야 아무 소용이 없습니다. 왜냐하면 만일 그가 선하지 않다면 그것이 그의 신세를 망칠 것이고, 그가 조금이라도 선하다면 그것이 필요하지 않을 것이기 때문입니다." 그것은 그의 생각일 뿐이다. 나는 대개 그에게 동의하는 편이지만, 난 당신이 그들에게 뭔가를 남겨 주어야 한다고 생각한다. 하지만 그들에게 많이 남겨 주지 않는 편이 좋을 것이다.

아이는 세상에 머리를 부딪치기 시작한 후 더 큰 도시로 상경하여 스스로 일함으로써, 그렇게 하지 않고는 배울 수 없는 뭔가를 배울 수 있다. 만일 당신이 그 아이의 무릎에 너무 많은 것을 던져 주면, 당신은 그의 신세를 망칠 것이다.

만일 내가 죽는다 해도, 내게는 내 가족들이 쪼개서 3년간 생활하기에 충분한 시시한 것들이 좀 있다. 나는 그 3년이 누군가가 일자리 없이 지내기에 충분히 긴 시간이라고 생각하지만, 사실 당신의 건강이 좋을 경우에는 그것이 너무 길다고 생각한다.

따라서 주님은 그 일에 대한 처리를 당신의 결정에 맡겨 두신다. 당신의 가족들을 들개 떼처럼 돌아다니도록 방치하지도 말고, 그와 반대로 그 일을 도가 지나치게 하려고 머리를 짜지도 말라. 많이 쌓아 둬야 아무 쓸모도 없을 테니 말이다.

형제들이여, 만일 주님께서 오신다면 어떻게 될 것 같은가? 주님께서 돌아오실 때 당신의 계좌에 거액이 들어 있다고 가정해 보라. 누가 그것을 가져갈 것 같은가? 장담컨대, 그것은 어느 선교사가 아니다. 그것을 가져가는 것은 다름 아닌 마귀와 적그리스도의 정부일 것이다.

자, 사도 바울은 자신이 고린도인들을 위해 했던 일을 『**기꺼이**』 했다(15절). 그는 그들을 위해 그의 시간과 정력과 돈을 쓰는 것에 개의치 않았다. 그러나 그가 그들에게 더 많은 사랑을 보여 줄수록, 그들은 그를 더 적게 사랑하는 듯했다. 아닌 게 아니라 실제로 그런 사람들이 있는데, 당신이 그들을 위해 해주면 해줄수록, 그들은 당신을 더 많이 미워하는 것이다. 당신이 어떤 사람들을 도와주면, 그들은 몸을 휙 돌려 당신의 목을 베어 버릴 것이다. 나는 그것이 무엇인지 모른다. 나는 그것을 결코 정말로 이해할 수가 없었다.

나는 누가 나에게 무엇을 주든지 그것에 감사했다. 나는 그것에 대해 하나님께 감사를 드리는 것이다. 사람들은 내게 온갖 종류의 시시한 것들을 다 주는데, 그러다 보니 내게는 시시한 것이란 시시한 것은 다 있는 편이다. 하지만 나는 그것에 대해 일일이 하나님께 감사를 드리고, 그 모든 것을 가지고 무언가를 한다. 만일 먹는 것이면 먹고 입맛에 맞지 않으면 내 아이들에게 준다. 만일 그들도 안 먹으면 개, 고양이, 토끼에게라도 준다. 만일 입는 것이면 그것을 입는다. 그런데 입을 수 없다면 작업복으로 쓴다.

만일 내가 스스로 벌지 않은 것을 사람들에게서 얼마나 많이 받았는지를 안다면, 단지 그들이 주님을 사랑하고 성경을 사랑한다는 이유만으로 내게 그리한 것을 안다면, 당신은 그것이 믿기지 않을 것이다. 만일 당신이 신실한 사역자라면, 주님을 사랑하고 성경을 사랑하기에 당신을 도와주고 물건을 줄 사람들이 있을 것이다. 그럴 경우에는 양심에 꺼려하지 말고, 지체 없이 가서 그것을 받아라.

선물을 받을 때는 그것에 관해 반드시 바른 태도를 가져라. 선물을 받기 위해 사역하지 말라. 당신에게 선물을 주었다는 이유만으로 누군가에게 구속되지 말라. 내 이야기는, 선물은 선물일 뿐이라는 것이다.

거기에 따르는 부대조건은 없다. 누군가가 당신에게 선물을 한다는 이유로 당신의 설교나 확신하는 것들을 타협해서는 안 되는 것이다.

당신이 줄 때, 당신도 반드시 동일한 방식으로 주라. 누군가를 도와주면서 정치 활동을 하고 있으면 안 된다. 호의를 보답으로 받기 위해 호의를 베풀어서는 안 된다. 행하는 모든 일 이면에 숨은 동기를 가지고 있는 사람들이 있는데, 줄 때에는 반드시 사랑의 마음으로 어떠한 부대조건도 없이 주도록 하라. 그리고 선물을 받을 때에는 그것에 대해 감사하되, 그것에 푹 빠지지 말라.

12:16 하여간 내가 너희에게 짐을 지우지 않았는데도 교활한 자가 되어 너희를 간계로 붙들었다고 하니

17 내가 너희에게 보낸 사람들 중 어떤 사람을 통하여 너희에게서 무슨 이득을 탐내더냐?

18 내가 디도에게 권하여 한 형제를 그와 함께 보냈는데 디도가 너희에게서 이득을 탐내더냐? 우리가 같은 영 안에서 행하지 아니하더냐? 같은 보조로 행하지 아니하더냐?

본문 16절에서, 사도 바울은 한 번 더 비꼬고 있다. 『**교활한 자가 되어 너희를 간계로 붙들었다고 하니**』. 그가 계교와 속임수를 썼다는 것이 그가 현재 말하고 있는 바이나, 물론 그는 그러지 않았다. 그것은 그가 그들과 있었을 때 그들에게서 어떤 돈이나 지원도 받지 않았다는 사실을 언급하고 있는 것이다. 그는 그들을 계교로 속여서 그들로 그리스도를 영접하고 섬기도록 하려고 그들에게서 어떤 것도 의도적으로 받지 않았다고 비꼬아 말하고 있다. 그것이 어떤 면에서 진실인 것은, 바울이 그 목적을 염두에 두고 그 일을 의도적으로 했기 때문이다. 그러나 그것이 결코 계교나 속임수는 아니었던 것이다. 바울이 고린도인들을 주님께로 이겨오기 위해 그릇 행한 것은 없었다. 그는 단지 그 일을 다른 곳들에서 했던 방식으로 하지 않았을 뿐이다.

사역을 하다 보면 "관리 운용 규정"(Standard Operating Procedure)에 따라 돌아가지 않는 때들이 있을 것이다. 그럴 때면 당신은 그 일을 올바로 해내기 위해 뱀처럼 지혜롭고 비둘기처럼 해가 없어야 한다(마 10:16). 한 곳에서 효력이 있던 것이 다른 곳에서는 효력이 없을 것이니, 당신은 지혜를 달라고 기도할 필요가 생길 것이다.

자, 사도 바울은 물론, 그의 조력자들 중 누구도 그들에게서 이득을 탐내지 않았다(17절). 디도는 바울과 똑같이 고린도인들을 사랑했다(고후 8:16). 디도는 스스로를 지원하기 위해 그들에게서 어떤 돈도 받은 적이 없으며, 그의 동료도 그러했다(18절). 그들은 바울과 『**같은 영**』에 속해 있었고, 『**같은 보조**』로 행하였다. 그들은 보수를 목적으로 일하지 않았던 것이다.

12:19 또 너희는 우리가 너희에게 우리 자신을 변명하고 있다고 생각하느냐? 우리는 그리스도 안에서 하나님 앞에 말하느니라. 그러나 참으로 사랑하는 자들아, 우리가 하는 모든 일은 너희를 세우기 위함이라.

20 내가 두려워하는 것은 내가 갔을 때 내가 바라던 대로 너희를
보지 못할까 함이요, 또 너희가 바라지 않는 그러한 나를 너희
에게 보이게 되지 않을까 함이며 거기에 다툼과 시기와 분노와
경쟁과 험담과 수군거림과 교만이나 소요가 있지 않을까 함이
라.
21 또 내가 다시 가면 나의 하나님께서 너희 앞에서 나를 낮추시지
않을까 함이요, 전에 죄를 지었으나 그들이 범한 부정과 음행과
색욕을 회개하지 않은 많은 자로 인하여 애통하게 되지 아니할
까 함이라.

사도 바울은 고린도인들에게 알리바이를 대고 있는 것이 아니다(『**너희는 우리가 너희에게 우리 자신을 변명하고 있다고 생각하느냐?**』, 19절). 오히려 하나님은 바울의 마음을 알고 계셨는데, 바울이 한 일들(특히, 그들의 지원에 신세를 지고 살지 않은 일)은 고린도인들을 그들의 믿음 안에서 세우려는 것이었던 것이다(『**너희를 세우기 위함이라**』, 이것은 사도를 세운 목적이었다 - 엡 4:11,12).

본문 20절을 읽을 때, 나는 종종 그것을 그리스도께서 그리스도인에게 친히 쓰시는 것으로 읽곤 한다. 『**내**[그리스도]**가 두려워하는 것은 내가 갔을 때**[휴거] **내가 바라던 대로**[내가 너희에게 바라는 삶의 모습으로] **너희**[그리스도인]**를 보지 못할까 함이요, 또 너희가 바라지 않는 그러한 나**[너희의 죄로 인해 너희가 만나기를 부끄러워하는 나]**를 너희에게 보이게 되지 않을까 함이며**』. 그 뒤에 그가 열거하는 것들은 지역 교회 회중들 가운데서 흔히 일어나는 문제들이다. 『**다툼과 시기와 분노와 경쟁과 험담과**

수군거림과 교만이나 소요』. 자, 스스로에게 이것을 물어보라. 그리스도께서 다시 오실 때, 당신은 주님께서 당신과 당신 교회의 그런 모습을 발견하시기를 원하는가?

『또... 나의 하나님께서 너희 앞에서 나를 낮추시지 않을까 함이요』(21절).

사도 바울이 원하지 않았던 것은, 고린도에 도착한 그가 본문 20절 뒷부분에 열거한 것들을 그들의 삶 속에서 발견하는 것이었다. 당신은 그 일이 몹시 치욕스러울 것임을 인정해야 한다. 아마 성령께서 당신의 마음을 따끔하게 찌르시며 이렇게 말씀하실 것이다. "바울아, '너의 회심자들'을 보거라. 그들이 어떻게 하고 있느냐? 상태가 몹시 안 좋구나. 그렇게 생각하지 않느냐?"

나는 개인 사역을 해 본 모든 그리스도인이 언젠가 그런 모습을 보았을 것이라 짐작한다. 당신은 한 주정뱅이를 그리스도께로 인도하지만, 그는 세상으로 되돌아간다. 당신이 장차 주님을 위해 뭔가를 해낼 수 있을 것 같은 어떤 회심자에 관해 자랑하기 시작하면, 때마침 그가 타락해 버리고 만다. 말하자면, 그런 경험으로 인해 당신이 겸손하게 되는 것이다.

고린도후서 13장

13:1 내가 이제 세 번째 너희에게 가노니 모든 말은 두세 증인의 입으
로 확정될 것이라.
2 내가 두 번째 너희와 함께 있을 때 앞서도 말했고 또 미리 말해
두지만 이제 떠나 있는 동안 전에 죄지은 사람들과 나머지 모든
사람에게 쓰노니 내가 다시 가면 용서하지 않으리라.
3 너희가 내 안에서 그리스도께서 말씀하시는 증거를 찾고 있으니
그분은 너희에 대하여 약하지 아니하시고 너희 안에서 강하시도
다.
4 그분은 약하심으로 십자가에 처형되셨지만 하나님의 능력으로 살
아 계시느니라. 우리 역시 그분 안에서 약하지만 너희를 향한 하
나님의 능력으로 그분과 함께 살 것이라.

또다시(12:14), 『**이제 세 번째**』라는 말이 나온다(1절). 고린도에 가는 사도 바울은 이 세 번째 방문을, 그가 말하고 있는 것이 옳다는 것을 증거하는 세 번째 증인으로 여긴다. 『**모든 말은 두세 증인의 입으로 확정될 것이라.**』 그것은 신명기 19:15에서 인용한 구절인데, 이는 구약의 법정에 서는 유대인과 관련이 있다. 어떤 사람이 일을 저질렀을 때 그 일에 대해 두세 증인이 동의하지 않으면 범죄자로 정죄될 수 없었다. 따라서 바울이 행한 각각의 방문이 그가 고린도인들에게 했던 말을 확증해 주는 것이다.

본문 2절에서, 사도 바울은 그가 『**두 번째**』 했던 것과 똑같이 그들에게 정중히 경고한다(이 "두 번째"라는 말은 행 20:2,3에서의 방문을 언급하는 것이다). 즉 그들이 이 편지에서 책망받은 그들의 죄들을 회개하지 않는다면, 그가 『**용서하지 않으리라.**』는 것이다. 바꾸어 말하면, 자신들의 죄들에서 돌이키지 않을 자들에게 교회 계율을 강력하게 적용할 것이라는 것이다.

고린도인들은 어린아이들과 같다. 그들은 그들의 죄에 대해 뭐라고 할 테면 해보고, 무슨 일이든 할 테면 해보라고 사도 바울에게 대들고 있는 것이다(『**너희가 내 안에서 그리스도께서 말씀하시는 증거를 찾고 있으니**』, 3절). 이런 그들에게 그는 말한다. 만일 그가 도착했을 때 일들이 바로잡혀 있지 않는다면, 그들은 그가 사도로서 행사했던 권위가 어떤 것인지를 곧장 알게 될 것이라고 말이다. 그는 그들 속에 곧바로 뛰어들어 호되게 혼낼 작정이었던 것이다.

본문 4절의 이면에 깔린 생각은 사도 바울이 약하고, 또 쇠약하다는 것이다. 그러나 십자가에 달리신 그리스도께서도 그러하셨다 - 『**그분은 약하심으로 십자가에 처형되셨지만**』. 하지만 그 "약하신" 그리스도는 죄인처럼 십자가에서 죽으셨어도 하나님의 능력으로 다시 살아나셨다. 마찬가지로, 약하고 허약한 그리스도인은 그를 통해 다른 이들에게 역사하시는 하나님의 능력을 여전히 가지고 있는 것이다.

13:5 너희가 믿음 안에 있는지 너희 자신을 시험하고 스스로 입증하라. 예수 그리스도께서 너희 안에 계신 것을 스스로 알지 못하느냐? 그렇지 못하면 너희는 버림받은 자들이라.

6 그러나 내가 바라는 것은 우리가 버림받은 자들이 아닌 것을 너희가 아는 것이라.

『**너희가 믿음 안에 있는지 너희 자신을 시험하고**』(5절).

『**믿음**』은 단순한 구원 이상이다. 대개의 경우, 본문 5절의 이 부분은 어떤 사람이 구원받은 것을 확인하도록 권유하는 데 사용된다. 그러나 그것은 그 이상이니, 『**믿음**』은 기독교 교리의 정수인 것이다. 그것은 유다서 3절에서도 동일한 방식으로 사용된다(『**성도들에게 단번에 전해 주신 믿음**』). 믿음 안에 있다는 것은, 그리스도인으로서 믿어야 되는 것 안에 당신이 정착되어 있다는 것이다.

『**예수 그리스도께서 너희 안에 계신 것을**』(5절).

사도 바울은 그들이 정말로 구원받았다면(『**그렇지 못하면 너희는 버림받은 자들이라**』), 예수 그리스도께서 성령을 통해(고전 3:16) '그들 안에 사신다'고 고린도인들에게 다시 한 번 각성시킨다. 이것은 '두' 서신서; 즉 고린도전서 6:19,20과 고린도후서 4:6,7 사이에 몇 차례 언급되었다.

본문 6절에서, 사도 바울은 그가 구원받았다는 증거를 그들에게 보여주었다. 그러나 다음 구절의 마지막 말씀은 그 거짓 교사들이 바울이 구원받지 않았음을 최소한 몇몇 고린도인들에게 확신시키는 데 성공했다는 것을 암시한다. 하지만 이것이 그의 언변을 두고 하는 말이었다는 데에 의심의 여지가 없다(고후 10:10; 11:6).

내가 늘 듣는 말이 바로 그런 것이다. 어떤 설교자는 이렇게 말했다. "럭크만처럼 글을 쓰는 사람은 누구든지 지옥에 좀 갔다 와야 합니다." 이 말에는 만약 당신이 근본주의 기독교계에서 일어나는 배교를 폭로한다면 구원을 받을 수 없다는 생각이 깔려 있다. 한 번은 R. L. 하이머즈가 내게 전화를 걸어 이렇게 말했다. "이곳에 와서 나로 하여금 당신을 그리스도께로 인도하여 그 악령들을 쫓아낼 수 있게 해준다면, 내 교회에서 설교하게 해주겠소. 그렇게 하면, 당신이 정말로 하나님을 위해 뭔가를 할 수 있을 것 같소이다." 이 말에 나는 어이없어 코웃음을 쳐버렸다.

형제들이여, 나는 구원받았을 때 하나님께서 내 담배들과 내 술, 내 더러운 여인들, 내 더러운 음악, 내 더러운 말을 가져가시는 것을 보았고, 대신에 주님은 나에게 성경에 대한 사랑과 형제들에 대한 사랑과 깨끗한 것들에 대한 사랑을 주셨다. 만일 그걸로 충분치 않다면 내게는 증거들이 더 있는데 주님은 나를 사역으로 부르셔서, 매년 구원받는 혼들과 설교자로 부르심을 받은 젊은이들과 훈련시킬 젊은 남녀를 주셨다. 뿐만 아니라, 내 모든 자녀들과 손자들도 구원을 받았고, 세금 또한 못 내는 일이 없다. 나는 아직도 팔팔해서 팔십 세의 나이에 하키를 한다. 그러니 내 대적들이 뭐라고 하든지 무슨 신경을 쓴단 말인가? 나는 나 자신을 하나님의 응석받이 중 하나로 생각한다. 그러니 그 "형제들"이 지껄이고 싶어한다면, 지껄이게 하라!

13:7 이제 나는 너희가 악을 행하지 아니하도록 하나님께 기도하노니 이는 우리가 인정받은 자로 나타나려는 것이 아니라 비록 우리가 버림받은 자같이 될지라도 너희로 정직한 것을 행하게 하려 함이라.

8 우리가 진리를 거슬러서는 아무것도 할 수 없고 오직 진리를 위해서만 할 수 있느니라.

9 우리는 우리가 약할 때에 너희의 강한 것을 기뻐하노라. 이것은 또한 너희의 온전함을 위하여 우리가 기도하는 바라.

10 그러므로 내가 떠나 있을 때 이것들을 쓰는 것은 내가 함께 있을 때 *너희를* 세우고 멸망치 않게 하시려고 주께서 내게 주신 권세에 따라 엄하게 다스리지 아니하려는 것이라.

『**이제 나는 너희가 악을 행하지 아니하도록 하나님께 기도하노니 이**

는 우리가 인정받은 자로 나타나려는 것이 아니라』(7절).

문제의 진실은 근본주의 기독학교들이 그렇게 엄격한 규정들을 가지고 있는 것이 그들이 학생들을 염려해서가 아니라, 그 학교들이 자신들의 간증을 염려하기 때문이라는 것이다. 그들은 그 아이들을 (높은 담장과 어떤 경우에는 "철조망"까지 쳐 있는) 교도소에 가두고 있기 때문에 아무도 그릇된 행동을 취하거나 '학교의 평판'을 해칠 수 없다. 그런 식으로 그들은 혈색 좋은 남학생들과 예쁘고 깨끗한 어린 여학생들의 사진을 찍어 보여 주면서 "여기를 보십시오. 확실히 '우리'는 '우리의' 학생들을 순결하고 안전하게 지켜 주고 있습니다."라고 말할 수 있게 된다. 그러나 그렇게 하는 것은 오직 "돈" 때문이다. 그것은 육신에 속한 일이며, 그것은 세속적인 것이다.

사도 바울은 그 점에 관해 신경을 쓰고 있다. 그는 고린도인들이 바르게 사는 한은 그들로 인해 명성을 얻든 말든 관심을 가지지 않는 것이다. 심지어는 그들이 그를 잃어버린 죄인으로 생각할 수도 있지만, 그들이 올바로 사는 한은 그것이 아무런 문제가 되지 않는 것이다.

본문 8절에서, 사도 바울은 하나님께서 그가 진리를 대적하는 일을 하도록 허락하지 않으실 거라고 말하고 있는데, 그의 대적들이 그를 비난하는 점이 바로 그것이다. 그러나 하나님께서는 참으로 바울이 진리를 대적할 수 없도록 그에게 한 엄격한 길을 정하셨으며, 그것은 그가 고린도전서 9:16에서 말했던 것과 같다. 『**내가 복음을 전할지라도 내게 자랑할 것이 없으니 이는 내가 부득불 해야 할 일이기 때문이라. 만일 내가 복음을 전하지 아니하면 정녕 내게 화가 있으리라!**』 바울은 진리에 대해서, 하나님께서 그에게 주신 의무를 가지고 있었다. 그가 그 의무를 어길 수 있는 유일한 길은 그 자신이 직접 해를 당하고 손실을 입는 것이었다.

『**이것은 또한 너희의 온전함을 위하여 우리가 기도하는 바라**』(9절).

또다시, 이것은 사도들을 세우는 목적들 중 하나이다(엡 4:12). 사도 바울은 고린도인들이 그리스도 안에서 자라고 믿음 안에서 완전히 성숙하기를 바라고 있다. 그리스도인은 성경에 의해(딤후 3:17) 그리고 고난을 통해(벧전 5:10, 고후 12:9) 온전해진다.

자, 사도 바울은 본문 10절에서 고린도인들에게 한 가지 마지막 경고를 한다. 바울은 그가 도착하기 전에 고린도인들이 그가 쓴 글을 읽고 회개하여 죄짓는 것을 그만둘 것을 바라고는 있지만, 만일 그렇지 않을 경우에, 『*너희를* **세우고 멸망치 않게 하시려고 주께서 내게 주신 권세에 따라 엄하게 다스**』릴 준비가 되어 있는 것이다. 그가 3절과 4절에서 말한 것이 바로 이 점이다.

13:11 형제들아, 마지막으로 말하노니 기뻐하라. 온전하게 되라. 위로를 받으라. 한 마음을 품으라. 평안히 지내라. 그러면 사랑과 화평의 하나님께서 너희와 함께 계시리라.

12 거룩한 입맞춤으로 서로 문안하라.

13 모든 성도가 너희에게 문안하노라.

14 주 예수 그리스도의 은혜와 하나님의 사랑과 성령의 교제가 너희

모두와 함께 있을지어다. 아멘.

사도 바울은 본문 11절에서 작별 인사를 시작한다. "온전하게 되는 것"에 관해서는 이미 9절에서 주석을 달아 놓았다. 바울은 본 편지를 1:3,4에서 『**위로를 받으라.**』는 말로 시작했는데, 그가 그들에게 바라는 것이 위로라는 것은 두말할 필요도 없다. 그러나 그가 그들이 위로받기 원하는 것은 그들이 바로잡혀서 바르게 행할 때이지, 죄를 짓고 거짓 교사들을 따를 때가 아니다.

『**한 마음을 품으라.**』는 빌립보서 2:5(실질적 적용)과 고린도전서 2:16(교리적 신분)에 언급된 "그리스도의 마음"일 것이다. 그는 빌립보에 있는 두 여인에게 『**주 안에서 같은 생각을 가지라.**』(빌 4:2)고 말한다.

『**평안히 지내라.**』 늘 쓸데없이 소란을 피우며 싸우지 말라. 그는 로마의 그리스도인들에게 『**가능한 한 너희 편에서는 모든 사람과 더불어 화목하게 지내라.**』고 말한다(롬 12:18). 또한 감독은 구타하거나 다투지 아니해야 된다(딤전 3:3).

현대의 그리스도인들은 엉뚱한 싸움을 거는 버릇이 있는데, 그리스도인인 우리는 『**진리를 위해서... 용감**』해야 한다(렘 9:3). 우리는 하나님께서 우리에게 주신 영적 무기들을 사용하여(고후 10:4,5), 예수 그리스도(요 14:6)와 하나님의 말씀(요 17:17)을 위해 『**선한 싸움**』을 싸워야 하는 것이다(딤후 4:7).

나는 이미 『**거룩한 입맞춤**』(12절)에 대해 고린도전서 16:20에 중요한 주석을 달아 놓은 바 있다. 그러나 재미 삼아 본문 12절을 "필립의 현대 영어" 의역 성경으로 읽어 보도록 하자. "서로 온 힘을 다해 악수를 하세요," 또는 "온 힘을 다한 악수를 골고루 하세요"(당신이 어떤 역본을 보느냐에 따라 달려 있다!). 내가 더 나은 번역을 보여 주겠다. "그들에게 혀를 넣었다 뺐다 메롱 하며 약 올리세요!"

본문 13절은 서신을 끝맺는 표준적인 인사말이다.

본문 14절은 신약의 저 위대한 삼위일체 인사문구들 중 하나이다. 또 다른 문구를 보려면, 마태복음 28:19과, 저자의 〈조직신학〉 제1부 제4장의 주석을 보라.

본문 14절의 축원을 민수기 6:24-26의 축원과 비교하라.

아버지 하나님: 『**주께서 너에게 복 주시고 너를 지키시기를 원하며**』(민 6:24); 『**하나님의 사랑**』(14절).

아들 하나님: 『**주께서 그의 얼굴을 네게 비추시고 네게 은혜로우시기를 원하노라**』(민 6:25); 『**주 예수 그리스도의 은혜**』(14절).

성령 하나님: 『**주께서 그의 얼굴을 네게 드시고 네게 화평 주시기를 원하노라**』(민 6:26); 『**성령의 교제**』(14절).

거기에 삼위일체가 있는 것이다.

고린도인들에게 보내는 두 번째 편지는 마케도니아의 빌립보 성읍에서 디도와 루카(Lucas; '누가'의 또 다른 이름으로 빌레몬서 24절 참조 - 역자 주)에 의해 기록되었다.

- 옮긴이 / 한 승 용

- 숭실대학교 영어영문학과
- 킹제임스성경신학교
- 킹제임스성경신학교 강사

- 역서

- 〈피터 럭크만의 주석서 솔로몬의 노래〉(말씀보존학회)
- 〈폭스의 순교사〉(윌리엄 폴부쉬 편수)
- 〈죄인들의 우두머리에게 내리는 넘치는 은혜〉(존 번연)
- 〈하나님은 나의 기쁨이시라〉(필립 켈러)
- 〈이 시대를 향한 사탄의 계략들〉(루이스 S. 쉐이퍼) 등 다수

피터 럭크만의 주석서

고린도후서

2005년 3월 10일 초판발행
2016년 3월 30일 개정판1쇄

지은이 피터 S. 럭크만
옮긴이 한 승 용
펴낸이 이 송 오
펴낸곳 말씀보존학회

서울시 강서 우체국 사서함 제90호
전화 (02) 2665-3743 / 팩스 (02) 2665-3302
인터넷 / www.biblemaster.co.kr
출판등록 1988. 12. 12. 제16-223호

값 15,000 원